JEAN VANIER · HEILENDE GEMEINSCHAFT

W0197387

JEAN VANIER

Heilende Gemeinschaft

Beziehungen zwischen Behinderten

OTTO MÜLLER VERLAG SALZBURG

Aus dem Französischen übersetzt
von Michael Marsch

ISBN 3-7013-0675-3
© Deutsche Ausgabe: Otto Müller Verlag, Salzburg
Alle Rechte der französischen Originalausgabe beim Autor
Umschlaggestaltung: Fritz Grasedieck, Adnet
Gesamtherstellung: Druckhaus Nonntal, Salzburg

In diesem Buch ist von Eric die Rede. Als ich das Manuskript dem Verleger übergab, ist Eric bei uns in der Arche gestorben. Wir haben Eric gern in der Gemeinschaft gehabt. Mir selbst hat er viel gegeben. Ein Jahr lang habe ich in seiner unmittelbaren Nähe gelebt. Er war einer der Ärmsten und der Schwächsten: blind und taub, mit einem schweren Hirnschaden. Aber er hat mein Herz angerührt und mich zum Licht geführt. Wir haben einen Bund gelebt.

Mit Eric ist ein Teil der Gemeinschaft in den Himmel aufgenommen und ein Teil des Himmels in der Gemeinschaft gegenwärtig.

Eric widme ich dieses Buch. Er mag uns im Kampf um die Anerkennung der Ärmsten helfen, daß sie ihren Platz in der Gesellschaft finden – und auch in der Kirche.

Zu danken habe ich mehreren Freunden, denen ich die Entwürfe zu diesem Buch zeigte. Ihre Kritik hat mir zu Klarheit und Genauigkeit der Gedanken verholfen. Mein besonderer Dank gilt Claire de Miribel und Gilles und Dominique Lecardinal. Ohne ihre Mitarbeit wäre dieses Buch nie erschienen. Ihre Kompetenz und ständige Unterstützung waren mir unerläßlich.

EINLEITUNG

Dieses Buch möchte ein Zeugnis sein. Es ist die Frucht von fast 20 Jahren gemeinsamen Daseins in der *Arche,* wo ich täglich mit Menschen zusammenlebe, die eine geistige Behinderung haben.

Meine erste Begegnung mit Menschen mit einer geistigen Behinderung war nicht vorgesehen. Fünfzehnjährig trat ich 1942 in die kanadische Kriegsmarine ein. Ich erhielt dort eine ganz auf Effizienz abgestellte Ausbildung. Vom Evangelium Jesu Christi und von der Friedensarbeit angezogen, nahm ich meinen Abschied. Mein letztes Schiff war der Flugzeugträger *Magnificent.* 1950 ging ich nach Frankreich, um in einer von dem Dominikanerpater Thomas Philippe gegründeten Kommunität bei Paris zu leben. Wir waren ziemlich arm. Wir lernten beten und von unserer Hände Arbeit leben. Wir studierten auch Philosophie und Theologie. Das führte mich zu einer Doktorarbeit über Aristoteles. Später lehrte ich am St. Michael's College der Universität Toronto.

Auf die Begegnung mit von der Gesellschaft abgelehnten Menschen war ich keineswegs vorbereitet. 1963 besuchte ich Pater Thomas Philippe in Trosly bei Paris. Er war nun Hausgeistlicher eines Heims für etwa dreißig Männer mit einer geistigen Behinderung.

Ich war begeistert und entsetzt von dieser Begegnung. Diese Menschen waren so ganz anders als meine Studenten in Toronto! Diese schätzten, was sich in meinem Kopf abspielte – mehr oder weniger, denn über die Themen meiner Vorlesungen hatten sie Examen abzulegen. Sie interessierten sich nicht für den Menschen, der ich war. Doch jene, denen ich in Trosly begegnete, interessierten sich nicht im geringsten für das, was in meinem Kopf vorging, dafür aber umso intensiver für meine Person: »Wie heißt du? Was machst du? Wann kommst du wieder?« Alles in ihnen schrie nach Begegnung. Ihr ganzer Körper, ihr ganzes Dasein war ein einziger Mangel an Freundschaft und Gefühlen. Ihr Schrei rührte mich an. Er brachte etwas Neues zum Schwingen.

Diese Menschen waren so einfach und so aufrichtig in ihrem Schrei . . . Die Werte des Herzens waren bei ihnen so offensichtlich.

Sicher waren es jene Werte, die ich in meinem Bemühen um die Nachfolge Jesu schon erahnt hatte. Sie hatten mich veranlaßt, meinen Abschied von der Kriegsmarine zu nehmen. Aber mein Herz war noch durch die Gitterstäbe des Leistungsdenkens, der Vernunft und der Willenskraft gehalten. Der Schrei dieser Verwundeten und Dürstenden bedeutete für mich einen Anruf, der sich meinem Herzen einprägte.

In meinem Buch *Vivre une Alliance dans les Foyers de l'Arche* (Ottawa 1981) beschreibe ich die Geschichte der Arche in ihren Einzelheiten. Die Begegnung mit diesen Menschen und Pater Thomas Philippe war ein Ruf Gottes, von nun an mit jenen zusammenzuleben, die eine geistige Behinderung haben. Als ich Raphael und Philippe aus einem ziemlich traurigen Asyl abholte, um sie in ein damals noch baufälliges Haus in Trosly aufzunehmen, wußte ich, daß ich etwas Unwiderrufliches getan hatte. Alles war sehr einfach. Ich war auch ein bißchen naiv. Ich machte keinerlei Pläne, eher einen Sprung ins Leere. Besser gesagt, ich ließ mich darauf ein, mich an sie zu binden. Und zwar – das wußte ich damals erst mehr oder weniger deutlich – für den Rest meines Lebens. Ich war mir bewußt, daß ich damit ein Risiko einging. Aber gleichzeitig spürte ich den Willen und den Ruf Gottes. Und ich vertraute ihm. Es war, als hätte Gott mir gesagt: »Fürchte dich nicht. Ich bin bei dir.«

Als ich Raphael und Philippe aufnahm – und nach ihnen noch so viele andere, die von der Gesellschaft abgeschoben worden waren – ließ ich mich auf eine Welt ein, die mir bis dahin unbekannt war. Ich entdeckte die Tiefe ihres Leidens und ihren Schrei nach wahrhaftiger Beziehung, aber auch ihre Freude an der Gemeinschaft mit Menschen.

Durch das Leben mit diesen Männern und Frauen, die mehr oder weniger entstellt waren, wollte ich ihnen ein menschliches Dasein ermöglichen. Aber nach und nach entdeckte ich, daß *sie* es waren, die *mir* zu einem menschlichen Gesicht verhalfen. Sie ließen mich entdecken, wie sehr ich Mensch bin.

Fast gegen meinen Willen führten sie mich ins Herz gemeinsamen Lebens: ins Herz des Evangeliums und der Seligpreisungen. Sie haben mich entdecken lassen, was es heißt, mit einem Menschen einen Bund einzugehen – und wie dieser Bund auf den Bund mit Gott gegründet ist. Ich habe auch entdeckt, wie Versöhnung und Fest – die wesentlichen Elemente gemeinsamen Lebens – auf den Bund mit

Gott und Menschen gegründet sind. In meinem Buch *Gemeinschaft, Ort der Versöhnung und des Festes* (Salzburg 1983) habe ich dargestellt, was ich auf diesem Gebiet alles von ihnen gelernt habe. Es schildert die Grundlagen unseres und jeden gemeinsamen Lebens.

Lebt man täglich mit Menschen, die eine geistige Behinderung haben, entstehen Fragen über Fragen. Es gibt Krisen, ja sogar Gewalttätigkeiten, die aus dem verwundeten Herzen aufbrechen. Ich hatte *alles* zu lernen.

Die Probleme wurden noch größer, als man mich bat, die Verantwortung für das Heim zu übernehmen. Fast das gesamte Personal war gegangen, nur Pater Thomas Philippe war noch immer der Hausgeistliche. Viele hatten Ängste. Oft fühlte ich mich überfordert. Es gab Homosexualität und Selbstbefriedigung, ja sogar Exhibitionismus im Dorf. Ich versuchte zu verstehen und zu helfen. Ich erließ Verbote. Ich tat, was ich konnte. Alles war neu und kompliziert.

Während dieser so schwierigen Jahre des Anfangs wurde mir immer klarer, daß es einen tiefinneren Zusammenhang zwischen einem verängstigten, gebrochenen und entwürdigten Herzen, dem Schrei nach Gewalttätigkeit und einer gestörten Sexualität geben mußte: Man würde aus der Arche einen Ort machen müssen, wo diese Menschen den inneren Frieden wieder finden konnten. Zusammen mit den Assistenten[1] bemühten wir uns, aus diesen Heimen Gemeinschaften werden zu lassen: ein Zuhause, in dem es Freundschaft und Zärtlichkeit gibt. Die Gewalttätigkeit ging zurück – und mit ihr auch die Ausdrucksformen ungeordneter Sexualität. Nach und nach nahmen die Menschen wieder menschliche Züge an.

Die erste Hausgemeinschaft der Arche begann ich mit einigen Männern. 1969 eröffneten wir in Cuise-la-Motte, 5 km von Trosly, die erste Frauengemeinschaft. Später entstanden gemischte Beschützende Werkstätten und weitere Hausgemeinschaften, von denen einige gemischt waren, andere ausschließlich für Männer oder Frauen. Heute, 1984, haben wir allein in der Region von Compiègne nördlich Paris rund zwanzig Hausgemeinschaften. Dazu kommen Mietwohnungen für eigenständige Behinderte und Unterkünfte für Gäste.

Weltweit entwickelten sich in den zwanzig Jahren von 1964 bis 1984 67 Regional-Gemeinschaften der Arche mit insgesamt fast

[1] So nennt man in der Arche jene, die mit den Behinderten leben und arbeiten, einige auf Zeit, andere ein Leben lang. (A.d.Ü.)

zweihundert Hausgemeinschaften. Überall treffen wir auf sexuelle Probleme: Männer und Frauen interessieren sich für einander Paare entstehen; Männer fühlen sich von Kindern angezogen, sie exhibitionieren sich; es gibt Homosexualität und Selbstbefriedigung. All das wirft Fragen auf. Man muß sie zu verstehen suchen, eine Haltung finden, die so wahrhaftig, so verständnisvoll und so erzieherisch ist wie möglich.

Angesichts der Anfangsschwierigkeiten, vor allem aber der Gewalttätigkeit, richteten sich alle Energien der Assistenten auf die Schaffung eines Klimas, in dem jeder seinen inneren Frieden wieder finden konnte. Man mußte zwar zunächst autoritär vorgehen und Strukturen schaffen, bald aber spürte man den aufkommenden Frieden. Eine neue Dynamik begann sich zu entfalten. Man konnte sich darauf konzentrieren, die Bedürfnisse der einzelnen anzuhören. Mit jedem einzelnen machten wir einen Plan. Das sicherte ihm mehr eigenen Lebensraum. Die Arche als Ganzes wurde dadurch auch persönlicher. Jede Hausgemeinschaft entwickelte sich zu einer kleinen Familie.

Natürlich war ich in all dem etwas verloren, vor allem am Anfang. Der Mensch ist derart komplex, er hat soviele Wachstumsmöglichkeiten, – aber er ist auch so verwundbar und so gebrechlich! So schnell verliert er das Vertrauen zu sich und den anderen! Ich hatte wirklich alles zu lernen. Und ich glaube, ich habe mehr aus Irrtum und Versagen gelernt als aus »Erfolgen«. Wo es um Leben geht, gibt es keine eigentlichen Erfolge, sondern nur Wachstum! Meine Sicht des Menschen, seiner Bedürfnisse und seines Wachstums waren vom christlichen Glauben und von meiner Erziehung geprägt. Ich versuchte, die Bedürfnisse und den Schrei jedes einzelnen zu hören. Ich erlebte, wie einige sich wohl zu fühlen begannen und zu einer gewissen inneren Freiheit fanden.

Die Theorie der Normalisierung

1964 gab es kaum Zentren für Erwachsene mit einer geistigen Behinderung. Seitdem hat man viele geschaffen. Man hat mehr und mehr Menschen aus den großen Institutionen herausgeholt. In den Vereinigten Staaten zum Beispiel ging die Zahl der in öffentlichen Einrichtungen lebenden Behinderten von 173 000 im Jahre 1973 auf 130 000 im Jahre 1979 zurück.[1] Allein im Staat New York gab es 1981 bereits 700 in die Wohnquartiere eingegliederte Hausgemeinschaften für Behinderte.

Vor allem in den 70er Jahren ereignete sich auf diesem Gebiet eine Art Revolution. Man begann zu entdecken, daß Menschen mit einer geistigen Behinderung über erstaunliche Wachstumsmöglichkeiten verfügen, daß viele von ihnen, die bereits negativ gestempelt waren, arbeiten und glücklich sein können wie jeder andere.

In den reichen Ländern, vor allem in Skandinavien, entstand damals eine Theorie, welche die Normalisierung von Menschen mit einer geistigen Behinderung forderte: behinderte Menschen sollten leben können wie jeder andere, jede Form von Absonderung sei zu vermeiden. Jemand wie einen Verrückten behandeln, hieße, ihn erst verrückt machen. Vor jemand Angst haben, hieße, ihm Angst vor sich selbst und den andern einflößen. Jemand normal behandeln aber bedeute, ihm die Chance zum Normalsein zu geben.

Soviel hatte ich schon selbst entdeckt durch das Zusammenleben mit Männern und Frauen, die bis dahin in Asylen eingesperrt waren: Wie man jemand sieht, so wird er.

Die Normalisierungsbewegung ist jedoch keineswegs problemlos, vor allem nicht im Bereich der Beziehung zwischen Mann und Frau. In jenen Wohnheimen und Werkstätten, in denen Männer und Frauen zusammenleben, gibt es natürlich auch Begegnungen. Welches Recht haben Menschen mit einer geistigen Behinderung auf Ehe und sexuelle Beziehungen? Was tut man, wenn ein Mann und eine Frau sich für einander zu interessieren beginnen? Wie weit können sie in ihren gefühlsmäßigen Bindungen gehen?

Früher neigten die Eltern dazu, das Problem schlicht zu ignorieren. Menschen mit einer geistigen Behinderung galten als asexuell. Manchmal sah man sie aber auch als sexuell gestört und gefährlich an, vor allem für Kinder. Darum sperrte man sie in Institutionen. Man nahm ihnen damit jede persönliche Freiheit.

Die Normalisierungsbewegung hat vor allem das Geschlechtsleben der Menschen mit einer geistigen Behinderung »normalisieren« wollen. In vielen Institutionen der reichen Länder ermutigte man sie zu einer aktiven Ausübung der Sexualität. N.E. Bank-Mikkelson, Leiter des dänischen Behinderten-Werks, schreibt dazu in dem

[1] *From the 60's to the 80's: An International Assessment of attitudes and services for the developmentally disabled,* published by Young Adults Institute and Workshop, Inc., New York 1982.

bereits erwähnten Sammelband: »Der erwachsene geistig Behinderte sollte behandelt werden wie jeder andere. Denn auch er hat das Merkmal des Erwachsenen: eine ausgereifte Sexualität. Man geht dieser Frage oft aus dem Wege aufgrund schwerwiegender Vorurteile. Diese verstärken sich noch, wenn es um das Geschlechtsleben der Behinderten geht. Im allgemeinen aber sind die Behinderten in diesem Bereich normal entwickelt. Darum haben sie Anspruch auf ein natürliches Geschlechtsleben«.

Man besteht also auf der positiven Bedeutung sexueller Beziehungen für die menschliche Entwicklung von Männern und Frauen mit einer geistigen Behinderung: Sie sollen aufgeklärt werden und ihre Sexualität voll ausleben können, denn sie haben einen Anspruch auf sexuelles Vergnügen; man soll ihnen jede Hilfe gewähren, sich in dieser Beziehung zu entfalten.

»Normalisierung sexueller Beziehungen«

Offensichtlich geht es hier um ein ganz besonders heikles Thema. Man möchte »normalisieren«, man möchte dem Menschen mit einer geistigen Behinderung helfen, selbst zu entscheiden, selbständig zu werden. Was aber ist in diesem Bereich möglich? In der Arche habe ich dazu von Anfang an deutlich Stellung bezogen, selbst auf die Gefahr hin, es mir etwas zu einfach zu machen: Sexuelle Beziehungen waren grundsätzlich verboten; jedoch hatten einige die Möglichkeit, sich auf eine Eigenständigkeit hin zu entwickeln – und schließlich auf die Liebe innerhalb der Ehe.

Was hatte ich also von der Theorie der Normalisierung der Sexualität zu halten, vom Anspruch jedes Menschen auf sexuelles Vergnügen?

Einige Erzieher und Psychologen übertreiben in dieser Beziehung. Sie wollen »befreit« wirken und andern helfen, auf die Befreiung ihrer Sexualität hinzuleben. Sie reden viel vom Anspruch auf Lustgewinn, aber wenig vom Recht auf Beziehung. Als könnte man die Sexualität so einfach von allen anderen Lebensbereichen trennen!

Andere, vermutlich die Mehrheit, tasten sich suchend voran. Selbst wenn sie sich gegen eine allzu herkömmliche Sicht der Sexualität wenden, sehen sie doch den Wert einer dauerhaften Beziehung zwischen Mann und Frau. Sie sind offen für den Schrei nach Innerlichkeit und Freundschaft. Sie neigen dazu, das Zusammenleben von Paaren dort zu fördern, wo die Wohnmöglichkeiten es erlauben. Gleichzeitig wissen sie aber nicht recht, wie sie damit umgehen sollen. Sie möchten keine Verbote für andere, denn sie möchten keine Verbote für sich selbst. Aber sie geraten in Verlegenheit, wenn die Sexualität zu öffentlich ausgeübt wird. Sie wollen zwar, daß die Menschen eigenständig und frei sind, aber sie verabreichen ihnen systematisch die Pille. Die meisten merken, daß ihre Haltung voller Widersprüche ist. Sie stellen selber fest, daß ihre Botschaft zwiespältig ist.

Angesichts dieser zuweilen recht widersprüchlichen Theorien über das Gefühls- und Geschlechtsleben von Menschen mit einer geistigen Behinderung mußten wir in der Arche natürlich Stellung beziehen. Wir mußten unsere eigene Sicht der Dinge klären.

Wir konnten uns nicht länger mit bloßen Intuitionen zufriedengeben, wir konnten nicht einmal mehr eine herkömmliche christliche Ethik kritiklos übernehmen. Wir mußten die Dinge positiv verstehen lernen und klug reagieren, anstatt einfach zu verbieten – und das besonders dort, wo es um sexuelle Probleme ging: um Homosexualität, Selbstbefriedigung, Zwangshandlungen und Gewalttätigkeiten und das Entstehen von Paaren, in denen sich niemand entfalten konnte.

Wir mußten vor allen Dingen eine erzieherische Sicht entwickeln, um Männer und Frauen auf ihrer schwierigen Suche nach Beziehung richtig zu begleiten. Das wiederum bedeutete, wir mußten unsere intellektuelle, psychologische und menschliche Sicht des Gefühls- und Geschlechtslebens ganz erheblich vertiefen.

Wir mußten uns auch fragen, worin eine Ethik für Männer und Frauen mit einer geistigen Behinderung bestehen könnte. Es wäre unverantwortlich gewesen, sie bedenkenlos alles machen zu lassen, denn sie sind nun einmal nicht ganz eigenständig. Um leben zu können, bedürfen sie einer gewissen Begleitung und Unterstützung. Im übrigen erfordert jede Form geordneten Lebens die Anerkennung bestimmter Regeln, und jedes menschliche Wachstum hat seine Eigengesetzlichkeit. Andererseits kann das bloße Erlassen von Verboten und eine repressive Grundhaltung nichts Positives zum Wachstum beitragen. Die herkömmliche Moral setzt voraus, daß man das Gesetz und die Gebote kennt, daß man seine Willenskraft einsetzt, die sexuellen Triebe zu beherrschen und alles zu vermeiden, was einem selbst und dem andern schadet. Aber Menschen mit einer geistigen Behinderung mangelt es an Verständnis und an Willenskraft. Viele wissen genau, was man tun sollte. Sie erkennen zutiefst, was gut, wahr und richtig ist. Aber solange sie sich nicht von ihrer Umgebung angenommen fühlen, fehlt es ihnen an Willenskraft und Selbstbeherrschung, kritischen Situationen aus dem Weg zu gehen und sich nicht von ihren Trieben überwältigen zu lassen. Sie sind längst nicht immer eigenständig genug, ihr Leben selbst in die Hand zu nehmen. Allzuoft sind sie beeinflußbar und abhängig von ihrer Umgebung.

Will man einem Menschen mit einer geistigen Behinderung und erheblichen sexuellen Störungen wirklich helfen, so kann man sich nicht darauf beschränken, Verbote zu erlassen oder nur im Dialog sein Heil zu suchen. Man muß ihm helfen, andere Energiequellen aufzuspüren und andere Interessengebiete zu entdecken. Man muß lernen, wie man ihm helfen kann, nicht nur die Triebe zu beherrschen, sondern die Sexualität von Grund auf zu befrieden. Mit ihm zusammen muß man den Sinn der Sexualität entdecken lernen: welche Bereicherung sie bedeutet, aber auch, wo sie ihre Grenzen hat – und wie relativ sie ist.

*

Dieses Buch ist die Frucht unseres Suchens und unserer Auseinandersetzungen. Es ist erwachsen aus unseren Schwierigkeiten und unserem Vortasten auf Neuland, vor allem aber aus dem Leiden der Menschen mit einer geistigen Behinderung. Es möchte die Grundlagen und die Bedeutung der Sexualität in der Tiefe zu verstehen suchen: Was wird wirklich in einer sexuellen Beziehung angestrebt? Wonach verlangt der Mensch in seinem tiefsten Innern?

Aber wo immer wir diese grundlegenden Fragen stellen, müssen wir auch auf konkrete Situationen antworten: »Was soll man tun, wenn ein schwer behinderter Mann oder eine Frau sich selbst befriedigen, sei es im Verborgenen, sei es öffentlich? Was soll man tun, wenn ein Mann und eine Frau, beide behindert, sich für einander interessieren und Zärtlichkeiten austauschen? Können sie wirklich heiraten? Können sie Kinder haben? Was soll man tun, wenn ein Mann mit einer geistigen Behinderung sich sexuell von Kindern angezogen fühlt? Was soll man tun mit einer jungen Frau, die regelmäßig aus der psychiatrischen Klinik entwischt – und dabei regelmäßig schwanger wird? Soll man sie sterilisieren lassen? Und wie steht es mit der Abtreibung?

Lebt man ständig mit stark gestörten Menschen zusammen, so gerät man andauernd in die unmöglichsten Situationen. Jede ist ein Aufschrei, jede derart leidgeprägt!

* * *

Tag für Tag wird mir bewußter, welch kostbare Wirklichkeit die menschliche Sexualität ist – und wie weh sie tut! Niemand ist vollkommen, selbst sein Körper ist es nicht. Der Mann braucht die Frau, die Frau braucht den Mann. Jeder hat seine ganz eigene Sexualität. Die Tatsache, Mann oder Frau zu sein, hat einen Einfluß auf alle biologischen, seelischen, moralischen und geistlichen Bereiche. Jeder lebt auf den andern hin. Die Menschheit verdankt ihr Fortbestehen dieser ständigen gegenseitigen Ergänzung. Ohne die Vereinigung von Mann und Frau gäbe es keine Fruchtbarkeit. Aber der Mann kann die Frau unterdrücken, sie entwürdigen, lächerlich machen, als Objekt behandeln. Ist er uneins mit sich selbst, ist seine Sexualität nicht integriert in seine Gefühlswelt, ja in sein gesamtes Dasein, so wird der Mann die Frau ausbeuten. Statt in ihr die Gefährtin zu sehen, die Geliebte, einen Menschen, der zum Wachstum bestimmt ist wie er selbst, wird er sie nur erobern und besitzen wollen. Er erweist sich damit nur als beziehungsunfähig – und die Frau wird sich insgeheim zu rächen wissen. Es gibt darum kaum etwas Wichtigeres, als Mann und Frau zu helfen, ihre Sexualität zur Ausdrucksform aufrichtiger, gegenseitiger Liebe werden zu lassen. Denn erst dann kann die Sexualität ihnen zum Schlüssel wahrhaftiger Beziehung und tiefen gegenseitigen Einverständnisses werden.

Lieben Mann und Frau sich wirklich, sei es in der Zärtlichkeit der Vereinigung innerhalb der Ehe, sei es im Zölibat innerhalb einer Gemeinschaft, so gibt es nichts Schöneres als das. Ihre Liebe ist dann *die* Gabe Gottes an die Menschheit. Sie wird zum Nährboden jenes mystischen Leibes, den wir Gemeinschaft nennen. Sie wird zur Quelle jener verbindenden Kraft, aus der alle anderen Bindungen leben. Sie wird zu jener Heilkraft, aus der alle Heilung strömt. Solche menschliche Liebe wird schließlich immer auch geistliche Früchte tragen.

*

Dieses Buch ist keine Abhandlung über die Sexualität von Menschen mit einer geistigen Behinderung. Es will keine praktischen Lösungen anbieten. Es erhebt auch keinen Anspruch, erschöpfende Antworten auf alle Fragen zu geben. Dazu sind diese viel zu komplex. Wer nach Lösungen für bestimmte Probleme sucht, wird notwendig enttäuscht sein. Die Wirklichkeit des Menschen und die Tiefe seiner Verwundungen lassen keine eindeutigen und einfachen Lösungen zu.

Dieses Buch möchte vielmehr Zeugnis geben vom Leiden und Suchen der Menschen mit einer geistigen Behinderung: vom Leben jener, die ich kenne und begleite. Ausgehend von der Betrachtung der Quellen dieses Leidens und den Grundlagen unseres Gefühls- und Geschlechtslebens möchte ich zeigen, welche Prinzipien uns in bestimmten Situationen geleitet haben. Von daher möchte dieses Buch zum Weiterdenken ermutigen.

Wer die zugrundeliegende Sicht teilt, mag mit einer Gruppe und vielleicht den Betroffenen selbst die Antworten auf die anstehenden Fragen finden. Uns geht es vor allem darum, Menschen mit all ihren Leiden und Bedürfnissen auf dem Weg zu jener Reife zu begleiten, die ihnen eine gewisse innere Freiheit und Tiefe der Beziehung ermöglicht. Denn so werden auch sie zu liebenden und dienenden Menschen.

Mein christlicher Glaube

Dieses Buch ist entstanden aus der alltäglichen Erfahrung unseres Lebens in der Arche und all ihrer verschiedenen Gemeinschaften, aber auch aus unserem Vertrauen auf Jesus Christus und seine Botschaft. Man kann die Sexualität nicht von der Liebe trennen. Sonst wird sie zur Lüge. Der Mensch wird manipuliert, ja zerrissen. Die Botschaft Jesu ist eine Wirklichkeit der Liebe. Sexuelle Probleme außerhalb christlicher Perspektiven betrachten, würde mir nicht genügen. Ich könnte mich ausschließlich an Eltern und Erzieher wenden, ohne dabei meinen Glauben an das Evangelium zu berücksichtigen. Im Bereich des Gefühls- und Geschlechtslebens gibt es allgemein anerkannte Erfahrungswerte. Aber ich fürchte, der Wirklichkeit nicht gerecht zu werden, ja sogar meine Denkweise zu verfälschen, wollte ich mich nur auf *diese* Werte stützen. Ich finde es darum richtiger und aufrichtiger, meine *ganze* Erfahrung in diesem Bereich darzulegen, ohne meine tiefste Inspiration zu verleugnen. Ohne ungläubige Fachleute und Eltern ausschließen zu wollen, richtet sich mein Buch also zunächst an christliche Leser. Die Erfahrung zeigt, daß es keinen Bruch zwischen Evangelium und Psychologie gibt. Je mehr sich mein Glaube an die Liebe aus dem Herzen Gottes vertieft, desto besser vermag ich aus diesem Glauben heraus das Wesen des Menschen zu verstehen – mit all seinen Schreien, Leiden und Herausforderungen. Und je näher ich dem Menschen komme, indem ich ihm zuhöre und seine Bedürftigkeit erfahre, desto intensiver bin ich auf meinen Glauben an Jesus verwiesen.

Mit diesem Buch möchte ich Gott danken, uns als Mann und Frau geschaffen zu haben. Für sich selbst genommen ist jeder von uns anfällig und unvollkommen. Jene wahre Liebe aber, die Beziehung und Gabe ist, befreit uns aus der Isolierung und läßt uns eindringen in das Herz Gottes, des Vaters, des Sohnes und des Heiligen Geistes.

1. KAPITEL

DIE WUNDEN DES HERZENS

Eine Enttäuschung für die Eltern

Der Mensch mit einer geistigen Behinderung ist geprägt von tiefen Verwundungen des Herzens und der Gefühle. Diese Wunden bleiben nicht ohne Wirkung auf seine Sexualität, die darum gestört sein kann. Die körperliche Behinderung ist sichtbar, manchmal sogar sehr sichtbar. Sie ist ihm ins Gesicht geschrieben, sie zeigt sich an Händen und Füßen, an der Sprache oder am Fehlen der Sprache, an der Unfähigkeit, logisch zu denken, zu abstrahieren und vorauszusehen. Die Wunden des Herzens aber bleiben verborgen. Sie zeigen sich erst in Angst und mangelndem Selbstvertrauen, in Depressionen und Träumereien, in Gewalttätigkeit oder Flucht vor der Wirklichkeit. Vor allem aber offenbaren sie sich in dem gebrochenen Verständnis, das der behinderte Mensch von sich selbst hat, in einem Abgrund von Schuldgefühlen und in der Weigerung, zu leben.

Der Mensch mit einer geistigen Behinderung war von Anfang an eine Enttäuschung für die Eltern. Sie erwarteten ein schönes Kind: ein Kind von strahlender Gesundheit, das ihnen ähnelt, und in das sie ihre ganze Hoffnung setzten. Am Tag der Geburt oder am Tag nach der Krankheit oder dem Unfall haben sie im Gesicht und am Körper eine Behinderung erkannt. Der Arzt hat es ihnen ganz offen gesagt, brutal vielleicht: »Ihr Kind ist schwer behindert. Da kann man nichts machen. Am besten, Sie bekommen noch eins«. Die Hoffnung der Eltern ist mit einem Schlag zerstört. Ihr Herz ist gebrochen. Zorn steigt auf. »Warum geschieht *uns* das? Gerade uns? Womit haben wir das verdient?« Und dann kommt die schlimmste Frage – denn einer muß ja schuld sein: »Wer ist schuld an dem Ganzen?« Schon im Evangelium taucht die Frage auf, die Apostel stellen sie angesichts eines Blinden: »Rabbi, wer hat gesündigt? Er selbst? Oder haben seine Eltern gesündigt?« (Joh. 9,2). Ist unser Kind also eine Strafe Gottes? Wenn ja, wie können wir diese Schuld sühnen?

Das Leiden und die Schwierigkeiten der Eltern bewegen mich zutiefst. In der Arche haben wir regelmäßig unseren freien Tag zum Ausruhen, Auftanken und zur Weiterbildung. Wir haben *gewählt*, mit Menschen zu leben, die eine geistige Behinderung haben. Die Eltern aber haben ihr behindertes Kind *nicht* gewählt. Für sie ist es eine Tragödie, eine Demütigung, ein Leiden. Sie haben keinen freien Tag. Sie haben kaum jemand, der ihnen hilft – und sie haben keine Weiterbildung. Wir von der Arche werden oft bewundert wegen unserer Hingabe. Die Eltern behinderter Kinder aber werden genauso oft gedemütigt. Ganze psychologische Schulen verdammen sie: »Es ist *Ihr* Fehler, wenn Ihr Kind so ist, vor allem wenn es psychotisch ist«. Dabei gibt es wirklich heldenhafte Eltern: Tag und Nacht verbringen sie mit ihren so schwierigen gestörten Kindern, sie haben weder Sonderschule noch Beschützende Werkstätte in der Nähe. Kein Psychologe, kein Arzt ermutigt sie. Oft sind sie fürchterlich allein: verlassen von der Familie, den Freunden, den Nachbarn, der Kirche. Sie haben das Gefühl, von Gott verlassen zu sein: von ihm gestraft. In ihrer Angst verschließen sie sich vollends.

Das Leiden des Kindes

All diese Leiden begegnen ihrem Kind. Es ist schlimm für ein Kind zu spüren, daß es eine Enttäuschung für die Eltern ist: Grund zu Angst und Tränen. Das verletzte Herz der Eltern verletzt das Herz des Kindes. Ein gesundes Kind weiß, daß es Grund zur Freude ist. Wie von selbst wird es zum Mittelpunkt der Aufmerksamkeit: jeder möchte es streicheln, umarmen, küssen. Es ist der Stolz der Eltern: es wächst und gedeiht und macht immer neue Eroberungen. Ein Dialog voller Leben entsteht zwischen dem Kleinen und seinen Eltern. Es regt an, ermutigt, trägt. Das Kind fühlt sich geliebt. Es spürt seinen Wert durch die einzigartige Liebe der Eltern.

Man stellt mir oft die Frage, ob ein Kind mit einer schweren geistigen Behinderung etwas von seiner Behinderung weiß, und ob es unter seinem Zustand leidet? Meist weiß ich nicht, ob es sich seines Leidens bewußt ist. Aber ich weiß sehr wohl, daß ein Kleinkind spürt, ob es geliebt und geschätzt ist oder nicht. Auch ein Erwachsener mit einer geistigen Behinderung, selbst einer sehr schweren, spürt das sehr genau – nämlich durch die Art, wie man ihn ansieht und aufnimmt, und durch den Ton, in dem man mit ihm spricht.

Ein Neugeborenes ist ebenso gebrechlich wie verletzlich. Es kann nichts aus sich selbst. Es muß gewaschen, genährt, getragen werden. Seine einzige Möglichkeit, sich bemerkbar zu machen, ist zu schreien. Fühlt es sich geliebt und geschätzt, dann ist es in Sicherheit: es kann leben, sich entspannen, Beziehungen aufnehmen. Fühlt es sich nicht geliebt und geschätzt, dann ist sein Leben in Gefahr: die andern Menschen und die umgebende Wirklichkeit werden ihm zur Bedrohung. Es betritt eine Welt der Angst und der Unsicherheit: es verspannt und verhärtet sich, um sich zu schützen. Das geschieht zwar noch nicht bewußt und verstandesmäßig, aber schon das Kleinkind leidet fürchterlich darunter, verlassen und ungeliebt zu sein.

Außerdem kann das Kind auch Angst und sogar eine Form inneren Sterbens erleben, wenn die Mutter sich zu ausschließlich auf ihr Kind konzentriert. Sie erstickt dann sein Eigenleben. Sie überträgt ihre Trennungsangst. Ein Kind ist dazu bestimmt, eines Tages die Eltern zu verlassen. Es muß Trennungen und Frustrationen ertragen lernen: es muß *leben* lernen. Wahre Liebe ist nie besitzergreifend, sie wirkt stets befreiend. Keine Mutter kann ausschließlich für ihr Kind dasein, sie gehört auch ihrem Mann. Das Kind muß also schon früh die Frustration der Trennung ertragen lernen, gleichzeitig aber auch die Freude des Sichwiederfindens. Es muß der Bindung an die Eltern vertrauen können. Wenige scheinen die Angst des Kleinkindes zu verstehen, das sich nicht geliebt oder schlecht geliebt weiß. Glücklicherweise beschäftigen sich die Humanwissenschaften immer mehr mit dem Säuglingsalter: sie entdecken heute neu, was Mütter von jeher instinktiv gewußt haben, nämlich daß die Beziehung zwischen Mutter und Kind etwas Heiliges und Kostbares ist: Quelle des Lebens für beide.

Man kann heute nachweisen, daß ein Säugling von Geburt an sieht und hört, und daß er innerhalb der ersten Stunden den Geruch der Mutter erkennt. Man weiß auch, daß normalerweise zwischen Mutter und Kind ein intensiver Dialog, eine Beziehung, ja eine Harmonie besteht. Fehlt diese Beziehung, spürt das Kleine nicht die Liebe der Mutter, ihre befreiende Freude, mit dem Kind zu sein, fehlt die Anerkennung seiner Schönheit, seiner Einzigartigkeit, seiner Wachstumsmöglichkeiten und also auch seiner Fähigkeit zu Eigenständigkeit und Trennung, dann fühlt sich das Kind verloren und der Angst ausgeliefert. Es erlebt entweder eine innere Leere, oder es fühlt sich wie erstickt.

Angst ist eine erschreckende Wirklichkeit. Vielleicht ist die die größte Leidensquelle der Menschheit. Deswegen macht man von ihr in der Folter Gebrauch. Leidet ein Mensch unter Angst, so ist er verwirrt, verliert die Orientierung und wird bereit, Geheimnisse preiszugeben.

Angst offenbart sich zunächst durch innere Erregung. Vom Sonnengeflecht ausgehend erstreckt sie sich über den ganzen Körper. Dem Menschen ist nicht mehr wohl in seiner Haut. Er ist verwirrt, unfähig zu denken und vorauszuschauen. Seine Erregung stört Schlaf und Verdauung. Er ißt und schläft zuviel – oder gar nicht.

Solche Angstzustände sind auf die Dauer unerträglich. Das Kind ist gezwungen, sich zu schützen. Es baut Mauern um sich auf, das Leiden abzuwehren. Dadurch aber trennt es sich von Herz und Gefühlen. Es zieht sich zurück in die Welt der Träume. Eine Psychose entsteht. Oder aber die Mauern sind weniger solide: Labilität, Depression oder Aggression sind die Folge. Bei Jugendlichen oder Erwachsenen sind die Abwehrmechanismen gegen die Angst etwas anders: einige werden überaktiv, sie streben begierig nach Erfolg, Gewinn, Autorität. Andere flüchten sich in Alkohol, Drogen, sexuelle Beziehungen. Sie suchen zwanghaft nach Zerstreuung und Vergnügen. Wieder andere versinken in Depressionen, Geisteskrankheiten oder Verbrechen.

Sehe ich Evelyn[1] ihren Kopf gegen den Fußboden schlagen, höre ich Sadher mitten in der Nacht schreien, man solle ihm die Geschlechtsteile abschneiden, sehe ich Luc überall und nirgends hin laufen, betrachte ich das gespannte Gesicht von Georges, so weiß ich, daß tief in jedem die Angst wohnt: eine unerträgliche, innere Erregung.

Spürt das Kind mit einer geistigen Behinderung, daß es überflüssig ist, so verhärtet es sich, um sich zu schützen. Es sondert sich ab, denn es ist unfähig, sich der Situation zu stellen. Sein Inneres erstirbt: das Leben pulsiert nicht mehr. Die ständige Erregtheit verhindert eine friedliche Entwicklung. Das Hirn, das Sprachzentrum und die gesamte psychomotorische Entwicklung sind betroffen. Teile der Seele werden blockiert und können sich nicht entwickeln. Das Wesen beginnt sich zu verändern, zu zerfallen.

[1] Aus Gründen der Diskretion den Menschen mit einer Behinderung gegenüber sind alle Namen geändert – mit Ausnahme von Eric).

Jean-Marc saß in der Kapelle neben mir und wiederholte leise: »Ich habe den Teufel in mir. Ich habe das Böse in mir.« Seine Geschichte ist die einer Ablehnung. Er ist in einer Psychiatrischen Klinik geboren und adoptiert worden – aber schlecht adoptiert. Er hat in verschiedenen Familien leben müssen. Schließlich ist er in einer Einrichtung für Menschen mit einer geistigen Behinderung gelandet. Von dort kam er wieder in eine Psychiatrische Klinik, weil er gewalttätig wurde. Mit 27 Jahren ist er in die Arche gekommen. Noch nie hatte er eine dauerhafte Beziehung mit einem Erwachsenen leben können, er ist immer nur herumgereicht worden. Niemand hatte je zu ihm gesagt: »Du bist mein geliebter Sohn, an dem ich mein Wohlgefallen habe. Unsere Beziehung ist unzerstörbar. Wir leben einen Bund. Was du auch tust, du bist mein Kind.« Jean-Marc ist wurzellos.

Er ist nie geliebt worden – woher sollte er glauben können, daß er liebenswert ist? Ist er aber nicht liebenswürdig, muß das Böse in ihm wohnen. Die Logik der Liebe ist unerbittlich. Niemand kann sich selbst vertrauen, wenn ihm kein anderer vertraut, wenn keine eigene beständige Beziehung mit ihm lebt – und also hat er ein negatives Selbstverständnis. Jean-Marc ist vielleicht ein Extremfall – aber wieviele Menschen mit einer geistigen Behinderung leiden an diesem negativen Selbstverständnis!

Yvette hat man seit frühester Kindheit für verrückt erklärt. Sie wurde zur Gefangenen dieses Selbstverständnisses und hat sich tatsächlich immer »verrückter« aufgeführt.

Als Michel bei den Olympischen Spielen für Menschen mit einer geistigen Behinderung die Goldmedaille im 100-m-Lauf errang, brach er in Tränen aus und sagte: »Meinst du, meine Mutter glaubt jetzt, daß ich was kann?«

Georgette antwortete auf die Frage, ob sie heiraten wolle: »Ich kann nicht heiraten; meine Mutter sagt, wenn ich heirate, dann kriege ich ein Kind wie mich.«

Ich bin immer wieder überrascht, wie jeder den Blick des anderen widerspiegelt. Gloria lebt in einer unserer Gemeinschaften in einem Elendsviertel Lateinamerikas. Sobald sie bei ihren Eltern sein muß, die sie verachten, ist sie anders. Dort spielt sie verrückt – und so gibt sie sich auch bei den Nachbarn. In unserer Gemeinschaft begegnet man ihr mit Verständnis und Hoffnung. Sie paßt sich an und nimmt dennoch eigene Gestalt an, trotz all ihrer Krisen. Mädchen wie sie nehmen den Blick des anderen begierig auf. Sie wollen wissen, ob er Angst, Urteil, Härte, Verachtung oder Überlegenheit bedeutet – oder ob es ein Blick des Verständnisses und der Güte ist, der Freude, daß sie da ist. Die Augen anderer sind wie Spiegel, in denen jeder sich selbst findet. »Wer bin ich für dich?« Gloria ist, wie man sie sieht. Sie weiß sehr wohl zu nuancieren: »Liebst du mich, weil du etwas von mir hast? Liebst du mich, weil ich Fortschritte mache? Liebst du mich, weil mein Leben Sinn hat für dich? Oder liebst du mich, weil mein Leben Sinn hat für *mich?«*

Das sind nur einige Beispiele von hunderten – Beispiele tiefinneren Leidens von Menschen mit einer geistigen Behinderung, Beispiele negativen Selbstverständnisses aufgrund des strafenden, verachtenden Blicks anderer. Françoise Dolto, eine Kinderpsychiaterin, erklärte uns vor einigen Jahren in einem Seminar für Sonderpädagogik, wie das psychotische Kind sich mit den menschlichen Ausscheidungen identifiziert: Es spürt die Ablehnung der anderen, fühlt sich schlecht und erfährt sich gleichbedeutend mit dem, was ausgeschieden wird und stinkt.

Menschen mit einer geistigen Behinderung lieben ihre Eltern, selbst wenn sie von ihnen schlecht behandelt, ins Krankenhaus gesteckt oder verlassen worden sind. Sie hoffen weiter auf eine glückliche Begegnung, selbst wenn ihre Hoffnung noch so oft enttäuscht worden sind. Ich habe nie einen behinderten Menschen seine Eltern kritisieren oder verurteilen hören. Ich spüre eher – und das ist noch schmerzvoller – daß die Kinder sich selbst verdammen, als wäre die Ablehnung der Eltern gerechtfertigt. Sie sind derart überzeugt von der Gegenwart des Bösen in ihrem Innern, daß sie sich lieber selbst anklagen und schuldig fühlen, als das Bild der Eltern zu beflekken.

Betty hatte eine unmögliche Mutter, wirklich die »böse Mutter«. Sie hat bis heute Schwierigkeiten, mit einer Frau zusammenzuleben, ohne sie zu verfolgen, ohne sich an ihr zu rächen. Aber ist das wirklich Rache? Ist es nicht eher jener Schrei, der sagt: »Du kannst mich ja doch nicht lieben, ich bin ja doch viel zu böse?« Betty lebt im ständigen Konflikt mit der Mutter.

Eines der Dramen des Kindes – aber man findet das auch bei Verlobten und Ehepartnern – besteht darin, die Eltern oder den Partner zu idealisieren und ihn zum Götzen zu machen: zu einem Halbgott, der für alle Bedürfnisse geradezustehen hat. Kommt dann aber die Enttäuschung, so beschuldigt sich das Kind selbst – oder aber es lehnt den ab, der seinen Erwartungen nicht entsprochen hat. Es ist derart schwer, im andern jemand zu sehen, der ebenso fehlbar ist und ebenso seine Bedürfnisse hat wie ich – und nicht nur meine Bedürfnisse zu sehen, und sie auf ihn zu projizieren!

Bei einer Arbeitssitzung der Arche ging es um einen Menschen, der von seiner Familie wegen Verhaltensstörungen abgelehnt wurde. Dr. Franko, damals Psychiater unserer Gemeinschaft, sagte: »Er fühlt sich schuldig, dazusein«. Das hat mir geholfen! Viele Männer und Frauen die wir aufnehmen, wurden von ihrer Familie als schwierig oder unerträglich bezeichnet, und oft sind sie das auch. Man hat sie als idiotisch, schwachsinnig und behindert beschimpft. Kein Wunder also, daß sie sich schuldig fühlen: verantwortlich für die Tränen und die Ängste ihrer Eltern. Kein Wunder, daß sie sich abgeschirmt haben gegen ihre eigenen Gefühle – einfach weil sie zu stark litten.

Aus diesen tiefen seelischen Verwundungen erklären sich ihre bizarren Gesten, ihre Depressionen und Aggressionen. Man hat sie als Menschen nie für voll genommen, deswegen können sie auch keine konstruktiven Beziehungen mit anderen eingehen. Sie sind immer nur als Objekt angesehen worden, deswegen können sie auch den andern nur als Objekt betrachten. Sie können sich nicht vorstellen, daß sie Leben weitergeben können: andere Menschen glücklich machen. Sie müssen den Schritt von einem negativen Selbstverständnis zu einem positiven machen lernen, von einem Gefühl totaler Unfähigkeit zu einem gewissen Selbstwert. Wer aber kann ihnen bei diesem Übergang helfen?

Dieses Gefühl innerer Zerrissenheit findet sich leider nicht nur bei Menschen mit einer geistigen Behinderung, sondern ebenso bei jedem »unerwünschten« Kind: es kommt sich überflüssig vor, es hat sich abschirmen müssen gegen ein ihm unerträgliches Leiden. Ein Strafgefangener, der ein Kind entführt hatte, erzählte mir, als er 8 Jahre alt war, habe seine Mutter ihm gesagt: »Wenn die Verhütungsmittel damals funktioniert hätten, dann wärst du heute nicht da.«

Ähnliche Formen der Depression finden sich oft auch bei Menschen, die ihrer Rasse, ihres Elends oder ihrer Unfähigkeit wegen verachtet werden.

Wenn vielleicht auch etwas weniger intensiv, so finden sich dieselben Verletzungen im Herzen jedes Kindes. Irgendwann ist es enttäuscht worden von den Eltern. Es hat sich nicht genug geliebt oder geachtet gefühlt. Solche unbewußten Verwundungen in der Kindheit erschweren später häufig die Erwachsenen-Beziehungen und auch die Ausübung der Sexualität. Sie intensivieren den Bruch zwischen Herz und Sexualität, zwischen Suche nach Lustgewinn um seiner selbst willen und Suche nach wahrhaftigen Beziehungen von Mensch zu Mensch.

Wer Familien kennt, seien es zerbrochene mit besitzergreifenden oder zerstreuten Eltern, seien es jene, die für ihre Kinder mit wahrhaft befreiender Liebe da sind, der weiß, daß die Verwundung des Herzens der Kinder nicht notwendig von der Haltung der Eltern abhängt. Kein Elternteil kann der Erwartung des Kindes jemals ganz gerecht werden, selbst wenn es sich um die wunderbarsten Eltern handelt. Eltern können ihr Kind immer nur soweit lieben, wie ihre eigene Liebe reicht. Der Unschuld und der Unbefangenheit des Kindes stehen seine Ängste, seine Anfälligkeit, seine Selbstsucht gegenüber, die nicht abhängig sind von der Erziehung der Eltern. Und schon das Kinderherz kennt jene Leere, die nur die Unendlichkeit auszufüllen vermag: »Unruhig ist unser Herz, bis es ruht in dir«, sagt Augustinus. Das gilt für jeden von uns. Schon das Kinderherz ist gebrochen, voller Selbstsucht und Angst aus dem Bewußtsein dieser Leere und der verzweifelten Suche nach Erfüllung. Sicher macht diese Leere ihm Angst – aber mit ein wenig Selbstsicherheit wird diese Angst zum Motor echter Suche.

Die christliche Lehre über die Verwundung des Herzens oder die Erbsünde scheint mir eine leicht nachweisbare Wirklichkeit. Es wäre ein Irrtum zu glauben, gäbe es keine erdrückenden Eltern und keine Unterdrückung in der Gesellschaft, so gäbe es nur schöne, liebe und gute Kinder, die ganz eins sind mit sich selbst. Nein, *jeder* leidet unter seinen Spannungen, Spaltungen, Anfälligkeiten und Abwehrmechanismen. Das Böse ist ebenso gegenwärtig in ihm wie die Mächte der Finsternis. Lebt ein Kind dagegen in geborgenen Beziehungen und fühlt sich getragen, so kann es hoffen und sich weiter auf die Suche machen.

Vor einigen Jahren haben wir Eric in die Arche aufgenommen. Er war damals 16 Jahre alt. Mit 4 Jahren war er ins Krankenhaus gekommen, er war fast blind und taub und hatte einen erheblichen Hirnschaden – vor allem aber war er zutiefst verletzt, weil die Familie ihn fallengelassen hatte. Im Krankenhaus war er sehr menschlichen Ärzten und Schwestern begegnet, aber niemand konnte seinem Schrei gerecht werden. Schließlich war das Pflegepersonal auch nicht dazu da, eine dauerhafte und liebende Beziehung mit Eric einzugehen. Ein Krankenhaus ist im übrigen kein Ort zum Leben, sondern zum Behandeltwerden. Die Verhärtung des Herzens zeigte sich bei Eric in einer Verhärtung des ganzen Körpers. Die Muskeln waren steinhart. Als er bei uns ankam, konnte er nicht einmal gehen.

Wie sollte er die Lust am Leben wiederfinden? Möglich wurde das allein durch die Erfahrung, geliebt zu sein: Nicht durch besitzergreifende Bindungen an andere, sondern durch eine Beziehung, die ihn zu sich selbst befreit.

Eben weil er taub und blind war, konnte diese Beziehung nur durch den Tastsinn entstehen: durch Berührungen voller Zärtlichkeit und Feingefühl, durch Empfindungen, die ihm zeigten, daß er geliebt und geborgen ist: daß er in Sicherheit ist. Eric und sein Körper nahmen viel Zeit in Anspruch: er wollte gebadet, gefüttert, auf den Schoß genommen sein, man mußte mit ihm spazierengehen und spielen. Nach und nach wird er vielleicht Vertrauen schöpfen: entdecken, daß er liebenswürdig ist und daß er Fortschritte machen kann, daß er einen Wert hat. In den fünf Jahren, die er jetzt bei uns ist, ist er schon viel friedlicher geworden. Er klammert sich nicht mehr wie verrückt an irgendeinen Erwachsenen, nur um berührt zu werden. Aber er bleibt gestört. Es gibt noch immer gründlich verschlossene Türen in seinem Innern. Der Körper bleibt verkrampft. Wir haben immer noch nicht den Schlüssel zu seinem Herzen gefunden, daß er einmal seine ganze Verwundbarkeit herauslassen kann – und auch die Fähigkeit, der Liebe anderer zu vertrauen. Das würde ihn vielleicht noch zu stark gefährden. Anderen sein Herz zu öffnen würde für ihn bedeuten, die Ängste und Verletzungen jener frühesten Kindheit erneut zu durchleben, als er von den Eltern verlassen wurde. Es würde bedeuten, den Bruch einer Beziehung von Neuem zu erleben und damit erneut verlassen zu werden. Wann wird Erich ein derartiges Risiko eingehen können? Vielleicht niemals.

In einer andern Gemeinschaft der Arche haben wir Yvette aufgenommen. Sie kam aus einer Psychiatrischen Klinik. Sie war damals 10 Jahre alt und mehrfach abgelehnt worden, wiederholt als »Verrückte« bezeichnet. Sie hielt sich hinter Aggressivität und asozialem Verhalten verschanzt. Es brauchte viel Zeit, bis der Verantwortliche der Gemeinschaft ihr Kinderherz erreichte. Yvette war nicht bereit, ihm auf Anhieb zu vertrauen. Ist man tief verletzt, dann öffnet man sich nicht so leicht. Man hütet sich vor schönen Worten und vor Menschen, die nett aussehen und schön tun. Man möchte nicht noch einmal verlassen werden. Also ist es besser, keine neuen Beziehungen anzuknüpfen. Man verbirgt sich. Man verschließt sich. Yvette begann die Liebe der andern auf die Probe zu stellen, indem sie Dummheiten machte und davonlief. Das sollte heißen: »Liegt dir wirklich an mir? Liebst du mich tatsächlich?« Eines Tages aber wagte das unschuldige Kind in ihr zu glauben, daß es geliebt ist: Sie nahm die Zärtlichkeit an, sie öffnete die Tür ihres Herzens. Sehr schnell jedoch hat sie sich wieder verschlossen. Einen Augenblick lang aber hatte sie die Freude der Beziehung zum andern gekostet. Und einige Tage später wagte sie, auf diese Zärtlichkeit zurückzukommen: Sie begann ein Versteckspiel mit uns, ein ständiges Hinundher – bis zu dem Tag, an dem sie ihr Herz fast gänzlich öffnete. Sie fand den Frieden wieder, nahm das Gespräch auf, vertraute den Erwachsenen. Heute weiß sie sich geliebt und geschätzt. Jetzt ist sie zuhause. Sie lernt lieben und anderen dienen: jenen, die noch kleiner sind als sie. Aber es brauchte viel Zeit und Aufmerksamkeit, viel Leiden und Kämpfe, bis sie diesen Schritt wagte. Während der finstersten Tage sagte mir der Verantwortliche: »Damit sie zurechtkommt und leben kann, müssen wir für sie hoffen. Unsere Hoffnung muß stärker sein als ihre Verzweiflung.«

Eric und Yvette brauchen eine Liebe, die wiedergutmacht. Es geht nicht nur darum, ein Kind zu lieben, das eine Behinderung hat, sondern ein verletztes Kind, das das Vertrauen in sich selbst und in die andern verloren hat, das gebrochen ist und sich hinter dicken Mauern verschanzt. Es bedarf einer Liebe, die es wieder aufrichtet und ihm dazu verhilft, eins zu werden mit sich selbst. Manche Kinder sind derart verletzt, daß sie sich zwanghaft von ihren Gefühlen und ihrer allzu schmerzlichen Vergangenheit absondern. Sie haben kein Gedächtnis mehr, sie haben Mauern errichtet, um sich nicht mehr an jene Zeit der Angst zu erinnen. Und doch muß man, um Pläne für die Zukunft zu machen und aus Hoffnung zu leben, seine Vergangenheit annehmen. Um Frieden und Freiheit wiederzuentdecken, um zu wachsen, muß man zumindest eine gewisse innere Einheit wiederfinden. Manche aber werden nie ausgesöhnt sein mit dem Erlebten: sie sind einfach zu verletzt.

Das Geheimnis wiedergutmachender Liebe besteht darin, daß Kinder und Jugendliche gewisse Aspekte elterlicher Liebe, die sie nie erlebt haben, erstmalig erfahren: vor allem eine tiefe und beständige Beziehung zu einem Erwachsenen. Sie müssen dabei die Freude dieses Erwachsenen an ihnen erkennen: Sie müssen entdecken, daß der Erwachsene ihnen traut, daß er stolz auf sie ist und ihre Fortschritte zu schätzen weiß. Diese Liebe muß sehr konkrete Formen annehmen. Sie muß ihnen gleichsam in Fleisch und Blut übergehen. Die Jugendlichen müssen die Schönheit ihres Körpers entdecken lernen: seinen geheiligten Aspekt. Das aber wird ihnen nicht möglich sein ohne zärtliche und versöhnende Berührungen voller Achtung und Hoffnung. Erst wenn sich jemand in seinem Körper zuhause fühlt, wenn er diesen Körper als sein eigen betrachtet, erst dann kann er eine wahrhaftige körperliche Beziehung mit einem andern eingehen.

Das kann Jahre dauern. Manchmal wird es sich trotz aller Bemühungen niemals verwirklichen lassen. Der Jugendliche wird in sich selbst gespalten, gestört bleiben – unfähig, die Grenzen der Beziehung zu entdecken. Oder aber er wird viel zu schnell jene Symbiose suchen, die für ihn selbst und für den Erwachsenen immer gefährlich ist, weil sie letztlich immer zu Ablehnung führt. Oder er verbirgt sich hinter den Mauern, die er selbst seit langen Jahren um sich errichtet hat, um jede Beziehung zu vermeiden. Man muß auch dann weiter mit ihm leben, seine Verwundung respektieren, doch im stillen die Hoffnung nicht aufgeben.

Die Rolle des Vermittlers

Um sich den andern und der Welt zu öffnen, muß der verletzte Mensch jemanden finden, der die Rolle des Vermittlers übernimmt. Kommt erst einmal eine echte Beziehung zwischen dem Verletzten und dem Vermittler zustande, so kann der Verletzte nach und nach die Mauern fallen lassen. Er kann sich aus dem Gefängnis der Traurigkeit und der Angst herauswagen. Er kann sich selbst vertrauen und seine Aggressivität abbauen. Schließlich kann er anfangen, anderen zu vertrauen. Nach und nach wird er zuhören lernen, andere annehmen, sich begeistern. Schließlich wird er sich der Umwelt mit Vertrauen öffnen. Der Vermittler ist dabei wie ein Fels, auf den er sich stützen kann, eine Quelle, an die er immer wieder zurückkommt. Er trägt mit, bestätigt, ermutigt.

In der Welt der Erziehung ist der Vermittler von entscheidender Bedeutung für den Verletzten. Er ersetzt die fehlenden Eltern, die als erste ihr Kind schützen, mittragen und zum Leben hätten erwekken müssen. Der Vermittler muß den Verletzten zähmen, indem er sich ihm sanft nähert und zunächst eine »kleine« Vertrauensbeziehung schafft. Er muß ihn spüren lassen, daß er den andern liebt, ihn achtet und einen Bund mit ihm eingehen möchte. Das heißt, daß er ihn nicht manipulieren, nicht unterdrücken und sich ihm nicht aufdrängen möchte, sondern seine Befreiung und sein Wachstum möchte. Bevor er ihm irgendwelche Lösungen vorschlägt, muß der Vermittler zunächst jene verborgene Schönheit des Verletzten entdecken, die sich hinter dem schwerfälligen, ja gewalttätigen Äußeren verbirgt. Seine Liebe besteht nicht darin, etwas für den andern zu tun, sondern ihm seinen Wert und seine Fähigkeiten zu offenbaren: durch die Zärtlichkeit, die er ihm entgegenbringt, die Art des Zuhörens, die Blicke voller Wahrheit und Güte – und freilich auch durch eine gewisse Kompetenz und ein echtes Engagement in der Treue zum andern. Die Herausforderung der Arche ist, solche Vermittler zu finden und fördern.

Die Erfahrung der Liebe Gottes

Ein Kind wächst in größerem Frieden und in größerer Wahrheit heran, wenn es schon sehr früh eine Gotteserfahrung durch die Begegnung mit Jesus gemacht hat: wenn es ihn liebt und weiß, daß es von ihm geliebt wird. Das gilt erst recht für ein wegen seiner geistigen Behinderung abgelehntes Kind. Entdeckt es durch die Liebe des Vermittlers, daß es wirklich ein Kind Gottes ist, dann kann es jene Mauern fallen lassen, die es um sein verwundetes Herz errichtet hat. Es kann wieder eins werden mit sich selbst. Das Erleben, daß ihm vergeben ist, daß es reingewaschen ist an Quellen lebenspendenden Wassers, die aus dem Herzen Gottes strömen, wird dem Kind nach und nach die so hartnäckigen Schuldgefühle nehmen.

War das Leiden des Kindes unerträglich, so scheint die Begegnung mit dem Gott von außen weniger einfach zu sein. Es scheint dann, als verhinderten die Mauern um das Herz des Kindes die Begegnung mit Jesus. Manchmal aber erkennt man an ganz kleinen Zeichen, daß Jesus auch hinter den Mauern noch gegenwärtig ist als die einzige Hoffnung in einer Welt voller Leid.

Die Religion Jesu ist wirklich eine *frohe* Botschaft. Sie besteht nicht nur aus einer Reihe von Gesetzen, denen man sich recht und schlecht zu fügen hat, sondern sie ist die Erfahrung eines um Liebe werbenden Rufes: eine Begegnung mit Ihm in Glaube und Zärtlichkeit. Diese Begegnung, die das Kind für den Vater und seine Schöpfung öffnet, erschließt ihm gleichzeitig auch seinen Wert in den Augen Gottes. Das negative Selbstverständnis wandelt sich. Durch die Entdeckung, Kind des Vaters zu sein, gewinnt es an Selbstvertrauen. Sein Herz ist auf dem Weg zur Heilung. Diese Erfahrung gibt ihm Hoffnung. Der Ruf Gottes ist wie ein Saatkorn in sein Herz gesenkt. Mit anderen wird es in der Kirche heranwachsen: in der Gemeinschaft derer, die an Jesus glauben und ihm auf dem Weg der Seligpreisungen nachfolgen.

Die Tragödie eines jeden Kindes, ob nun behindert oder nicht, ist gerade sein Heißhunger nach Liebe: er ist derart fordernd, daß die Eltern ihm niemals ganz gerecht zu werden vermögen. Jeder von uns ist zutiefst verletzt, sowohl durch die Eltern als auch durch das Leben. Jeder hat seine Beziehungsschwierigkeiten, jeder hat seine Mauern, hinter die er sich allzugern versteckt. Sicher, die Eltern lieben ihre Kinder, aber sie tragen auch ihre eigenen Ängste mit sich herum: auch sie sind verletzt worden durch ihre Eltern und durch das Leben. Manchmal sind sie unfähig, ihr Kind in Zärtlichkeit zu ertragen. Sie sind voll verborgener Aggressivität, die sich offenbart, sobald das Kind ihre Toleranzschwelle überschreitet.

Darum dürfen die Eltern dem Kind gegenüber auf keinen Fall allein sein. Sind sie allein, dann hält das Kind sie für den Ursprung des Lebens: für Gott selbst. Die Eltern werden zu Idolen, nicht aber zu Ikonen. Das Kind kann dann einfach nicht annehmen, daß nicht alles an ihnen gut und schön ist. Führen aber die Eltern das Kind in das Geheimnis Gottes ein, so entdeckt das Kind, daß die Eltern nicht der Ursprung des Lebens sind – und sie dürfen auch ihre Schwächen haben. Die Eltern können die Kinder um Verzeihung bitten, wenn sie ihnen Unrecht getan haben. Kinder und Eltern sind dann vor Gott wie Brüder und Schwestern: sie beten gemeinsam und bitten gemeinsam um Verzeihung.

Entdeckt das Kind durch eine christliche Gemeinschaft, daß es eine persönliche Beziehung zu Gott haben kann, so wird alles anders. Die Zwiespältigkeit der Beziehung zu den Eltern wird überwunden: das Kind erwartet nicht mehr zu viel von den Eltern und fühlt sich nicht schuldig, sobald seine Erwartung enttäuscht wird. Selbst wenn es nicht *alles* von den Eltern bekommt, was es von ihnen erwartet, kann es sie doch weiter lieben. Es kann gewisse Mauern fallen lassen, weil es die Treue und die Zärtlichkeit Gottes entdeckt hat: Jesus ist der gute Hirte, er liebt und er vergibt uns, er führt und er trägt uns, er bleibt immer treu. Diese Liebe Gottes, die wir erleben in der Gemeinschaft der Kirche, ist kein Phantasiegebilde eines enttäuschten und verwundeten Herzens, sondern eine echte innere Erfahrung.

Vor nicht langer Zeit sagte mir Donald, ein junger Mann mit einer geistigen Behinderung: »Während der Predigt brannte mein Herz.« Vielen Menschen mit einer geistigen Behinderung und vielen Kindern, so scheint es, wird diese Erfahrung eines brennenden Herzens geschenkt. Leider glauben viele Erwachsenen nicht mehr an solche Erfahrungen.

Weil das Kind in der Beziehung zu Gott etwas Absolutes entdeckt, kann es auch die Relativität menschlicher Beziehungen, besonders derjenigen mit seinen Eltern, wahrnehmen. Es erfährt, daß zwischenmenschliche Beziehungen weder ideal noch unmöglich sind: Sie sind eine Wirklichkeit, die ihre Schwierigkeiten hat, die Versagen und Verletzungen kennt, aber auch Freude – eine Wirklichkeit, die durch tausend Kräche und Versöhnungen hindurch nur noch wirklicher werden kann. Damit aber wird für das Kind die Zwiespältigkeit jeder Beziehung überwunden: »Wenn du gut bist, liebe ich dich; wenn du böse bist, lehne ich dich ab.«

Macht das Kind die Erfahrung des Absoluten in der Gottesbeziehung, dann entdeckt es auch die Treue und die Vergebung Gottes. Weil es aber den Bund mit Gott gibt, wird auch der Bund mit den Eltern und den andern möglich. Beziehungen sind dann nicht mehr nur auf Sympathie gegründet, sondern auch auf den Bund. Das Kind erfährt, daß es Bindungen gibt, die tiefer gehen als Gefühle und Launen, als Liebe und Haß. Durch den Bund wird auch Vergebung möglich.

Ist Gott ihm nicht gegenwärtig, dann ist es für das Kind schwieriger, die Beziehung mit den Eltern als Bund zu leben. Ähnlich ist es für den Mann schwieriger, eine beständige Beziehung mit einer Frau zu leben – und für die Frau mit einem Mann, solange sie noch nicht die Relativität ihrer Beziehung entdeckt haben. Der eine wird den andern niemals ganz erfüllen können, denn die beiden sind nicht Gott. Jeder trägt seine Verletzungen mit sich, seine inneren Spannungen, seine Sünden und seine Untreue. Wollen sie ihren Bund in Wahrhaftigkeit leben, wollen sie sich gegenseitig annehmen mit all ihrer Andersartigkeit und Begrenztheit, so brauchen sie dazu das Vertrauen zur Absolutheit Gottes, zur Beziehung mit Jesus.

Das menschliche Leben beginnt mit einer Zeit der Eroberungen. Kindheit und Jugend sind erfüllt von neuen Bekanntschaften und Freundschaften, man eignet sich Gutes jeder Art an. Der Erwachsene erlebt bereits eine Reihe von Verlusten: die Kräfte lassen nach, die Gesundheit läßt zu wünschen übrig, man schafft weniger, gute Freunde gehen verloren, bis endlich auch das eigene Leben vergeht. Verluste bedeuten oft schmerzliche Übergänge, die ein Leben erschüttern. Ihnen folgt eine Zeit der Trauer, während der man in einen Zyklus von Depression und Aggression fällt. Nach dieser Zeit der Trauer aber regen sich zumeist die positiven Kräfte wieder: man nimmt die Situation an und geht seinen Weg auf neue, schöpferische Art weiter.

Die Tragödie, besonders des Menschen mit einer geistigen Behinderung, besteht darin, daß die Verluste zu früh kommen, nämlich bevor er über die notwendigen inneren Kräfte verfügt, die Zeit der Trauer durchzustehen. Der Verlust ereilt ihn oft schon bei der Geburt oder sogar schon während der Schwangerschaft: das Kind erfährt keinerlei Liebe oder Anerkennung, seine körperliche und seelische Entwicklung sind oft genug blockiert. Verlust und Trauer überschatten sein Leben vorzeitig: als Kind hat man weder die innere Kraft noch die Mittel, damit fertigzuwerden.

Gewisse Situationen sind im übrigen derart leiderfüllt, daß es zu ihrer Überwindung einer inneren Erfahrung der Liebe Gottes bedarf. Die Liebe Gottes, die läutert, erleuchtet und belebt, läßt den Menschen erkennen, daß er für Gott einen Wert hat, wie er ist. Gott allein gibt dem Leben einen Sinn und die Kraft, weiterzumachen. Gott allein kann aus dem Teufelskreis von Traurigkeit und Wut herausführen. Und Gott allein kann daran hindern, in die Illusion zu flüchten.

Eine Mutter, die gerade ihren sechsjährigen Sohn verloren hatte, erzählte mir, mit dreieinhalb Jahren wäre er schon an beiden Beinen gelähmt gewesen, diese Lähmung hätte sich über den ganzen Körper ausgedehnt, schließlich wäre er noch blind geworden. Einige Monate vor seinem Tod saß die Mutter an seinem Bett und weinte. Der Kleine aber sagte zu ihr: »Weine nicht, ich habe doch noch ein *Herz*, um meine Mutter zu lieben.« Das Leben dieses Kindes war wirklich erfüllt. Es konnte danken für das, was es hatte, anstatt zu klagen über das, was es nicht hatte. Eine derartige Reife entsteht oft aus der

Erfahrung der Gegenwart Gottes. Sie ist, so glaube ich, den Armen gegeben: jenen, die aufgrund ihrer Schwäche sich nicht allein weiterhelfen können. Aber um eine solche Erfahrung wirklich annehmen zu können, muß der Mensch in seinem Elend sich von anderen umgeben wissen, die ihn dazu hinführen.

2. KAPITEL

ERZIEHUNG UND IHRE ANFORDERUNGEN

Die Notwendigkeit einer geeinten Umgebung

Stehen sich ein Erwachsener und ein Kind allein gegenüber, dann kann diese Beziehung gefährlich werden für beide. Der Weg zur Heilung des Herzens und zur Einheit des Menschen kann sich nicht in einer Zweierbeziehung erschließen. Der Erwachsene läuft Gefahr, sich zu sehr oder zu wenig an das Kind zu binden, und das Kind wird entweder zu abhängig oder zu aggressiv werden. Die Anhänglichkeit des Kindes kann leicht zu einer Symbiose führen. Der Erwachsene, der seine Gefühle aus dieser Beziehung nährt, kann Angst bekommen, daß jeder Konflikt zur Trennung führt. Damit verliert er aber die Freiheit, das Kind zu erziehen und ihm gegenüber fest zu bleiben.

Ein Kind ist die Frucht der Vereinigung von Mann und Frau. Es ist die Frucht eines Aktes der Zärtlichkeit und der Liebe. Während seines Wachstums braucht das Kind Mann und Frau gleichermaßen. Es braucht die Einheit beider. Leben die Eltern getrennt, so wird das Kind in sich gespalten sein. Es wird in der Verwirrung leben. Ebenso wie das verlassene oder wenig geliebte Kind, ist auch das Kind, das den Konflikt zwischen den Eltern spürt, verunsichert. Es ist gezwungen, sich zu verhärten und zu schützen. Es ist unerträglich für das Kind, sich für einen Elternteil zu entscheiden und den andern abzulehnen. Es ist ihm ebenso unerträglich, zu spüren, daß der eine den andern ablehnt. Denn das Kind liebt beide. In einer solchen Situation ist es gezwungen, sich durchzuschlagen, wie es kann, bald den einen und bald den andern auszunutzen, Konflikte zu meiden und allen Anforderungen der Erziehung und des Wachstums auszuweichen.

Nimmt das Kind die Einheit der Eltern wahr, dann ist es in ihrer Liebe geborgen. Verstehen sich die Eltern dagegen schlecht, dann stützt sich die Mutter leicht auf den Sohn, denn sie fühlt sich von ihrem Mann im Stich gelassen, der Vater aber hängt sich an die Tochter, denn er fühlt sich von seiner Frau allein gelassen und verurteilt. Findet der Mann Halt bei seiner Frau und die Frau bei ihrem Mann, dann sind beide frei, nicht nur ihr Kind zu lieben, sondern es auch zu erziehen und ihm zu helfen, erwachsen zu werden.

Bestimmte sexuelle Schwierigkeiten und Abweichungen beim Kind erklären sich aus der mangelnden Einheit der Eltern. Der Körper des Mannes ist dazu geschaffen, sich dem Körper der Frau zu vereinen. Die Psyche des einen ergänzt die des andern. Beide sind dazu geschaffen, Gefährten zu sein, Kinder zu haben und sie zu erziehen. Die Gabe des einen steht im Einklang mit der Gabe des andern, dabei ist gerade ihre Verschiedenheit ihr Reichtum. Erlebt das Kind die fehlende Harmonie der Eltern, sieht es schon früh die Uneinigkeit zwischen Mann und Frau, ja sogar ihre Rivalität und Feindschaft, dann wird seine sexuelle Entwicklung notwendig darunter leiden. Die Angst vor dem anderen Geschlecht kann entstehen: das Kind erlebt den Unterschied der Geschlechter als Konflikt. Bindet sich die Mutter zu sehr an den Sohn, weil sie sich vom Mann verlassen fühlt, nähert sie sich dem Sohn als Frau und nicht als Mutter und Erzieherin, dann läuft sie Gefahr, seine sexuelle Entwicklung zu behindern. Das Kind, das keinen Mann sieht, der ihm als Beispiel dient, muß mit einer gestörten Entwicklung seines Gefühlslebens rechnen. Die Mutter hat vielleicht Angst davor, den Sohn vorzeitig zu verlieren. Sie hat Angst vor einer möglichen Trennung: schließlich ganz allein dazustehen – denn gefühlsmäßig ist sie ja schon von ihrem Mann verlassen. Unbewußt hindert sie aber den Sohn, sich später an eine andere Frau zu binden. Sie bestärkt seine Angst, sich von ihr zu trennen – und die Angst vor der Frau schlechthin. In der Folge wird die Gegenwart einer Frau in ihm Angst aufkommen lassen, denn dunkel wird ihn jede Frau an die Art erinnern, wie seine Mutter seine Freiheit beeinträchtigte. Er wird also gehemmt sein in der Beziehung zu Frauen: unfähig, eine fruchtbare Partnerschaft zu leben. Damit aber läuft er Gefahr, homosexuellen Neigungen nachzugeben. Ähnlich steht es um die Beziehung zwischen Vater und Tochter.

Zum Wachstum auf die Heilung des Herzens und die Einheit des Menschen gehört also nicht nur der Blick des andern, sondern auch das Vorhandensein einer liebenden und geeinten Umgebung.

Damit das Kind eins sein kann mit sich selbst, braucht es die Einheit der Eltern. Ein Mensch mit einer Behinderung und einer Herzwunde braucht noch mehr Einheit. Weil er uneins ist mit sich selbst, neigt der behinderte Mensch dazu, seine innere Zerrissenheit auf die Außenwelt zu projizieren. Er wird die Schwachstellen in der Einheit seiner Umgebung ausnutzen, die andern zu manipulieren und sich selbst instinktiv irgendwie durchzuschlagen, um weiter zu kommen – jedoch unter Vermeidung jeder zum echtem Wachstum notwendigen Anstrengung. Um eins zu werden mit sich selbst, muß er darum reife Männer und Frauen um sich haben, die harmonisch zusammenleben und -arbeiten.

Um diese Harmonie in seinem Inneren zu entdecken und mit seiner Männlichkeit zurechtzukommen, muß der Jugendliche oder der Erwachsene mit einer geistigen Behinderung Männer um sich haben, die mit ihrer Männlichkeit zurechtkommen, die einfache, offene und ehrliche Beziehungen zu Frauen haben, die sich nicht überfahren lassen, und die andern nicht überfahren wollen, die in den Frauen Menschen mit Gaben und Eigenschaften sehen, die sich von ihren eigenen unterscheiden – kurz Menschen, mit denen sie gern zusammenarbeiten. Das gleiche gilt natürlich entsprechend für die Frauen.

Gibt es um Menschen mit einer geistigen Behinderung keine Einheit, so wird der Jugendliche oder Erwachsene niemals den Anforderungen des Wachstums und der Heilung gerecht werden können. Eine Körperwunde heilt von selbst, wenn der Körper als Ganzes gesund ist. Das Herz aber heilt nicht von selbst. Es muß von seiner Umgebung ständig ermutigt werden, über sich selbst hinauszuwachsen, um sich nicht in sich selbst zu verschließen.

Das Ja zum Wachstum

Gloria – wir sprachen schon von ihr – ist jetzt 14 Jahre alt. Sie hat eine eher leichte geistige Behinderung. Bevor sie zu uns kam, ist sie zur Prostitution verführt worden. Sie brachte erhebliche seelische Störungen mit. Nach und nach hängte sie sich an die Erzieherinnen ihrer Hausgemeinschaft. Sie begann, sich wohlzufühlen und wurde ausgeglichener. Aber ihr Vorleben zog sie noch immer an. Der Verantwortliche ihrer Hausgemeinschaft sagte eines Tages: »Gloria muß sich jetzt entscheiden: entweder sie will leben oder sterben, entweder sie schlägt Wurzeln bei uns oder sie geht wieder auf die Straße. Das können wir nicht für sie entscheiden.«

Man kann die Mauern eines Menschen nicht einfach aufbrechen. Sicher sind Güte und Festigkeit unerläßlich, um einen behinderten Menschen zu ermutigen und zu bestätigen – aber der andere muß auch freiwillig ja dazu sagen, selbst wenn er eine sehr schwere Behinderung hat. Wir stoßen hier auf das Geheimnis der menschlichen Freiheit. Manche klammern sich allzu gern an ihre Blockaden und ihre Gitterstäbe. Sie kennen sie, bleiben jedoch lieber abhängig und traurig, als sich herauszuwagen in eine gewisse Unsicherheit. Einige Vergnügen sind wie Drogen: sie geben einem das Gefühl, zu leben und sich wohlzufühlen, zumindest für den Augenblick wird die Angst ausgeblendet. Und es ist immer schwer, sich von solch verführerischen Vergnügen zu befreien. Aber sie führen nicht zum Leben, sondern zur Selbstverschlossenheit.

Leben mit Menschen, die verletzt sind und sich hinter ihren Mauern verschanzen, ist ein Kampf: Man darf nur nicht den Kopf hängen lassen und aufgeben, man muß weiter kämpfen – und dazu braucht es Geduld, Gespräch und viel Gebet. Es braucht Klarheit und vielleicht noch mehr Hilfe von Fachleuten. Sicher aber braucht es noch mehr persönlichen Einsatz. Einen solchen Kampf kann niemand allein führen. Man braucht dazu eine Gemeinschaft, die in Einheit zusammenlebt und die dem andern hilft, ja zu sagen zu seinem Wachstum.

Anforderungen

Erziehung bedeutet immer auch Kampf. Das Wachstum eines Kindes, eines Jugendlichen fordert viel. Ohne Anstrengung geht es nicht. Es ist einfacher für die Mutter, ihr Kind zu waschen, als ihm beizubringen, sich selbst zu waschen. Erziehung kostet viel Zeit und Geduld, vor allem wenn das Kind kein Selbstvertrauen hat durch eine schwere Behinderung. Es ist nicht einfach, einen Menschen mit einer Behinderung ständig zu ermutigen, etwas allein zu schaffen. Es ist nicht immer einfach, den Einklang zu finden zwischen Hören auf den andern und den Anforderungen der Wirklichkeit, zwischen etwas durchgehen lassen, der Angst einzugreifen oder etwas zu erzwingen.

Ziel der Erziehung ist immer die Befreiung: Befreiung von der Triebhaftigkeit, die uns abhängig macht und uns hindert, in der

Wirklichkeit zu leben. Befreiung heißt aber auch Entfaltung der Gaben und Fähigkeiten eines jeden, um sie in ihrer ganzen Fülle ausüben zu können.

Beide Formen der Befreiung können aber nur dann Gestalt annehmen, wenn man dem behinderten Menschen einen Freiraum zum Leben und zum Wachsen läßt. Menschen sind wie Pflanzen, sie brauchen genügend Platz, um Wurzeln zu schlagen. Und Pflanzen brauchen Wasser, Luft und Licht. Kinder brauchen Liebe, aber auch Bestätigung und Unterstützung. Sie brauchen eine Umgebung, die sie ermutigt, sich anzustrengen und weiterzukommen.

Menschen mit einer Behinderung neigen manchmal dazu, sich in ihre Träume zu flüchten. Man muß dann zu verstehen suchen, woher das kommt, und auch das Positive der Träume als persönlichen Freiraum sehen. Manchmal aber muß man auch dagegen ankämpfen, um dem Menschen zu helfen, in der Wirklichkeit zu leben und an ihr zu wachsen.

Andere flüchten sich gern in Depressionen. Auch ihnen muß man helfen, dagegen anzugehen. Man kann ihnen nicht durchgehen lassen, daß sie es sich allzu leicht machen und sich weigern, zu leben. Man muß ihnen helfen, Abstand zu nehmen von ihren depressiven oder aggressiven Neigungen, indem sie sie erkennen und dagegen ankämpfen, anstatt sich davon überwältigen zu lassen.

1981 lebte ich in der Forestière, einer Hausgemeinschaft für Schwerstbehinderte. Ich war erstaunt, als ich das erste Mal sah, wie Evelyne sich aus dem Rollstuhl warf. Evelyne ist schwerstbehindert, sie spricht nicht, kann sich kaum bewegen, nur eine Hand funktioniert. Ich wollte ihr wieder in den Rollstuhl helfen. Aber Marcelle, eine Assistentin, hielt mich davon ab. Sie war böse auf Evelyne. Sie sagte ihr, was sie da gemacht hat, sei wirklich unerträglich, und sie solle gefälligst in den Rollstuhl zurückkehren. Es gab einen richtigen Kampf: Evelyne wartete ab, was passiert. Erst als sie spürte, daß Marcelle darauf bestand, bewegte sie sich zurück zum Rollstuhl und versuchte sich wieder hereinzusetzen. Es war eine enorme Anstrengung für sie. Erst danach kam Marcelle ihr zu Hilfe. Für Menschen mit einer geistigen Behinderung ist es so sehr viel einfacher, alles die andern machen zu lassen, anstatt sich selbst zu bemühen.

Letztlich muß auch der behinderte Mensch, allein gelassen mit dem Geheimnis seiner Freiheit, von sich aus »ja« sagen zu seinem Wachstum und zu der Anstrengung, die nun einmal dazu gehört.

Die Grundlage allen Wachstums ist Annahme und Liebe. Das Kind ruht zunächst im Schoß der Mutter, später in ihren Armen. Das ist sein Lebensraum. Es fühlt sich geliebt, beschützt und in Sicherheit. Jede Erziehung gründet auf dieser gegenseitigen Annahme und dem daraus erwachsenden Vertrauen. Eigene Anstrengungen von Seiten der Kinder in diesem oder jenem Bereich kann man nur verlangen, wenn das Kind sich geliebt und geachtet fühlt. Es wird nicht als Objekt behandelt oder als minderwertig: es ist ein Mensch, mit dem man austauscht. Es kann vertrauen, denn es weiß, daß man ihm vertraut.

Verlangt man etwas vom Kind, ohne daß es sich zutiefst geschätzt und anerkannt fühlt, so wird es mit Wut und Ablehnung der Autorität gegenüber reagieren. Der Erwachsene scheint dann seine Freiheit und seine Bedürfnisse mit Füßen zu treten. Das Gesetz scheint ihm bedrohlich. Statt seine Vaterschaft auszuüben, um die Gaben des Kindes freizusetzen, setzt der Vater zuweilen seinen Willen durch und überfährt das Kind. Oder das Kind dient ihm dazu, seine Gefühle zu befriedigen und seinem Stolz zu schmeicheln.

Im Johannes-Evangelium spricht Jesus vom guten Hirten, der jedes seiner Schafe mit Namen kennt. Er kennt ihre Stimme, er kann zuhören. Jesus unterscheidet zwischen dem guten Hirten und dem Söldner, der flieht, sobald er den Wolf kommen sieht. Der gute Hirte gibt sein Leben für die Schafe. Die Schafe haben Vertrauen zu ihm. Sie spüren, daß er sie aufrichtig liebt: er möchte, daß sie das Leben haben und das Leben in Fülle. Er ist bereit, seine eigenen Interessen zu opfern, ja sein Leben hinzugeben für sie.

Das Kind kann die Forderungen der Autorität nur akzeptieren, wenn es ihr vertraut. Erkennt es die Zwiespältigkeit der Autoritätsperson, einen Unterschied zwischen dem, was sie sagt und tut, dann verliert es das Vertrauen. Es kann die Forderungen eines Vaters nicht annehmen, der nicht viel von sich selbst fordert.

Für das Fernsehen mußte ich einmal einen jungen Drogenabhängigen interviewen. Ich ließ ihn zunächst von seinen Erfahrungen erzählen. Dann fragte ich ihn, was seine Eltern davon gehalten hätten. »Sie waren wütend«, sagte er. »Wie hast du darauf reagiert?«, fragte ich ihn. Dieser Junge von 16 Jahren sah mir geradewegs in die Augen und sagte zornerfüllt: »Mein Vater ist Alkoholiker.« Er hatte verstanden, wie zwiespältig die Botschaft des Vaters war – und jedes

Vertrauen zu ihm verloren. Hätte der Vater gesagt: »Mein Sohn, machs nicht wie ich. Ich weiß, was es heißt, abhängig zu sein. Werde nicht so unglücklich wie ich«, dann hätte der Sohn vielleicht Verständnis dafür gehabt und hätte das annehmen können. Dann wäre es keine Zwiespältigkeit gewesen, sondern die Wahrheit. Freilich hätte das vom Vater einige Einsicht und auch Demut gefordert.

Um erwachsen zu werden und ein echtes Gespür für seine innere Würde zu erlangen, genügt es nicht, daß man zärtlich geliebt und so angenommen wird, wie man ist. Man muß von einem Vater oder seinem Stellvertreter bestätigt und geführt werden. Er muß ehrlich und voller Güte sein und an das Kind und seine Entwicklungsmöglichkeiten glauben. Der Vater muß dem Kind beweisen, daß er es aufrichtig liebt, und daß er sich um sein Wohlergehen und sein Wachstum sorgt. Spürt das Kind, daß es dem Vater eher um seinen guten Ruf, seine Arbeit und seine Freizeit geht, spürt das Kind, daß es den Vater stört, dann kann es die Ratschläge des Vaters nicht ernst nehmen, es kann ihm nicht vertrauen. Es wird eine Mauer zwischen sich selbst und der Autorität errichten.

Die Erziehung des Herzens

Was für das Kind gilt, gilt auch für den Jugendlichen und den Erwachsenen mit einer geistigen Behinderung. Viele kommen zu uns, ohne je eine wirkliche Erziehung gekannt zu haben. Sie sind in einer Psychiatrischen Klinik oder in einem Heim abgerichtet worden. Sie sind gezwungen worden, sich den Regeln anzupassen, entweder aus Angst vor Strafe, oder um Vorrechte zu genießen. Genau das aber bedeutet, jemand abzurichten. Erziehung ist etwas anderes.

Zum Leben in Gemeinschaft gehört die Anerkennung gewisser Gesetzmäßigkeiten und die Annahme und die Achtung der Mitmenschen. Will man die Aufmerksamkeit nur auf sich lenken, nur das beste Stück vom Kuchen haben, immer im Mittelpunkt stehen, immer wichtiger sein als die andern, dann lebt man in einem ständigen Konflikt. Man neigt dann dazu, die Schwächeren zu überfahren, sich Kollegen zu suchen, mit denen man am selben Strick zieht – und alle die auszuschalten, die sich zu widersetzen scheinen. Dann ist Leben in Gemeinschaft ein ständiger Kampf; jeder strebt nur nach seinem eigenen Vorteil, und sucht, die andern zu manipulieren. Man kann aber nicht harmonisch zusammenleben, wenn es jedem nur um den eigenen Besitz geht.

Eine solche Sicht führt zu Kampf und Krieg, Unterdrückung und Haß. Denkt man immer nur an sich, die eigenen Güter und das eigene Vergnügen, dann unterdrückt man notwendig die Schwachen: man versucht sie auszunutzen. Diese Sicht führt zur Spaltung der Welt: Mauern der Angst türmen sich auf zwischen Völkern und Menschen. Die Schwachen werden unterdrückt, und die Reichen suchen sich immer noch teurere Waffen, um sich zu verteidigen oder anzugreifen. Solange ein Mensch nicht an den anderen denkt, sät er Zwietracht und Krieg.

Wer so individualistisch denkt und handelt, verneint auch die Liebe. Er drängt zur Ausübung der Sexualität als ausschließlich egoistisches Vergnügen. Er bleibt beziehungslos, hört dem anderen nicht zu, spricht nicht mit ihm, bleibt ohne jede Zärtlichkeit. Er sucht den anderen nur auszunutzen, um die eigenen Bedürfnisse zu befriedigen.

Grundlage jeder Erziehung ist die Öffnung der Herzen und das Verständnis für die Bedürfnisse des anderen. Dazu gehört die Fähigkeit, zu beobachten und zuzuhören. Sicher gibt es eine Erziehung der Intelligenz aufgrund von Erkenntnis und Wissen, aber es gibt auch eine Erziehung des Herzens und des Willens, nämlich zur Liebe und zum Dienst an anderen.

Entscheidend für die Erziehung ist, jemand dabei zu helfen, ja zu sagen zur Beziehung mit anderen, sich ihnen zu öffnen, ihre Bedürfnisse zu sehen und im Maße des Möglichen auf sie einzugehen. Wachsen heißt, verantwortlicher für sich und andere werden.

Lieben, geliebt werden oder sich beweisen

Im 14. und 15. Jahrhundert fragte man sich, ob Sklaven eine Seele haben, ob sie zu Innerlichkeit und eigenen Entscheidungen fähig wären. Heute scheint man die Fähigkeit zur Innerlichkeit bei Menschen mit einer geistigen Behinderung in Frage zu stellen. Man möchte ihnen zum Recht auf sexuellen Lustgewinn verhelfen – aber man hilft ihnen nicht, die Freude am Lieben und am Dienen zu entdecken: an der eigentlichen Beziehung zum anderen.

Die Erziehung in der Arche versucht jedem zu helfen, den anderen so anzunehmen, wie er ist: ihn zu schätzen, seine innere Schönheit zu entdecken und auf sein Bedürfnis nach echtem Wachstum einzugehen.

Sicher ist es wichtig, daß man lernt, sich durchzuschlagen und selbständig zu werden. Noch wichtiger aber ist, seine Fähigkeiten nicht um ihrer selbst willen zu entwickeln, sondern um der besseren Beziehungen zu den anderen willen, um etwas *mit* ihnen zu tun und nicht *gegen* sie: eine gerechtere Welt zu schaffen, in der jeder sich für den anderen verantwortlich fühlt. Der Mensch mit einer Behinderung ist zu einer solchen Liebe fähig. Vielleicht ist er in all seiner Armut fähiger dazu als jene, die reich sind an Wissen, Macht und Besitz.

Der Mensch mit einer geistigen Behinderung ist dem Herzen näher als dem Verstand. Oft haben Menschen mit stärker entwickelten Verstandeskräften größere Schwierigkeiten, dem anderen um seiner selbst willen zu begegnen. Sie leben in einem ständigen Konkurrenzdenken, sie müssen sich andauernd beweisen, wer sie sind, nämlich die besten. Sie nutzen ihre Verstandeskräfte und ihre Handlungsfähigkeit oft genug ausschließlich, um ihre Überlegenheit zu beweisen und die anderen zu beherrschen.

Ich glaube nicht, daß Opferbereitschaft nur am Ende eines langen Lebens verstandesmäßigen Strebens geschenkt wird. Unter Opferbereitschaft verstehe ich die Fähigkeit, jemand etwas zu geben und sich ihm hinzugeben um seiner selbst willen. Gewisse Theorien über die Entwicklung des Kindes erwecken den Eindruck, das Kind wäre von Grund auf egoistisch und nur Konsument. Es muß schon fortgeschritten sein in seiner intellektuellen Entwicklung, um entdecken zu können, daß es zu einem größeren Ganzen gehört und einen Zugang zur Opferbereitschaft findet, die dann ausschließlich verstandes- und willensmäßig begründet ist. Wäre das richtig, so wären Menschen, deren Verstandes- und Willenskräfte weniger entwickelt sind, niemals zu Liebe und Opferbereitschaft fähig. Sie würden dann ständig auf der subjektiven Gefühlsebene stehen bleiben, unfähig den anderen je zu erreichen.

Das Neugeborene aber lebt bereits eine tiefinnere Beziehung zur Mutter. Es gibt und empfängt. Es liebt und möchte seine Liebe ausdrücken. Es braucht die Mutter und die Sicherheit, die sie ihm gibt. Aber noch tiefer lebt es die Beziehung mit ihr. Es ist sich dieser Liebe noch nicht bewußt, aber es spürt sehr wohl den Frieden, den es verströmt. Wird es geliebt und als einzigartig angesehen, dann fühlt es sich wohl und weiß es. Es weiß, daß die Mutter ihm das Leben gegeben hat, es anerkennt und ihm offenbart, daß es schön ist. Das Kind erweist ihr seine Liebe durch die Gabe des Lächelns und der Freude: durch die Gabe des Vertrauens lebt es in der Beziehung zur Mutter.

Es liefert sich ihr bedingungslos und furchtlos aus, denn es weiß sich geliebt. Indem es sich ihr im Vertrauen hingibt, schenkt es ihr das Leben: es offenbart ihr die innere Schönheit, ihre Fähigkeit, nicht nur biologisch, sondern auch geistig Leben zu geben. Es offenbart der Mutter ihre wahre Fruchtbarkeit.

In der Folge wird die Unschuld des Kindes mit all ihren Entdeckerfreuden an Menschen und Dingen wie überschattet. In seiner Verwundbarkeit und seinem unstillbaren Hunger nach Liebe fühlt es sich verletzt durch die mehr oder weniger unbewußte und ungewollte mangelnde Aufmerksamkeit der Eltern. Damit aber rühren die Eltern an die tiefste Wunde im Herzen des Kindes, nämlich die Erbsünde (wir sprachen schon davon). Das Kind errichtet dann um sein verwundetes Herz gleich eine ganze Reihe von Mauern, denn es erträgt das Gefühl der Leere nicht: das Leiden an der Angst.

Diese Mauern und sogar der Mangel an elterlicher Liebe haben jedoch auch etwas Positives. Tatsächlich muß das Kind lernen, sich von den Eltern zu lösen und mit Frustrationen zu leben. Das wird nur dann tragisch, wenn das Kind zu empfindlich ist, die Frustrationen zu ertragen und die Angst zu überwinden. Es verfällt dann der Traurigkeit oder – wenn es zu früh gelitten hat – verdrängt sowohl die Ängste als auch das Leiden daran, indem es sich von seinen Gefühlen ablöst und hinter mehr oder weniger unerschütterlichen Mauern verschanzt.

Verwundet wie es ist, wird das Kind jetzt eher nach Wissen und Macht streben, nämlich nach persönlichem Erfolg, das heißt nach Bereichen, in denen es keine persönlichen Beziehungen zu leben braucht. Weil es nicht mehr einzigartig in der Liebe und der Zuwendung der Eltern dasteht, wird es versuchen, sich als einzigartig im Handeln und Produzieren zu erweisen – und überall der erste zu sein. Dadurch aber wird es Schwierigkeiten haben, sein Wissen und sein Tun in den Dienst der anderen zu stellen. Im Bewußtsein seines Wertes und seiner Überlegenheit wird es nur sich selbst beweisen und andere beherrschen wollen.

Jesus sagt, wir sollen werden wie die Kinder. Damit offenbart er uns das Tiefste und das Göttlichste im Menschen. Denn hinter all unseren Mauern schlägt immer noch ein reines und unschuldiges Kinderherz, in dem die Gnade Gottes gegenwärtig ist und bleibt. Dieses Herz ist und bleibt fähig, die Liebe aufzunehmen, fähig zu geben und sich hinzugeben, fähig Beziehungen mit Gott und den Menschen einzugehen, fähig Quelle des Lebens für andere zu sein.

Gott möchte, daß dieses Kinderherz alle Handlungsweisen des Menschen durchdringt.

Das Leiden, *die* Sünde des Menschen ist, nicht mehr an die Unschuld jener Beziehungen gegenseitigen Vertrauens zu glauben, die uns dem All öffnen: sich verführen zu lassen von Macht- und Besitzstreben, sein Leben nicht mehr auf Liebe und Offenheit für andere aufbauen zu wollen – mit allen Gefahren, die dazugehören – sondern nur auf das eigene Durchsetzungsvermögen.

In Sartres *Das Sein und das Nichts* ist die Liebe nichts als ein Kampf: eine Verschmelzung, bei der einer gewinnt und der andere verliert. Sartre scheint nicht zu wissen, daß eine Beziehung eine Wirklichkeit ist – und keine Verschmelzung, die notwendig zum Verschwinden des einen oder anderen führt. In Beziehung leben heißt Einswerden *mit*einander in Achtung und Bestätigung der Identität des anderen. Aber kann man von diesem Einswerden sprechen, solange man nicht jene Liebe um ihrer selbst willen erlebt hat, in der der andere uns nicht vereinnahmen und abhängig von sich selbst machen möchte, sondern im Gegenteil uns zu helfen sucht, unsere eigenen Werte zu entdecken und dadurch zu wachsen?

Wie oft flüchten sich Menschen in das Streben nach Wissen und Besitz nur aus Angst vor Beziehung! Die Liebe anderer erscheint ihnen wie eine Manipulation, ein Besitzergreifen, das sie daran hindern möchte, sie selbst zu sein. Abhängigkeit von anderen erscheint ihnen wie Verlust und Tod. Sie müssen sich verhärten, um sich gegen eine Liebe, die ihnen besitzergreifend scheint, zu schützen. Diese Verhärtung aber führt sie dazu, den anderen zu schaden.

Bei Menschen mit einer geistigen Behinderung sind diese Mauern oft weniger dick, weil sie weniger vom Verstand und vom Willen geprägt sind. Fühlt sich der behinderte Mensch allerdings allein und verlassen, dann wird er es machen wie jeder andere: er wird sich selbst zu beweisen suchen, er wird versuchen, den anderen zu beherrschen und für sich zu gewinnen. Er wird sich beweisen wollen, indem er sich widersetzt: »Ich will nicht.« Aber wenn er entdeckt, daß er geliebt ist, und daß man an ihn glaubt, dann wird sein Kinderherz, das nach Beziehung und nach Festlichkeit sucht, leichter zu Tage treten als bei anderen. Dann wird er schneller Beziehungen mit anderen eingehen, sie wirklich lieben und für sie dasein.

Die Erziehung von Menschen mit einer geistigen Behinderung besteht darin, ihnen jene innere Quelle entdecken zu helfen, die es ihnen ermöglicht, diese Beziehungen wirklich zu leben. Diese Entdeckung jedoch geschieht nicht von allein. Oft hat der Mensch mit einer geistigen Behinderung sich nur abgelehnt gefühlt, man hat nur seine Mängel gesehen, die *Behinderung* – und nicht seine Gaben, und was er damit zur Gemeinschaft beitragen kann. Wie soll ein solcher Mensch an Beziehungen glauben, an Werte wie Mitleid und Offenheit, wenn alles in der ihn umgebenden Kultur das Gegenteil beweist: stark sein, gewinnen, sich anpassen? Trotz allem Bemühen um Normalisierung wird der behinderte Mensch immer der letzte bleiben. Kein Wunder also, daß er depressiv und traurig wird! Kein Wunder, daß es in seinem Inneren einen ständigen Kampf gibt zwischen Starkseinwollen und seinen so oft verkannten Gaben und Fähigkeiten: zwischen Vergnügungssucht und dem Verlangen, in der Liebe und im Dienst an anderen zu wachsen.

Jeder von uns kennt diesen Kampf zwischen den egoistischen Kräften, die alles an sich reißen wollen, um die innere Leere auszufüllen, und jener Öffnung auf die anderen, die Beziehung bedeutet: Austausch, Mitteilung und Dienst. Auch der Mensch mit einer geistigen Behinderung kennt diesen Kampf. Wie jeder andere kann er mehr scheinen als sein wollen und sich von einer Welt der Verlokkungen und Illusionen gefangennehmen lassen – oder aber er kann die Wirklichkeit annehmen, menschliche Beziehungen zu leben mit aller Verantwortung und aller Dienstbereitschaft, allem Leiden und allem Bemühen, die dazugehören. Der behinderte Mensch kann aber nur dann Fortschritte machen, wenn man ihn unterstützt, bestätigt und ihm hilft: wenn er in einer menschlichen Gemeinschaft lebt, die seine innere Schönheit und seine Liebesfähigkeit wirklich anerkennt.

Durch Selbstannahme, Annahme der Behinderung und Entdekkung der Beziehungsfähigkeit kann der Mensch mit einer geistigen Behinderung seine Möglichkeiten, zu arbeiten und eigenständig zu handeln, wirklich ausschöpfen und seine Behinderung weitgehend überwinden. Es ist zu schade, wenn jemand aus Ablehnung der Wirklichkeit (der Wirklichkeit seiner Behinderung) und aus Angst vor dem eigenen Herzen (weil man ihm mißtraut und als Kind behandelt) sich auf sich selbst zurückzieht und sich in seiner Wohnung einschließt, nur um sich zu beweisen, daß er wie die anderen ist.

Diese Form der Eigenständigkeit kann nämlich auch zum Versagen führen, wenn der Mensch mit einer geistigen Behinderung sich systematisch abkapselt. Jean-Pierre, der kein anderes Vorbild hatte, fiel nichts anderes ein, als sich eine gutbezahlte Arbeit zu suchen und ein Leben zu führen, wo er machen konnte, was er wollte. Er mußte vielleicht erst einmal dieses Stadium der Eroberung seiner Eigenständigkeit und ein gewisses Erfolgsgefühl durchleben. Aber der Mangel an Beziehungen und Freunden wurde zu groß. Seine Welt bestand nur noch aus Arbeit, Bier und Fernsehen. Diese Isolierung war vielleicht ein notwendiger Übergang, um die Freude an der Gemeinschaft mit all ihren Anforderungen wiederzuentdecken: die Freude am Leben in einem Netz von Beziehungen. Ich fürchte, viele Menschen mit einer leichten geistigen Behinderung neigen zu einer solchen Abkapselung: zu einer Eigenständigkeit, die letztlich nur zur Isolierung führt.

Verbote wagen

Viele haben heute Angst vor den Anforderungen der Erziehung. Man spricht von Toleranz: jeder soll nach seinen Bedürfnissen, Ideen und Instinkten leben können. Gleichzeitig aber soll man einer erpresserischen Autorität gegenüber intolerant sein. Man verkennt dabei, daß Autorität oft nur darum auf erpresserische Weise ausgeübt werden kann, weil jemand nie richtig gelernt hat, verantwortlich zu handeln: niemand hat ihn dazu erzogen, im anderen einen Menschen zu sehen, der ihn braucht.

Wer erziehen will, muß auch verbieten können: jemand verbieten, Alkohol zu trinken, wenn die Gefahr besteht, daß er abhängig wird. Jemand verbieten, mit dem Fahrrad durchs Dorf zu fahren, wenn die Gefahr besteht, daß er jemand anders umfährt oder selbst überfahren wird. Einer Frau verbieten, allein durchs Dorf zu gehen, wenn die Gefahr besteht, daß sie mißbraucht wird, oder sie das unbewußt herausfordert. Einem Mann verbieten, daß er einen Schwächeren schlägt oder ihn ausnützt. Sein Möglichstes tun, jemand daran zu hindern, sich zu verschanzen hinter Angst und Traurigkeit. Versuchen, jemand in die Wirklichkeit zurückzuholen, der sich in Träumereien oder Lügen flüchtet. Manche Menschen mit einer geistigen Behinderung leben in einer Traumwelt. Ihnen fehlt es an Hoffnung. Sie meinen, sie kommen nicht weiter. Sie überlassen sich der Traurigkeit und leichtfertigen Kompensationen. Sie wissen nicht, daß sie in sich Quellen des Lebens tragen, die nur darauf warten, sich zu verströmen. Man braucht sie nur begleiten und an sie glauben. Das aber erfordert Zeit, Liebe und Festigkeit – und sehr viel Anstrengung. Es ist so viel leichter, jeden machen zu lassen, was er will. Erziehung ist ein ständiger Kampf gegen die Verzweiflung, gegen die Weigerung, sich anzustrengen, gegen die Flucht in die Leichtfertigkeit, gegen das Verlangen, sich hinter die eigenen Gefängnismauern zu verkriechen. Erziehen heißt, jene lebendigen Kräfte freisetzen, die noch in der Verwundbarkeit des Herzens verborgen sind. Und das ist nicht immer einfach.

Beschränkt sich die Beziehung zwischen einem behinderten Mann und einer Frau ausschließlich auf die genitale Sexualität, so entsteht keine Freundschaft. Dient sie nicht der gegenseitigen Entfaltung, sondern drohen beide daran zu verzweifeln, dann muß man wagen, diese Beziehung zu verbieten. Die beiden in eine Sackgasse gehen zu lassen, hieße sie nicht zu achten, nicht mehr an ihre Fähigkeit zur Selbstbefreiung zu glauben.

Manchmal jedoch muß man jemand sich die Finger verbrennen lassen. Man muß ihm das Recht einräumen, zu versagen. Für manche beginnt echtes Wachstum erst dort, wo sie versagt haben: wo sie es bemerken und annehmen können. Kann man überhaupt in eine größere Liebe hineinwachsen ohne einen Freiraum, sich zu irren? Der Vater des verlorenen Sohnes hat sein Kind ziehen lassen in dem Wissen, daß es sich verrennen könnte. Niemand ist frei von derartigen Illusionen. Man glaubt alles zu wissen. Man kennt keine Gefahren. Man meint, allein zurechtzukommen. Man weigert sich, auf einen Älteren zu hören. Oder man gehorcht zwar, aber innerlich kocht man vor Wut. Ja, manchmal muß man lernen, was versagen heißt.

So kann man aber nicht mit allen Menschen mit einer geistigen Behinderung umgehen, vor allem dann nicht, wenn die Gefahr der Abhängigkeit von Alkohol, Drogen, Gewalttätigkeit oder Sexualität besteht. Man kann einen Menschen nicht sich selbst und andere zerstören lassen. Man muß die Gefahren einzuschätzen wissen.

Freud hat viel von Tabus gesprochen, die Kirchen verkündeten die Angst. Wer nicht nach dem Gesetz lebte, wurde abgelehnt: er kam in die Hölle. Das konnte zur Neurose führen. Aber die Religion Jesu Christi ist keine Religion der Angst, sondern des Erbarmens. Jesus ist nicht für die gekommen, die sich für gerecht halten, sondern für die Sünder. Er will nicht den Tod des Sünders, sondern daß er sich bekehrt und lebt. Ein Verbot ist kein Tabu. Etwas verbieten heißt nicht, etwas Endgültiges aussprechen, das am Leben hindert. Es ist eine Krücke auf dem Weg zur Befreiung.

Das Verbot ist nur *ein* Element der Erziehung. Wenn man etwas verbietet, ohne gleichzeitig auf eine positive Möglichkeit hinzuweisen, dann erdrückt man einen Menschen – besonders wenn er nicht die Kraft hat oder nicht motiviert ist, sich dem Verbot zu fügen. Die Anziehungskraft oberflächlicher Vergnügen als Kompensation der Angst oder als Möglichkeit, sich zu beweisen, ist zu mächtig. Und junge Menschen neigen heute so schnell zum Selbstmord! Sie haben ein derart verletztes Selbstverständnis, daß ihnen die Freude am Leben abgeht.

Im Vertrauen

Erziehung besteht also darin, andere das Positive und Schöne in ihrem Inneren entdecken zu lassen: ihre Beziehungsfähigkeit und Liebenswürdigkeit, die Freuden einer echten Freundschaft, ihre menschliche Würde, ihre Fähigkeit zu arbeiten und Gutes zu tun. Zur Erziehung gehört, ein Klima zu schaffen, in dem Menschen ihr Bestes entdecken und geben können. Wie finstere Winkel den Tod anziehen, kann eine lichte Umgebung die Freude am Leben wiedergeben.

Dem anderen etwas verbieten kann man nur dann, wenn man ein guter Hirte ist und kein Söldner: wenn man den anderen schätzt, wenn man ihm traut, und wenn er das weiß. Das Verbot ist dann ein Zeichen der Hoffnung: »Ich weiß, daß du es besser machen kannst.« Dazu gehört, daß man mit dem anderen spricht, und daß er den Sinn des Verbots versteht: daß er ein positives Ziel vor Augen hat und durch das Verbot mehr Entscheidungsfreiheit erhält, auf dieses Ziel zuzugehen.

Erziehung besteht darin, jemanden dabei zu helfen, das Ziel seines Lebens zu entdecken. Er wird weiterkommen, fallen, sich entmutigen – aber auch wieder aufstehen. Ist darin nicht schon eine gewisse Entdeckung der Vergebung enthalten?

Dr. Franko, den ich um Rat bat wegen Antoine, einem stark gestörten Mann, der etwas Schlimmes mit einem Kind getan hatte, sagte mir: »Du mußt zu ihm gehen und ihr müßt euch auseinandersetzen. Wahrscheinlich wird er gewalttätig. Denn er hat es schwer, die Mächte der Finsternis in seinem Inneren anzunehmen. Bleibe bei ihm, bis ihr euch alles gesagt habt und versöhnt seid. Immer, wenn Antoine etwas Schlechtes getan hat, ist er abgelehnt worden und in die Klinik gesteckt. Er muß erleben können, was Vergebung heißt.«

Schon die Erziehung von Kindern *ohne* geistige Behinderung ist nicht ganz einfach in einer Gesellschaft, die auf verführerische Weise zum Konsum von Dingen und Vergnügen drängt. Die Eltern haben auch nicht immer genug Zeit und innere Ruhe, die Kinder wirklich zu verstehen. Es ist viel einfacher, sie vor den Fernseher zu setzen und ihnen Spielzeug zu schenken, anstatt mit ihnen zu spielen, zu arbeiten, zu feiern. Es ist viel einfacher, besitzergreifend zu sein, und die Kinder die Gefühlsbedürfnisse der Eltern erfüllen zu lassen, als ihnen gute Erzieher zu sein und sie ständig in eine größere Freiheit zu führen, damit sie Gott und dem Nächsten besser dienen können.

Aber gebrochene Herzen wieder aufrichten und ihnen die Freude am Leben wiedergeben, ist noch viel schwieriger. Darum müssen diejenigen, die mit ihnen sind, immer neue Kräfte aus der Weisheit Gottes schöpfen können. Die Hoffnung des Vermittlers muß stets größer sein als die Verzweiflung des Kindes mit einer geistigen Behinderung. Das aber ist nur möglich, wenn der Vermittler ständig aus einer noch mächtigeren Quelle schöpft . . . Darum muß in den Erziehergruppen echte Liebe und Hilfsbereitschaft herrschen, und jeder muß in der Wahrheit leben wollen: ohne sich selbst und den anderen etwas vorzumachen. Jeder braucht Zeit zum Auftanken. Er braucht die Hilfe von Fachleuten, um immer neue Hoffnung zu schaffen und gegen jene Kräfte des Todes anzukämpfen, die in den Herzen lauern.

Echte Autorität

Es ist nicht einfach, ein guter Hirte zu sein. Theoretisch kenne ich mich aus, ich kann gut darüber reden – aber in der Praxis bin ich oft dem Söldner näher, der seine Autorität beweisen und sich schützen will. Oft habe ich einfach nicht die Zeit, zuzuhören – oder ich nehme mir nicht die Zeit. Ich urteile allzu schnell, ich verbiete oder ich korrigiere, ohne mir die Zeit genommen zu haben, wirklich zu verstehen. Und vor allem korrigiere ich gerade dann, wenn ich es nicht sollte, wenn es den anderen zurückstößt, anstatt ihm zu helfen. Die Korrekturen kommen dann mehr aus der Angst als aus dem Verlangen, dem anderen wachsen zu helfen. Das geschieht meist, wenn ich mich von allzu viel Aktivität mitreißen lasse, wenn ich die Quelle des Lichts in mir verloren habe, oder wenn ich müde bin, mich vom

Gebet entfernt habe, zu sehr in das Alltägliche eingetaucht bin, keinen Abstand und keine Reserven mehr habe.

Es ist nicht einfach, Autorität auszuüben: immer fest und klar zu bleiben, den anderen zu achten, seine positiven Werte zu erkennen und die rechten Worte und Gesten zu finden, die ihm weiterhelfen. Ich kenne meine Schwächen und meine Ängste in diesem Bereich. Aber ich kenne auch das Verlangen des Menschen, der unter einer geistigen Behinderung leidet, jemanden um sich zu haben, der wirklich zu ihm steht, der ihn liebt, ihn achtet und trotzdem fest sein kann, um ihm wachsen zu helfen durch die Freisetzung seiner Gaben. Der gute Hirte muß ein Fels an Zärtlichkeit und an Wahrheit sein: man muß sich auf ihn stützen können.

Besonders suche ich mich jener anzunehmen, die schon in frühester Kindheit schmerzhafte Erfahrungen mit der Autorität gemacht haben. Wenn sie nur Verbote und keinerlei Güte und Erbarmen kennengelernt haben, wenn sie eine besonders strenge Erziehung ohne Ansporn und Anerkennung hatten, dann sind sie wirklich schwer unterdrückt worden: Sie sind daran gehindert worden, zu leben und zu wachsen. Sie sind dann der Autorität gegenüber stark gehemmt. Sie muß ihnen wie eine Gefahr für ihr innerstes Dasein erscheinen. Es braucht viel Geduld und Güte, bis sie Vertrauen zu einem Begleiter oder Vermittler finden.

Arbeit in der Gruppe

Die Arbeit des Erziehers, und besonders des Erziehers von Jugendlichen mit schweren Kindheitsverletzungen, ist derart heikel, daß man sie nicht allein ausüben kann. Man muß zu mehreren sein, um sich zu korrigieren und zu helfen, um in der Wahrheit zu bleiben, um gute Hirten zu sein und keine Söldner, um sich des Menschen und seines Wachstums anzunehmen – und nicht um sich selbst oder die bestehende Ordnung verteidigen zu wollen. Um objektiv zu bleiben, muß eine Gruppe auch ein »äußeres Auge« haben. Eine in sich selbst verschlossene Gruppe kann das Augenmaß verlieren und jemanden ablehnen, von dem sie meint, er wäre nicht am richtigen Platz, zu schwierig, zu gestört oder zu gewalttätig. Sie sieht dann ihre eigenen Fehler nicht mehr: ihren Mangel an Aufmerksamkeit und Wahrhaftigkeit, die den anderen vielleicht behindert und zur Gewalttätigkeit verleitet. Sie sieht nur, daß dieser Mensch ihre Ordnung stört. Die

Gruppe braucht also jemand, der von außen kommt, der ihr mit einem gewissen Abstand helfen kann, das Augenmaß wiederzufinden, damit sie sich selbst gegenüber objektiver wird. In der Arche ist das oft der Verantwortliche der Regionalgemeinschaft, soweit er nicht identisch ist mit dem Verantwortlichen der Hausgemeinschaft. Lieber als ein Priester oder Psychiater ist uns in dieser Rolle ein Pädagoge oder Erzieher, der den Geist der Arche gut kennt, Erfahrung im Umgang mit Menschen hat, und menschliche Klugheit mit dem Geist des Evangeliums verbindet. Priester und Psychiater haben sicher auch einen ganz wesentlichen Beitrag zu Wachstum und Befreiung des einzelnen und der Gemeinschaft zu leisten, aber jeweils von ihrem Platz aus. Für die Verantwortlichen der Arche besteht die Gefahr, der eigenen Intuition, Weisheit und Kompetenz nicht genug zu vertrauen – und vor dem Wissen der Außenstehenden zu kapitulieren. Natürlich müssen sie die anderen zu Rate ziehen, vor allem aber müssen sie die ihnen eigene Rolle wahrnehmen lernen.

Erziehung für den Erwachsenen

Für den Erwachsenen bedeutet Erziehung etwas grundsätzlich anderes als für das Kind, selbst wenn die Intelligenz des Erwachsenen nur schwach entwickelt ist. Denn auch der Erwachsene mit einer geistigen Behinderung ist zunächst immer ein Erwachsener und kein Kind. Körper und Geist des Kindes befinden sich noch in der Entwicklung, sie sind darum flexibler und offener, der Erwachsene aber hat schon eine Geschichte – und der Erwachsene mit einer geistigen Behinderung hat oft eine Geschichte der Enttäuschung, wenn nicht der Ablehnung. Er hat ein gestörtes Selbstverständnis. Er fühlt sich sehr schnell schuldig. Man muß ihm Sicherheit geben, ihn schützen und stützen, ihm noch mehr zuhören als anderen. Er hat schon eine Erziehung erhalten. Oft ist er in der Familie oder im Heim abgerichtet worden. Gebote und Verbote, oft widersprüchlichster Art, haben ihn geprägt. Die entstandenen Schäden wollen repariert sein. Schlechte Gewohnheiten sollen verschwinden. Manchmal muß man ihn einfach versagen lassen, um ihn seine Anfälligkeit, seine Irrtümer und Grenzen erfahren zu lassen.

Auch die Sexualität des Erwachsenen ist schon ausgebildet, vielleicht schlecht ausgebildet, vielleicht sogar pervertiert durch schmerzliche Erfahrungen im Heim.

Wer von seiner Mutter niemals gestreichelt wurde, wer lange im Krankenhaus war, dem fehlt körperlich etwas – und das führt dazu, daß er ungeschickt versucht, den Körper einer Frau zu berühren. Seine Ungeschicklichkeit aber führt dann dazu, daß er erneut abgelehnt wird.

Einem gefühlsarmen Erwachsenen zu helfen, in der Beziehung zu einem Menschen des anderen Geschlechtes die rechte Distanz zu finden, ist nicht leicht. Ein Kind berührt man selbstverständlicher als Männer und Frauen mit einer gestörten Sexualität. Man muß das rechte Maß finden, sie auf erlaubte Weise anzurühren, ohne sie in Gefahr zu bringen: wenn sie zum Beispiel krank sind und über Schmerzen klagen oder bei einer Rauferei unter Freunden oder bei Volkstänzen, wo Mann und Frau genau wissen, was sie zu tun haben, weil es Regeln gibt, die man zu achten hat.

Manchmal unterscheiden sich die Werte des Gemeinschaftslebens in der Arche von denen der Familie des Behinderten. Das ist eine echte Schwierigkeit. Pauls Vater bringt viel Zeit in der Wirtschaft zu. Paul liebt seinen Vater und macht es ihm nach. Er verträgt Alkohol nicht und arbeitet immer schlechter. Die Werte der Familie und der Gemeinschaft sind einfach nicht dieselben. Kehren einige Männer und Frauen in ihre Familien zurück, so finden sie ihre Brüder und Schwestern und manchmal auch ihre Eltern in sexuelle Beziehungen mit anderen Partnern verstrickt. Wie sollen sie sich in solchen Widersprüchen zurechtfinden? Man kann sie nicht unbedenklich den Werten ihrer Familien folgen lassen, das würde wieder nur zum Versagen führen. Andererseits kann man ihnen auch nicht alles verbieten wie Kindern.

In diesem Bereich haben wir Erfolge wie Versagen erlebt. Robert kommt aus einer Familie der Vierten Welt, wo es viel Alkohol und Gewalttätigkeit gibt. In unserer Hausgemeinschaft verhielt er sich zunächst kaum anders. Im Laufe der Jahre aber hat er eine echte Heilung des Herzens erlebt. Mit Hilfe einer Gruppe von *Vie Libre* hat er aufgehört, zu trinken und nimmt heute aktiv an der Gemeinschaft teil. Manchmal gibt er Zeugnis: »Ich weiß nicht, wie ich aus dieser Hölle herausgekommen bin.« Er ist stolz, daß er arbeiten kann. Er lebt in einer Wohnung mit drei anderen Männern. Er hat den Frieden wiedergefunden – und er hat Freude am Leben.

Alfred hat sicher gewisse Fähigkeiten, ist aber gefühlsmäßig ziemlich gestört. Er lehnte jede Unterstützung ab. Er ist gegangen, »sein Leben zu leben«. Er ist schon im Gefängnis gewesen. Wird er je zurechtkommen? Manchmal muß man vielleicht wagen, jemand fallen zu lassen, bevor er sich helfen läßt.

Die Erziehung des Gefühls- und Geschlechtslebens

Erziehung zum Gefühls- und Geschlechtsleben heißt vor allem, jemandes Gespür für den anderen zu entwickeln: ihm zu helfen, jemand zuzuhören, jemand gernzuhaben, mit ihm zu fühlen, für jemand verantwortlich zu sein. Echte sexuelle Erziehung bedeutet, jemand zu einem wachen Herzen zu verhelfen: zur inneren Reife.

Zur Erfahrung eines erwachenden Herzens gehört, daß man sich mit dem Älteren identifiziert, mit Vater oder Mutter. Der Sohn ahmt den Vater nach in der Beziehung zur Mutter, indem er sich mit ihm identifiziert. Wie der Vater mit Frauen, vor allem mit seiner Frau, umgeht, ist bestimmend für die sexuelle Entwicklung des Sohnes. Ähnliches geschieht, wenn auch weniger offensichtlich, in einer Hausgemeinschaft der Arche bei Menschen mit einer geistigen Behinderung: Sie werden sich verhalten wie die Assistenten und Erzieher, die sie lieben und bewundern.

Durch die Identifizierung mit dem Erwachsenen findet der junge Mensch langsam seine eigene Identität. Die eigentliche sexuelle Erziehung geschieht durch die Umgebung, das Elternhaus, ein Netz von Beziehungen, in dem Gesten und Berührungen Freude und Zärtlichkeit ausdrücken. Sexuelle Erziehung geschieht wirklich nicht durch Bilder, die unpersönliche Informationen vermitteln. Sicher sollte jeder über Körperbau, Fruchtbarkeit und Fortpflanzung Bescheid wissen. Aber es ist wirklich schade, Geschlechtsverkehr durch Zeichnungen oder Diapositive darzustellen, wie ich das manchmal erlebe. Solche Bilder erwecken beim Betrachter den Eindruck, Sexualität hätte nichts zu tun mit menschlichen Beziehungen.

Vertraut der Jugendliche dem Vermittler, so sollte dieser ihm helfen, die Körperfunktionen richtig zu verstehen und ihm ermöglichen, Fragen zu stellen. Vor allem sollte er ihn nicht glauben lassen, sein Körper sei schlecht. Bei der Verlobung sollten zwar auch genauere Informationen über sexuelle Partnerschaft gegeben werden, vor allem aber sollte man darauf bestehen, wie wichtig es ist, dem anderen wirklich zuzuhören und ihn in seiner Andersartigkeit zu achten. Für mich besteht sexuelle Erziehung nicht in der Vermittlung von Buchwissen, was man zu tun hat und wie man es zu harmonischen Beziehungen bringt, sondern in einer gewissen Hilfe, seine Sexualität anzunehmen: Das Herz muß wach werden, im anderen einen Menschen mit eigenen Bedürfnissen zu sehen, Beziehungen müssen entstehen können und Schwierigkeiten überwunden werden. Im Grunde ist es eine Lehrzeit der Liebe.

Oft haben die Assistenten sexuelle Erziehung nötiger als die behinderten Menschen. Sie sind von den Massenmedien derart beeinflußt, daß sie die wahre Bedeutung der Sexualität kaum kennen. Sie haben Angst vor dem Aufschrei der Gefühle bei den Behinderten. Sie wissen nicht, was sie mit deren Zärtlichkeitsbedürfnis anfangen sollen, noch weniger mit ihrer genitalen Sexualität. Sie wissen nicht, ob man das alles verurteilen muß oder sie einfach machen lassen.

Wir brauchen gerade in diesem Bereich heute nicht nur eine ausgewogene Moral, sondern auch das rechte Verständnis jener Lehre vom Menschen, die der christlichen Ethik zugrundeliegt. Wir müssen verstehen lernen und anderen zu verstehen helfen, wie zerstörerisch sexuelle Beziehungen ohne menschliche Bindungen für das Herz des Menschen sind: »Die Geschlechtlichkeit, welche Ausrichtung, Überhöhung und Ergänzung von der Liebe erfährt, wird zu etwas wahrhaft Menschlichem. Im Rahmen der biologischen und psychologischen Entwicklung kommt sie zu harmonischem Wachstum und erfüllter Verwirklichung nur bei allmählicher Erlangung der effektiven Reife, deren Ausweis selbstlose Liebe und Hingabe ohne jeden Vorbehalt ist.«[1]

Ähnliches wie für Assistenten und Erzieher gilt in diesem Bereich für Männer und Frauen mit einer leichten geistigen Behinderung. Sie sind derart beeinflußt von Filmen und Illustrierten, daß sie manchmal innerlich wie gespalten, ja gebrochen sind. Die Massenmedien peitschen ihre sexuellen Triebe auf und verführen sie zum Traum von der großen Liebe. Sie haben es doppelt schwer, weil ihre Herzen verletzter sind, weil sie besser wissen, daß sie anders sind. Sie müssen darüber sprechen können und verstehen lernen, was wahre Liebe bedeutet. Erst dann können sie sich wirklich entscheiden.

Alle Fragen der Sexualität sollte der Vermittler mit viel Einfühlungsvermögen und Güte angehen. Besonders Jugendliche sind in diesem Bereich oft derart verwirrt, ja gebrochen, daß sie zutiefst dar-

[1] *Orientierung zur Erziehung in der menschlichen Liebe. Hinweise zur geschlechtlichen Erziehung.* Verlautbarung der Kongregation für das katholische Bildungswesen vom 1. 12. 1983, S. 6.

unter leiden. Zu strenge Verbote mit Strafandrohung können zu Schuldgefühlen und Angst führen, zu Hemmungen und Geheimniskrämerei – oder zur Flucht in erotische Träume. Der Vermittler muß darum das Geheimnis des Körpers jedes einzelnen achten. Er braucht auch nicht alles zu wissen. Er sollte jedem seine Intimsphäre belassen und nicht alles kontrollieren wollen. Eingreifen sollte er nur dann, wenn der andere tatsächlich in Gefahr ist. Die Regel bleibt immer dieselbe: Eine Vertrauensbeziehung schaffen, in der man leicht miteinander reden kann – und die Furcht nach und nach verschwindet. Das wird vielleicht Zeit brauchen. Gibt es genügend Vermittler, die sich für lange Zeit engagieren und die Herausforderung annehmen, die das bedeutet?

Autorität und Verbote im sexuellen Bereich sind besonders heikle Themen. Im Grunde bringt nämlich jeder Erzieher und jeder Vermittler seine eigenen Probleme mit: seine eigenen Verletzungen, Ängste und inneren Kämpfe. Ein Vermittler, der gegen seine eigenen homosexuellen Neigungen ankämpfen muß, wird besonders streng, ja hart sein, wenn es um ähnliche Neigungen bei anderen geht. Es ist so schwierig, im Bereich der Sexualität objektiv sein zu wollen! Man projiziert so schnell seine eigenen Kämpfe und Ängste auf andere! Möchte man selbst eine »befreite« Sexualität leben, dann läuft man Gefahr, auch andere dazu zu ermutigen, aber nicht weil man ihnen wachsen helfen möchte, sondern um sich selbst zu rechtfertigen und sich zu beweisen, daß man recht hat. Bemüht man sich nicht um Klarheit in der eigenen Sexualität, so kann man auch nicht klar und wahr mit anderen sein. Hat man Angst vor der eigenen Sexualität, dann läuft man Gefahr, auch Angst vor der Sexualität anderer zu haben – und also mit ihnen streng zu sein. Hat man Angst, sich mit der eigenen Sexualität auseinanderzusetzen, dann läuft man Gefahr, die Sexualität anderer schlecht zu verstehen. Glaubt man nicht an das eigene Wachstum, dann wird man auch der Entwicklung anderer nicht trauen. Man sieht die Dinge dann nur noch statisch und legalistisch. Man läßt es an der notwendigen Geduld fehlen, anderen bei der Entwicklung normaler Beziehungen und der Integration ihrer Sexualität zu helfen.

Um zu wachsen, liebenswerter und verantwortlicher zu werden, um nicht stehen zu bleiben und sich hinter den Mauern seiner Ängste zu verstecken, muß jeder Mensch mitgetragen und begleitet werden. Das ist wirklich nicht immer einfach! Denn nicht nur Menschen mit einer geistigen Behinderung bedürfen dieser Begleitung, um Fortschritte zu machen, sondern auch die Erzieher. Auch sie haben Hemmungen, auch sie leben hinter Mauern, auch sie bedürfen des Wachstums zu einer verantwortlicheren Form der Liebe.

Zuweilen kann man seinen inneren Konflikten nicht mehr ausweichen. Man gerät dann in eine Krise. Sie ist Zeichen einer gewissen inneren Leere. Diese kann nur erfüllt werden durch echte Liebe: eine Liebe, die von Gott kommt, aber von Menschen vermittelt wird. Sie zeigt uns, daß wir nicht allein sind, daß wir einen Preis haben, daß wir Werte in uns tragen, daß wir fähig sind, anderen das Leben zu geben: fähig zu lieben. Die Liebe öffnet uns Quellen neuen Lebens, sie erfüllt die Leere, die bei der Krise aufgedeckt wurde.

Die Quelle wiederzufinden und die Mauern fallen zu lassen, bedeutet die Rückkehr zu einer gewissen inneren Einheit. Zu solchen Übergängen gehört Leiden. Aber dieses Leiden führt oft zu einer neuen Gotteserfahrung in der Tiefe: dort, wo unser Herz besonders verwundbar ist.

3. KAPITEL

MANN UND FRAU

Mann und Frau in der Sicht Gottes

Der Unterschied zwischen Mann und Frau ist radikal: Er reicht bis an die Wurzeln des Bewußtseins und beeinflußt das gesamte menschliche Verhalten. Er ist der Ursprung allen Lebens. In der Schöpfungsgeschichte heißt es: »Gott schuf den Menschen als sein Abbild, als Abbild Gottes schuf er ihn. Als Mann und Frau schuf er sie« (Gen 1,27). Er wollte, daß sie eins seien, daß sie »*ein* Fleisch werden« (Gen 2,24). Mann und Frau ergänzen einander an Körper und Seele. Sie definieren sich zwar zunächst in der Beziehung zu Gott, der sie geschaffen hat: sie sind beide als Abbild Gottes geschaffen, sie sind dazu berufen, göttlich zu werden. Das ist ihre eigentliche Bestimmung innerhalb der Schöpfung. Aber auch in ihrer Zusammengehörigkeit und in der Einheit ihrer Liebe sind sie als Abbild Gottes geschaffen: der eine ist für und mit dem anderen da, sie definieren sich also auch in der Beziehung zueinander. »Der erste Mann und die erste Frau waren vereint im Bewußtsein gegenseitiger Hingabe. Sie waren sich der Angewiesenheit ihrer Körper bewußt. In ihnen drückt sich die Freiheit der Hingabe aus und offenbart sich der innere Reichtum der Person als Subjekt.«[1]

In der Schöpfungsgeschichte heißt es weiter, wenn Mann und Frau sich von Gott abwenden, wenn er in ihrer Vereinigung nicht gegenwärtig ist, dann verlieren sie die ursprüngliche Unschuld. Sie erfahren eine innere Leere, sie lernen die Angst kennen, sie werden sich ihrer Nacktheit bewußt. Die Frau beschuldigt den Mann, und der Mann beherrscht die Frau. Sie bilden keine Einheit mehr. Sie werden zu Rivalen. Sie sind nicht mehr *ein* Fleisch.

Der Mensch läuft dann Gefahr, sich auf sich selber zurückzuziehen und sich in seiner eigenen Welt zu verschließen. Er strebt dann

[1] Johannes Paul II., Generalaudienz vom 20. Februar 1980.

hastig nach Macht und Besitz, um die innere Leere auszufüllen, anstatt sich den anderen und auch dem Einen zu öffnen und mit ihnen Beziehungen einzugehen. Das aber kann er nicht in der ganzen Fülle, solange er nicht mit Gott versöhnt ist und die Gegenwart Gottes wiederfindet.

Die gegenseitige Anziehung von Mann und Frau ist dazu bestimmt, auch noch eine andere Form der Begrenzung zu überwinden, nämlich den Tod. Jenseits von Anziehung und persönlicher Wahl wissen sich Mann und Frau berufen, das Leben weiterzugeben.

Sexualität zielt also auf Fruchtbarkeit hin. Der Körper der Frau ist dazu geschaffen, die erste Wohnstatt des Kindes zu sein, der Körper des Mannes ist geschaffen, die Frau zu befruchten. Die Sexualität der Frau ist stärker nach innen gewendet, die des Mannes eher nach außen.

Welche Konsequenzen ergeben sich aus dieser Verschiedenheit für die kulturelle Rolle von Mann und Frau? Sicher ist im einzelnen schwer festzustellen, was kulturell und was biologisch bedingt ist, und welche Wechselbeziehung zwischen beiden besteht. Aufgrund ihrer verschiedenen Rollen bei der Fortpflanzung und der Sicherstellung der materiellen Bedürfnisse gewährte ursprünglich offenbar der Mann den körperlichen Schutz der Familie und ging hinaus, um zu jagen, während die Frau sich mit der Hausarbeit und den Kindern beschäftigte. Diese klare Rollenverteilung führte zu ganz bestimmten Formen der Verantwortlichkeit, zu Frieden und Harmonie: jeder wußte, was er zu tun hatte – und das kam der Einheit zugute. Aber es konnte auch zu Spaltung und Unterdrückung führen wie in jenen Kulturen, wo die Männer bis heute Gefahr laufen, zu *Machos* zu werden: sie halten sich selbst für den starken Mann mit mehreren Frauen und vielen Kindern. Tatsächlich aber werden sie von den Frauen verachtet, die wissen, daß sie nicht auf sie zählen können: sie arbeiten wenig und trinken viel – manchmal vertrinken sie das Geld für die ganze Familie. Die Männer fühlen sich von den Frauen verletzt und mißachtet. Denn die Frauen arbeiten und sind stark, gefühlsmäßig binden sie sich an die Söhne und suchen Unterstützung bei ihnen. Die Söhne aber gewöhnen sich daran, sich von der Mutter bedienen zu lassen und haben es schwer, sich von ihnen zu lösen. Sind sie einmal verheiratet, so wenden sie sich beim leisesten Konflikt mit der Ehefrau weiterhin an die Mutter. Es ist ein Teufelskreis: Mann und Frau sind immer weniger Freunde und Partner.

In den Vereinigten Staaten und vielen anderen Industrieländern ergeben sich die Schwierigkeiten menschlichen Zusammenlebens aus der Anpassung an das vorherrschende Ideal gesellschaftlichen Erfolges. Die gesamte Erziehung ist abgestellt auf beruflichen Erfolg, der selbst dem Familienleben noch übergeordnet ist. In diesen Ländern zweifelt man mehr und mehr am Wert der Ehe als ständiger Bindung. Diese Sicht des Menschen führt zu einer erheblichen Verunsicherung der Frau. Sie ist gezwungen, sich zu verhärten und zu schützen, denn sie kann dem Mann nicht mehr trauen. Sie muß einen guten Beruf haben, um allein zurechtzukommen, wenn der Mann sie verläßt. Eine derartige Grundeinstellung von Mann und Frau muß notwendig zu erheblichen Beziehungsstörungen führen. Für die Frau ist diese Form der Unterdrückung unerträglich. Sie ergreift jedes Mittel, sich zu befreien. Sie möchte kein Spielzeug sein und wehrt sich gegen jede Form der Abhängigkeit. Einige Frauen gehen so weit, sich den Männern ganz fernzuhalten: sie möchten lieber selber geschätzt werden – und zwar gerade nicht als Frauen, sondern aufgrund ihrer intellektuellen, fachlichen und künstlerischen Qualifikationen. Sie fühlen sich gezwungen, Durchsetzungsvermögen und Erfolgsstreben zu betonen und neigen dazu, jene Gefühle zu verleugnen, die – wie diejenigen des Mannes – zu Beziehungen in gegenseitiger Abhängigkeit geschaffen sind. Aus Gründen der Selbstverteidigung bleibt ihnen kaum etwas anderes übrig, als dem männlichen Vorbild persönlichen Erfolgs nachzueifern.

Die Anziehungskraft von Geld und Erfolg, der Einfluß der Massenmedien und noch andere Faktoren haben in vielen westlichen Ländern zu einer Schwächung der Familie geführt. Jede Dienstfertigkeit wird zerstört und die zum Erfolg notwendige Aggressivität überbewertet. Was die Menschen innerhalb der Familie, der Dorfgemeinschaft, der Pfarrgemeinde miteinander verband, löst sich auf. Man lebt immer mehr nebeneinander. Auch hier befindet man sich in einem Teufelskreis: man muß hart sein, um zu überleben. Das aber schwächt Familie und Dorfgemeinschaft – und dadurch bleibt für die Unproduktiven, die Behinderten, Alten und Kranken kein Platz mehr. Man schiebt sie beiseite. Wo jeder sich selbst am nächsten ist, muß man immer irgendwo der erste sein: wer nicht der erste ist, ist gar nichts. Das Leben ist nur noch ein Konkurrenzkampf, jeder muß besser sein als der Nachbar, um auf ihn herabschauen zu können.

Zu dem Zwang, immer und überall der erste sein zu müssen, gehört, daß man über die Schwachen geht wie über Leichen. Dieser

Zwang hat natürlich auch seine Auswirkung auf die Familie und auf die Beziehung zwischen Mann und Frau: Weil der Mann nicht die Bürde der Mutterschaft auf sich nehmen muß, hält er sich gern für den Stärkeren und neigt dazu, die Frau zu verachten, weil sie sich um materielle Dinge kümmern muß. Er dagegen ist in der Lage, außerhalb des Hauses zu arbeiten und einen Beruf auszuüben. Die Frau aber bleibt zu Hause, bekommt Kinder und versorgt ihren Mann. Der Mann hält sich für überlegen, er hört einfach nicht mehr auf die Frau. Einer Sklavin, einer Behinderten gleich gilt die Frau als minderwertig. Zu Zeiten fragte man sich, ob die Frau eine Seele habe!

Die Folge dieser Haltung (oder eher ihre Ursache?) ist jene Auffassung, derzufolge der Leib der Seele unterlegen ist: die Seele ist göttlicher, sie steht Gott näher. Der von seinem Körper unabhängigere Mann, der nicht die Sklaverei der Mutterschaft auf sich nehmen braucht, ist Gott darum näher als die Frau. Kopfarbeit ist göttlicher als Handarbeit. Die intellektuellen und die liberalen Berufe sind höher geschätzt als die handwerklichen. Die Intellektuellen neigen dazu, auf die Handarbeiter herabzuschauen, sie auszunutzen, sich auf ihre Kosten zu bereichern, sie zu unterdrücken. Wer mit der Hand arbeitet, hat nichts zu sagen.

Die Gegenbewegung ist der Klassenkampf. Aber auch hier gibt es wieder nur Rivalen, Sieger und Besiegte, Erste und Letzte. Ist die Gemeinschaft einmal zerstört, dann ist es extrem schwer, wieder zusammenzufinden. Jeder ist für sich allein.

Die christliche Sicht des Menschen unterscheidet sich grundsätzlich von jener der Industriegesellschaft. Das Wort ist Fleisch geworden – und damit offenbart es die Würde jedes einzelnen Menschen, vor allem aber des Ärmsten. Es ruft jeden Menschen zum Leben in der Gemeinschaft, die eine Einheit bildet, einem Leib gleicht. Die Letzten sind die Ersten: die entscheidenden Werte sind weder Macht noch Einfluß, weder Reichtum noch menschlicher Ruhm, nicht einmal persönliche Freiheit als Selbstzweck. Entscheidend ist vielmehr die Liebe, gelebt in einer Gemeinschaft, die wir Leib Christi nennen. Jesus war kein Intellektueller, er war ein einfacher Arbeiter, der Sohn eines Zimmermanns. Seine Mutter lebte in der Stille: im Dienst an Jesus und seinem mystischen Leib. Innerhalb der Kirche steht sie über den Aposteln und Priestern. In der Sicht Jesu sind die Geringsten die Wichtigsten, denn sie bedürfen der Liebe, des Schutzes und des Dienstes vor allen anderen. »Selig die Armen, denn ihrer ist das Himmelreich.« Die Verantwortlichen der Kirche sind dazu da, den

Geringsten die Füße zu waschen. Gott hat die Schwachen erwählt, um die Starken zu verwirren, er hat die Toren erwählt, um die Weisen zu verwirren – und die Verachteten, um die Stolzen zu verwirren. Jesus segnet den Vater, daß er all das den Weisen und Klugen, den Intellektuellen und den Reichen verborgen hat, den Kleinen aber offenbart (vgl. Luk 10,21). Hat das Zweite Vatikanische Konzil nicht gerade *diese* Sicht des Evangeliums stärker betont als je zuvor?

Wo die Perversion vorherrscht, wo der »Leib« zersprungen ist, wo der Mann der Frau nicht mehr ihren Platz läßt, wo der Arme nicht mehr geachtet ist, dort ist es schwierig, die Situation wieder herzustellen. Ich verstehe den Zorn und das Leiden vieler Frauen allzugut. Was tun? In einer Dynamik der Konflikte weiterleben, die sich nur auf Individualismus und Aggressivität gründet? Oder gibt es doch noch eine Chance, so grundlegende Werte gemeinsamen Lebens wie Vertrauen und gegenseitige Hilfe, Anerkennung und Achtung der Unterschiede wieder zu entdecken?

Im folgenden Kapitel ist vom »Zuhause« die Rede. Sobald man heute vom Wert des Hauses spricht, werden die Männer verlegen und die Frauen wütend, so als wollte man sie auf Küche und Haushalt festlegen und ihnen jeden Außenkontakt verbieten. Und dennoch muß man vom Zuhause sprechen. Denn heute, wo die Familie sich immer mehr auflöst, kommen sich viele Kinder verlassen vor, viele Erwachsene sind einsam und verängstigt. Was wir heute am dringendsten brauchen, sind nicht noch mehr Dozenten an noch mehr Universitäten, sondern Männer und Frauen, die Gemeinschaften bilden, in die man verwirrte Menschen aufnimmt: jene, die einsam und verloren sind – und die sind Legion! Mehr als irgendwann müssen wir den Sinn des Hauses als Ort der Zärtlichkeit und Geborgenheit wiederentdecken, als einen Ort, wo jeder zu sich kommen kann und die innersten Werte seines Daseins neu entdecken: ein Herz mit der Fähigkeit zu geben und zu nehmen. Viele möchten sich heute gesellschaftlich engagieren, aber sind allein – und häufig bekämpfen sie sich. Sie haben weder Gemeinschaft noch Familie, wo sie auftanken können. Sie haben keinen Ort der Zärtlichkeit und des Friedens.

Unsere Gesellschaft hat ein enormes Bedürfnis, Mann und Frau sich versöhnen zu sehen und miteinander Gemeinschaft zu bilden. Sie brauchen einander so nötig. Es ist einfach schade, ja gefährlich, wenn sie einander nicht anerkennen.

Frauen sind heute ebenso kompetent wie Männer. In einigen

Gemeinschaften der Arche haben wir Frauen als Verantwortliche. Die Frau übt die Verantwortung anders aus als der Mann – weder besser noch schlechter. In der Geschichte einer Gemeinschaft ist es manchmal besser, daß ein Mann die Verantwortung trägt, manchmal aber auch, daß eine Frau es tut. Wesentlich ist, daß keiner allein verantwortlich zu sein braucht. Die Frau muß sich auf einen Mann stützen können und der Mann auf eine Frau. Die gegenseitige Ergänzung in all ihrer Vielfalt spielt hier eine grundlegende Rolle. Dabei geht der Mann oft stärker vom Verstand aus. Er hat einen Sinn für konkrete Möglichkeiten, für die Organisation der Dinge und für Strukturen. Die Frau ist meist intuitiver: sie ist einfühlsamer, sie hat den größeren Sinn für das Ziel und die Menschen. Das heißt nicht, daß jede Gemeinschaft »gemischt« sein müßte! Auch eine nicht gemischte Gemeinschaft kann gut funktionieren. Ist die Gemeinschaft nicht gemischt, dann sollte aber der Beirat des Verantwortlichen der Gemeinschaft diese Ergänzung bringen. Denn es gibt durchaus Männer, die einen Sinn für das Ziel haben und Frauen, die etwas von Organisation verstehen.

Den Umständen entsprechend entwickelt jeder von uns bald eher weibliche Eigenschaften (alles was mit Intuition, Aufnahmebereitschaft und Zärtlichkeit zu tun hat), bald eher männliche Eigenschaften (wie zum Beispiel verstandesmäßiges Vorgehen und Organisationsvermögen). Ist es notwendig, können auch Männer zärtlich sein und Frauen »harte« Arbeiten übernehmen. Sowohl in der Familie als auch in der größeren Gemeinschaft sollte jeder seine Gabe ausüben können – und wissen, daß keine Gabe besser oder schlechter ist als die andere. Jeder sollte auf seiner Ebene an den Entscheidungen teilhaben können. Und jeder sollte den anderen anhören und nach seinem Wohlergehen streben. Denn diese Freude der Gemeinsamkeit möchte Gott für die Menschen.

Dem Ziel der Arche entsprechend, Männer und Frauen mit verletzten Gefühlen aufzunehmen, brauchen wir als Assistenten Männer *und* Frauen. Sie ergänzen sich sinnvoll bei der Heilung von Menschen mit einer Behinderung, soweit sie einander lieben und wirklich zusammenarbeiten.

Den Unterschied annehmen

Die Familie ist die grundlegende Gemeinschaft. Sie gründet sich auf den Unterschied zwischen Mann und Frau und ihre gegenseitige

Anerkennung. Beide sind für die Kinder da. Auch die Kinder sind anders, aber nicht minderwertig. Sie haben ihre ganz eigenen Gaben. Sie sind nicht nur künftige Erwachsene.

Heute gibt es eine Tendenz, Unterschiede zu verwischen – besonders innerhalb der Sekten! Das unterscheidet die Sekten von der Gemeinschaft: Die Sekten wollen die Einförmigkeit, ja die Symbiose. Das gibt mehr Sicherheit, denn es gibt dann nur *eine* Bezugsperson: den allgewaltigen Chef! Eine Gemeinschaft aber ist für den Menschen da: die Anerkennung verbindlicher Beziehungen gehört zwar dazu, aber verbindlicher Beziehungen in der Vielfalt, damit jeder auf seine Art wachsen kann.

Sich isoliert fühlen, nur weil man anders ist, ist etwas Fürchterliches. Friede entsteht aus der Anerkennung der Unterschiede. Fühlt man sich alleingelassen, dann verbarrikadiert man sich hinter Mauern. Fühlt man sich anerkannt, dann kann man die Mauern fallen lassen, um Beziehungen im Vertrauen zu anderen zu leben. Gibt es organisch gewachsene Beziehungen, dann ergibt das auch eine Gemeinschaft.

Die skandinavischen Länder haben den Begriff der »Normalisierung« von Menschen mit einer geistigen Behinderung eingeführt. Dieses Konzept hat durchaus seinen Wert, wenn man darunter versteht, daß jeder Mensch die gleichen Rechte hat und niemand davon ausgeschlossen werden darf, nur weil er behindert ist. Versteht man aber unter »Normalisierung«, daß *jeder* normal ist, nämlich daß jeder ist wie alle anderen, lehnt man also jeden Unterschied ab, dann irrt man sich gewaltig. Menschen mit einer geistigen Behinderung sind nun einmal anders – und zwar von mehr als einem Gesichtspunkt her. Sie haben ihre ganz eigenen Bedürfnisse und Gaben. Wichtig ist, diese anzuerkennen, damit jeder seinen Platz in der menschlichen Gemeinschaft findet.

Menschen mit einer schweren geistigen Behinderung können nicht allein zurechtkommen, sie brauchen einen anderen Menschen, einen Halt. Sie brauchen auch Beziehungen. Sie wollen mit anderen zusammenleben, und zwar im Geist einer Familie. Sie wollen nicht nur mit Fachleuten zusammensein, die bei aller Güte und Kompetenz doch ihre Vierzigstundenwoche einhalten und dafür bezahlt werden. Sie wollen mit anderen Menschen zusammen*leben* – und zwar in Beziehungen echter Freundschaft.

Nimmt man den Unterschied nicht an, mißachtet man ihn oder will ihn nicht wahrhaben, dann wird es unerträglich. Lehnt man den

Unterschied aus ideologischen Gründen ab, so auferlegt man anderen damit eine unzumutbare Last. Nimmt man aber den Unterschied nicht als Bedrohung sondern als Bereicherung an, dann kann jeder sein, wer er ist.

Den Unterschied anzunehmen, erfordert freilich eine gewisse geistige und seelische Reife, die einem nicht ohne weiteres gegeben ist. Anstatt den anderen wirklich anzunehmen, sucht man eher nach einer eher symbiotischen Einheit. »Man liebt sich, man ist sich einig« – aber ohne den anderen in seiner Unterschiedlichkeit zu achten. Dazu gehört das Gespräch: dem anderen einen Freiraum zu lassen, den er braucht, um zu leben und zu wachsen – und seine Grenzen nicht einfach zu überrennen. Den anderen wirklich anzuerkennen, fordert viel – es kann uns in Frage stellen und leiden lassen. Seinen Freiraum finden, bedeutet manchmal, daß man laut schreien muß, um anerkannt zu werden. Es erfordert sogar einen gewissen Kampf. Das kann der Umgebung wehtun, es kann ihre Aggressivität herausfordern. Die Suche nach einer Symbiose erklärt sich oft aus der Angst vor Aggressivität. Achtet man dagegen die Andersartigkeit des anderen, so anerkennt man auch die Existenz seiner Aggressivität. Aber dann möchte man auch, daß der andere lebt. Man weigert sich, ihn zu manipulieren, um ihn zu beherrschen. Man muß ihm also mehr Freiraum lassen – und das heißt oft genug, daß man selbst leidet und Verluste in Kauf nimmt.

Um Verluste einzustecken, um zu »sterben«, muß man über neue innere Kräfte verfügen können, die einem nur aus der Erfahrung der Liebe Gottes zuströmen. Fehlt uns der Glaube an die Transzendenz, können wir dann überhaupt die Andersartigkeit des anderen annehmen? Und gehört dazu nicht auch der Sinn für die Gemeinschaft, für den »Leib« und die Solidarität seiner Glieder, dafür: daß wirklich jeder die Gabe des anderen braucht? Die Gemeinschaft braucht die Gaben des Mannes und der Frau, der Alten und der Kinder, sie braucht die Gaben des Menschen mit einer Behinderung – geradeso wie die weltweite Gemeinschaft die Gaben aller Männer und Frauen aller Rassen und Länder braucht.

Gemischte Hausgemeinschaften

Gemischte Hausgemeinschaften sind die menschlichsten und echtesten für Menschen mit einer geistigen Behinderung. Die Frau ruft im

Mann Herz, Zärtlichkeit und Feingefühl wach. Er wird sanfter, aufmerksamer, empfindsamer. Er öffnet sich stärker für die anderen. Die Frau erweckt auch seine Güte. Ähnlich ruft der Mann in der Frau ihre Schönheit und ihre Weiblichkeit hervor. Mann und Frau sind füreinander wie Spiegel. Ihre Unterschiedlichkeit offenbart dem anderen, wer er ist. Beide ermöglichen einander erst, das zu sein, was sie sind. In einer gemischten Gemeinschaft kann die Arbeit je nach Geschmack und Eignung von Mann und Frau aufgeteilt werden. Jeder findet ganz natürlich den richtigen Platz und übernimmt die Verantwortung dafür.

Aber der Mann fordert in der Frau nicht nur das Beste heraus – und die Frau nicht nur das Beste im Mann. In einer gemischten Gemeinschaft kann bei der Frau das Verlangen wach werden, den Mann zu verführen, einen Mann gegen den anderen auszuspielen und so Streit heraufzubeschwören. Sie kann beim Mann auch eine echte sexuelle Besessenheit auslösen. In einer unserer Gemeinschaften ist ein Mann, der sich von den Reizen einer Frau anziehen ließ, total verrückt geworden. Er wurde unerhört gewalttätig. Den inneren Frieden fand er erst in einer anderen Einrichtung wieder, die nicht gemischt war.

Für bestimmte Männer und Frauen sind gemischte Gemeinschaften tatsächlich gefährlich. Sie erwecken in ihnen derart starke Instinkte der Abhängigkeit, der Symbiose, des Hasses und der Zerstörung, daß es für sie unerträglich wird, in ständigem Kontakt mit dem anderen Geschlecht zu leben. Viele haben eine solche Angst vor der Liebe! Ein Strafgefangener sagte mir einmal: »Wenn man brutal mit mir umgeht, dann weiß ich, was ich zu tun habe. Aber wenn man gut zu mir ist oder gar zärtlich, dann bin ich verloren.«

Manche Männer und Frauen haben derartige Mauern um sich errichtet, daß alles, was diese Mauern erschüttern könnte, ihnen gefährlich erscheint. In der Arche haben wir Männer und Frauen aufgenommen, die an Hospitalismus erkrankt waren: sie hatten jahrelang in Heimen ein anonymes Dasein nach gewissen Regeln verbracht, sie konnten sich nicht mehr an eine häusliche Atmosphäre gewöhnen, wo sie gewisse Freiheiten haben und dauernd selbst entscheiden müssen. Ein stärker strukturiertes Leben gefällt ihnen besser, es scheint ihnen weniger bedrohlich. Im Grunde aber fürchten sie sich wohl vor den verborgenen Ängsten ihres Herzens: daß ihre genitale Sexualität erwacht, die von fürchterlichen Zwängen und Eifersüchten begleitet sein kann, sogar von dem Verlangen zu töten, weil der andere ihnen nicht ganz gehört oder nicht ganz für sie da ist. Haben sie als Kinder keine sehr persönliche Beziehung zu den Eltern gehabt, dann ist alles, was das Verlangen erwecken könnte, der einzige zu sein, viel zu gefährlich. Es ist wie eine Haßliebe.

Fast alle Hausgemeinschaften der Arche sind gemischt. Im ganzen gesehen scheint mir das durchaus positiv: es führt meist zu Frieden und Harmonie. In Hausgemeinschaften von ausschließlich behinderten Männern oder Frauen geht es aggressiver zu, scheint mir. Gemischte Gemeinschaften sind menschlicher, weil es dort mehr Feingefühl gibt. Aber ich denke dennoch, daß es Hausgemeinschaften geben muß, die nur für Männer oder nur für Frauen da sind.

Die Ursprünge unserer Beziehungen

Wer unfähig ist, eine persönliche Beziehung der Hingabe, eine Freundschaft mit jemand des anderen Geschlechtes zu leben, weil er Angst davor hat, der ist auch im Bereich der genitalen Sexualität gestört. Vom Gefühls- und Geschlechtsleben des Menschen mit einer geistigen Behinderung zu sprechen, heißt darum notwendig, bis auf die frühkindlichen Beziehungen zu Vater und Mutter zurückzugehen.

Pierrette ist eine kanadische Strafgefangene. Sie scheint sehr hart. Sie trägt gern breite Lederbänder und fährt große Motorräder. Aber hinter dieser Fassade der Härte schlägt ein extrem empfindsames Herz, das zu wirklicher Liebe fähig ist. Sie hat mir anvertraut, nur wenn sie jemanden haßt, schläft sie mit ihm: sie genießt es, diesen Mann abhängig und schwach und nach ihrem Körper betteln zu sehen. Sie rächt sich dann am Vater, der ein großer Schwächling war, ein Alkoholiker, und der ihr niemals jene Liebe und Zärtlichkeit zukommen ließ, die sie als Kind gebraucht hätte.

Die Beziehung des Kleinkindes zu den Eltern beeinflußt die Beziehung des Erwachsenen zum anderen Geschlecht. Dabei ist die Beziehung des Kindes zu *einem* Elternteil genauso wichtig wie die Beziehung zu beiden Eltern. Wirklich positiv ist immer nur die Dreierbeziehung. Hat das Kind es gut gehabt in diesem Bereich, so wird der Jugendliche kaum Schwierigkeiten mit dem haben, der später einmal sein Ehepartner werden könnte. Dagegen wird ein Kind, das nacheinander mehrere Ersatzmütter gehabt hat, es meist schwer haben mit einer beständigen Beziehung. Der Erwachsene neigt unbewußt zum Wiedererleben schmerzlicher Kindheitskonflikte. Die Ängste und Verletzungen des Kleinkindes beeinflussen seine späteren Beziehungen. Sie werden zunächst verdrängt, also ins Unbewußte abgeschoben, aber durch bestimmte Ereignisse wieder wachgerufen.

Karl Stern[1] hat gezeigt, daß ängstliche Männer die Frau entweder auf ein Podest stellen, das heißt sie idealisieren und in ihr ein Vorbild der Reinheit sehen, oder aber sie als Prostituierte, als Verführerin, erleben. Sie sind unfähig, Beziehungen von gleich zu gleich einzugehen. Die Unfähigkeit, die Frau als Freundin zu sehen, gründet sich dabei nicht auf die Ablehnung der Frau, sondern auf die Ablehnung der eigenen gestörten Sexualität.

Wird der Mann als Kleinkind von der Mutter verlassen und zur Amme gegeben, empfängt er von ihr nicht jene zärtlichen Berührungen, die er brauchte, dann schreit sein Körper ein Leben lang nach der Zärtlichkeit der Frau und Mutter. Georges hat ein zwanghaftes Verlangen nach weiblicher Zuwendung und Zärtlichkeit. Dieses ist jedoch nicht zuerst sexueller Natur, es ist kein sexueller Trieb, sondern der Aufschrei eines Körpers, der geschätzt und geliebt werden möchte von der Frau und Mutter. Der Körper hat ein ganz eigenes Gedächtnisvermögen. Die mangelnde Berührung prägt ihn.

Natürlich wirkt Georges auf Frauen störend, die nicht auf diese Art berührt werden möchten. Sein Verlangen nach der Frau und Mutter kann sich nämlich mit einem gewissen sexuellen Verlangen vermischen. Gewisse psychologische Schulen bestärken Erwachsene mit solchen Schwierigkeiten, sich wie Kinder zu verhalten, ja sogar wie verlassene Säuglinge in den Armen einer Frau, die die Mutter ersetzt und ihnen die Flasche gibt. Aber das kann gefährlich werden: jemand mit erheblichen Mangelerscheinungen kann man leicht zur Regression bewegen, häufig aber möchte er dann in diesem Stadium bleiben und ist unersättlich in seinen Forderungen.

Georges' Umgebung muß verstehen lernen, daß er eine Mutter sucht – und nicht eine Frau. Werden diese beiden Aspekte verwechselt, dann wird es gefährlich. Um zu wachsen, braucht Georges eine Beziehung zu einer Frau, die ihn nicht sexuell erregt, sondern ihm Frieden und Sicherheit vermittelt: die mütterliche Gesten für ihn hat und ihn berühren kann, ohne ihn zu gefährden. Sie muß sich um ihn kümmern, seine Kleidung pflegen und ihn manchmal auch verwöh-

[1] Karl Stern, Die Flucht vor dem Weib, Salzburg

nen können. Eine Mutter ist nun einmal für das körperliche Wohl und die Ernährung da – aber die Ersatzmutter muß ihm nicht ganz allein gehören wollen, sie muß Anwesenheit und Abwesenheit gut dosieren, damit keine Symbiose entsteht, denn das könnte gefährlich werden. Georges braucht auch Männer um sich, die ihm als Vorbild in den Beziehungen zu Frauen dienen. Findet Georges eine solche Umgebung, dann wird er mit der Zeit vielleicht auch zu innerem Frieden finden – und schließlich zu einer gewissen seelischen Reife.

Viele scheinen nicht zu wissen, daß sexuelle Anziehung auch den Schrei des menschlichen Körpers nach Liebe und Zärtlichkeit des anderen ausdrückt. Dieser Schrei entspringt der Tiefe des menschlichen Wesens, oft geht er bis auf die früheste Kindheit zurück. Genitale Sexualität und der Schrei nach Liebe und Geborgenheit sind derart eng verbunden, daß sie den behinderten Menschen oft in einen Zustand der Verwirrung und der Angst versetzen. Der Schrei nach Beziehung vermischt sich mit dem sexuellen Verlangen und kann zu umso stärkerer Beziehungsangst führen, wenn jemand frühzeitig schlechte Erfahrungen mit seinen sexuellen Trieben gemacht hat. Nachdem er ein junges Mädchen schwer mißbrauchte, war jemand lange Jahre in einer psychiatrischen Klinik interniert. So kann die Angst vor jeder Beziehung zum anderen Geschlecht entstehen. Man versucht sich dann häufig in Aktivitäten zu flüchten, die zwar dem Herzen Ruhe gönnen, aber leicht zur Herrschsucht führen.

Diese Flucht kann aber auch etwas Positives haben: der behinderte Mensch hat verstanden, daß sein Schrei, geliebt zu werden, zu gefährlich und zu ungeordnet ist. Als erwachsener Mann kann man sich nicht benehmen wie ein kleines Kind. Manche Beziehungsschwierigkeiten muß man einfach hinnehmen. Man muß leben lernen mit einer gewissen Distanz zu dem Schrei, geliebt zu werden, zum Beispiel in einer Gemeinschaft mit etwas stärker geordneten Beziehungen, wo alle Energien in Arbeit und Freizeitbeschäftigungen aufgehen. Dazu aber braucht es bereits einen gewissen inneren Abstand zum Schrei, geliebt zu werden – und viele Menschen mit einer geistigen Behinderung haben diesen Abstand nicht.

*

Man meint heute allzu leicht, jeder könnte vollkommen geheilt werden und die innere Einheit wiederfinden. Man ist voller Idealismus. Aber allzuviele neue Therapien führen zu ebenso vielen Illusionen. Jeden Tag entsteht eine neue Methode – und jede verspricht die langerwartete Heilung.

Meiner Überzeugung nach gibt es die vollkommene Heilung nicht. Jeder hat seine Verwundungen, seine Beziehungsschwierigkeiten und seine Ängste. Wir können immer nur lernen, in der Wirklichkeit zu leben – und nicht in der Illusion! Heranwachsen zur inneren Reife bringt nun einmal inneres Leiden mit sich. Dabei muß man sich zuweilen helfen lassen von Ärzten und Psychologen, die heute oft selbst auf der Suche sind. Vor allem aber muß man so leben lernen, wie man ist und mit dem, was man hat – und seine Kräfte denen zuwenden, die sie wirklich brauchen, weil sie wirklich in Not sind.

Seelische Reife und Unreife

Man sagt oft, Menschen mit einer geistigen Behinderung hätten eine normale Sexualität. Das stimmt, solange man die Sexualität als eine rein körperliche Wirklichkeit ansieht und dabei die Ganzheit des Menschen außer Acht läßt. Aber kann man die Sexualität des Menschen wirklich von seinen Gefühlen trennen? Genau hier, nämlich in den seelischen Bedürfnissen, zeigt sich der Unterschied zwischen dem Menschen mit einer geistigen Behinderung und demjenigen mit einer normal entwickelten Intelligenz.

Zu einer sexuellen Beziehung gehört nun einmal eine gewisse seelische Reife, nämlich Verantwortungsgefühl und Treue. Ich glaube, wenn Menschen ohne Behinderung zu früh sexuelle Beziehungen eingehen, nämlich ohne eine gewisse seelische Reife, dann schaden sie sich damit selbst. Sie leben eine Wirklichkeit, die sie noch gar nicht integrieren können. Ja,man muß sich sogar fragen, ob verfrühte sexuelle Erfahrungen nicht den notwendigen Reifungsprozeß der Gesamtpersönlichkeit hindern. Für mich bleibt das eine Frage – und zwar eine schwerwiegende.

Der Mensch mit einer geistigen Behinderung hat besonders starke gefühlsmäßige Bedürfnisse. Seine Gesten der Zärtlichkeit aber drücken kein sexuelles Verlangen aus. Zwanzig Jahre gemeinsamen Lebens in der Arche beweisen mir das Gegenteil. Man kann in diese Gesten hineinprojizieren, sie wären anfänglicher Ausdruck genitaler Sexualität, nämlich körperlicher Vereinigung – und man kann Angst bekommen.

Meist sind diese Gesten aber spontan und natürlich und drücken genau das aus, was sie sagen wollen: »Ich mag dich. Ich möchte mit dir zusammensein.« In einzelnen Fällen können sie nicht ganz echt wirken: sie sind dann nicht mehr spontan, sondern »Kino«.

Unter den behinderten Menschen gibt es nun aber auch seelisch weiter entwickelte, die ihre Sexualität ausüben möchten. Sie muß man bis zu einem Stadium seelischer Reife begleiten, das ihnen Beziehungen in der Tiefe mit der Aussicht auf die Ehe ermöglicht.

Der Mensch mit einer geistigen Behinderung verfügt über einen unbestreitbaren seelischen Reichtum. Dieser ermöglicht ihm eine außerordentliche Freiheit des Herzens den bestehenden Konventionen gegenüber. Wie oft haben wir Menschen mit einer geistigen Behinderung Ehrengäste duzen gesehen: »Wie heißt du? Was machst du? Gibst du mir deine Krawatte?« Ein mongoloides Mädchen kann einem Mann voller Zärtlichkeit in die Augen schauen, ja sie kann ihm sogar die Hand halten. Jemand ohne geistige Behinderung würde soviel Distanzlosigkeit als Signal zu körperlicher Vereinigung auslegen, bei ihr aber bedeutet Zärtlichkeit nicht notwendig die Suche nach sexuellen Beziehungen.

Natürlich wirkt soviel Zärtlichkeit und Verlangen entwaffnend, zum Teil sogar sexuell erregend. Denn auch die junge Frau mit einer geistigen Behinderung hat einen weiblichen Körper, sie kann also die Sexualität des Mannes erregen. Und geschieht es nicht oft genug, daß man Männer und Frauen mit einer geistigen Behinderung sexuell mißbraucht? In einer Broschüre des Staates Washington (etwa 4 Millionen Einwohner) heißt es: »Wir schätzen, daß im Staate Washington jedes Jahr 30.000 geistig oder körperlich Behinderte sexuell mißbraucht werden.«[1] Ich finde diese Zahl erschütternd. Sie offenbart das Leiden und die Angst jener, die von den Behinderten profitieren.

Mongoloide Mädchen möchten manchmal ihren Erzieher heiraten. Aber möchten nicht auch viele Schuljungen ihre Lehrerin heiraten? Und viele Vierjährige ihre Mutter? Drückt sich darin nicht einfach ein Verlangen nach Symbiose aus: Trennungsangst und die Angst vor dem Erwachsenwerden? Wie sollte man derlei Dinge also nicht auch bei Menschen mit einer schweren Behinderung finden, deren Unreife vergleichbar ist mit der Jugendlicher? In der Arche findet man junge Frauen mit einer geistigen Behinderung verliebt in einen Assistenten und junge Männer verliebt in eine Assistentin.

[1] *Sexual Eploitation: What parents of handicaped people should know,* Published by Seattle Rape Relief.

Aber ist das nicht ganz normal? Es heißt nämlich noch nicht, daß sie sexuelle Beziehungen suchen.

Seelische Unreife kann die verschiedensten Formen annehmen. Edith, ein junges Mädchen von 22 Jahren, ist sehr verführerisch. Sie hält immer und überall Ausschau nach Männern. Es gefällt ihr, wenn sich die Männer um sie schlagen. Sie erregt gern Eifersucht und Rivalität. Sie muß einfach noch reifen. Bis heute ist sie noch nicht zu freundschaftlichen Beziehungen fähig.

In einer anderen Gemeinschaft der Arche hat Micheline, eine junge Psychotikerin, Bernhard unter die Haube genommen. Er folgt ihr wie ihr Schatten. Es ist klar, daß diese Beziehung nicht zur Entfaltung der beiden beiträgt. Sie verschließen sich nur gegenseitig.

François sucht Beziehungen einzugehen, weil seine Mutter überzeugt ist, er würde geheilt, wenn er mit einer Frau schläft. Er sucht also – aber nur um dem Wunsch der Eltern zu entsprechen. Bei all dem bleibt er ein Kind.

Hat jemand ein gebrochenes Selbstverständnis und kann seinen Körper nicht annehmen, so kann er auch nicht den Körper des anderen lieben. Manche Frauen gefallen sich darin, attraktiv zu sein für die Männer. Aber meist sind es erschreckend einsame Frauen, die wohl geliebt werden möchten, aber Angst haben, nicht liebenswert zu sein. Sie suchen die Männer körperlich anzuziehen und sexuell zu erregen. Aber im Grunde suchen sie eine ganz andere Beziehung.

Ihrer Unreife wegen muß man manchen Menschen ersparen, sich verführen zu lassen und Beziehungen einzugehen, die nur enttäuschend wären. Seelische Unreife besteht gerade in dem Verlangen, geliebt zu werden, berührt zu werden, im Mittelpunkt zu stehen, der einzige zu sein, aber keine Verantwortung für den anderen zu übernehmen. Es ist das Verlangen, geliebt zu werden, ohne sich um den anderen zu kümmern.

Grund der Unreife ist meist der fehlende Vater. Erzieht die Mutter eher zur Zärtlichkeit, so sollte der Vater das Kind zum Erwachsenwerden anleiten, nämlich die anderen zu lieben. Erziehung erfordert darum Vater *und* Mutter: jemand, der sagt: »Ich liebe dich, bleibe bei uns,« *und* jemand, der sagt: »Ich liebe dich. Ich bin stolz auf dich. Du kannst viel Gutes tun, andere glücklich machen – also geh.« Natürlich muß man die Rolle von Vater und Mutter nicht darauf festlegen wollen. Jeder muß beide Rollen zugleich spielen, aber dabei verschiedene Akzente setzen.

Man darf also den Schrei des unreifen Menschen, geliebt zu werden, keinesfalls mit dem Verlangen nach sexuellen Beziehungen verwechseln. Ebenso darf man das Verlangen nach einer Mutter, die einen streichelt, nicht verwechseln mit dem Verlangen nach einer Frau. Jene Ehen, in denen der Mann nach einer Mutter sucht, gehen oft gerade dann in die Brüche, wenn der Mann seine Verantwortung der Frau gegenüber entdeckt. Sexuelle Beziehungen im Stadium der Unreife einzugehen, kann einen daran hindern, zur echten Liebe heranzureifen, dem anderen zu dienen und ihn mitzutragen.

Darum scheint es mir gefährlich, Menschen mit einer geistigen Behinderung vorzeitig in eine Welt einzuführen, in der sie unverantwortlich sexuelle Beziehungen eingehen.

Ein Mensch mit tiefsitzenden Angstzuständen ist besonders empfindlich: er ist leicht zu verwirren und verliert dann jeden Sinn für Verantwortung. Gerade dann aber ist er auch leicht manipulierbar. Er hat sein Leben nicht mehr unter Kontrolle. Er sucht mit allen Mitteln nach Beruhigung. Eines davon ist die Ausübung der Sexualität allein oder in der Gruppe. Haben sich solche Gewohnheiten erst einmal eingewurzelt, dann ist es sehr schwierig, einen Menschen davon zu befreien, denn sie stehen in direkter Beziehung zu seiner Angst und dem Schrei nach Liebe und Zärtlichkeit. Diese Gewohnheiten bringen eine gewisse Beruhigung und für kurze Zeit auch das Gefühl der Entspannung und des Wohlbefindens mit sich. Das Wohlbefinden ergibt sich aber eher aus der körperlichen Nähe als aus der Befreiung von der sexuellen Spannung und dem damit verbundenen Lustgewinn. Man fühlt sich von Isolierung und Angst befreit. Man erlebt jene Symbiose, die dem Mangel an eigenen Gefühlen entgegenkommt.

Der Schrei des Menschen, berührt und geliebt zu werden, kann so intensiv sein, daß er sich unwiderstehlich von sexuellen Beziehungen angezogen fühlt. Wichtig ist ihm dennoch nicht die sexuelle Beziehung als solche, sondern die körperliche Nähe.

Homosexualität, Selbstbefriedigung und Angst

Damit kommen wir auf eine Form von Homosexualität zu sprechen, die Seele und Körper des Menschen eingeprägt scheint –. ich meine in der Arche kaum je die exzessive Homosexualität angetroffen zu haben: die gleichgeschlechtliche Anziehung rein sexueller Art verbunden mit Angst und Kälte dem anderen Geschlecht gegenüber.

Die Gründe exzessiver Homosexualität können sehr verschieden sein. Ich habe zuweilen mit Männern und Frauen gesprochen, die in solchen Situationen leben. Dabei bin ich stets zutiefst bewegt von ihrer abgründigen Angst. Ich weiß, daß ich mir keinerlei moralisches Urteil über sie erlauben kann, denn sie leiden in einem erschreckenden Maß. Als Erzieher und als Christ bin ich darum aber noch nicht bereit, zu sagen, man könne sowieso nichts daran ändern, man solle diese Menschen nur ermutigen, so zu sein und zu leben, wie sie sind – und das möglichst noch ohne Schuldgefühle.

Mein Kampf für Gerechtigkeit und Frieden ist ein Kampf für die Befreiung *aller* Menschen: die Reichen sollen befreit werden von der Last des Reichtums und der Gewinnsucht, um teilen zu lernen, die Alkoholabhängigen sollen befreit werden von der Macht der Gewohnheit, die Mächtigen, welche die Schwachen verachten, sollen die Freude am Dienst entdecken – und jene, die in der Homosexualität gefangen sind, sollen fähig werden, einen Menschen des anderen Geschlechtes zu lieben und mit ihm und durch ihn fruchtbar werden. Auch ich habe meine Behinderung, auch ich muß täglich freier werden, auch das ist mein ständiger Kampf. Jesus ist gekommen, uns alle, Männer und Frauen, zu befreien. Seine einzige Bedingung ist, an ihn zu glauben und anzuerkennen, daß wir arm dran sind und Hilfe brauchen. Heute wie früher aber ist es schwer, meine Armut und Sündhaftigkeit einzugestehen. Andauernd wollen wir uns rechtfertigen! Könnten wir doch *einmal* die Gaben Gottes besser erkennen: Jesus selbst als *die* Gabe Gottes – wie sehr er uns liebt und wie sehr er uns ein befreites Herz schenken möchte!

Wie jede andere Befreiung vom Joch des Egoismus, so kann auch die Befreiung von der Homosexualität nur durch Anstrengung und Kampf erreicht werden – und auch dann nur mit der aktiven Unterstützung gemeinschaftlichen Lebens, echter Freunde und ausgezeichneter Begleiter, Fachleute und Priester. Durch Rückfälle und Leiden hindurch, aber auch durch Versöhnung und wiedergefundene Hoffnung wird vielleicht doch noch ein Weg gefunden.

Wer sich bei uns von homosexuellen Begegnungen angezogen fühlt, ist meist schon in jungen Jahren in der psychiatrischen Klinik oder im Heim in diese Praktiken eingeführt worden. Die Alten haben mit ihm gespielt und von ihm profitiert. Einer ist von seinem Großvater verführt worden. Solche Situationen sind besonders schmerzlich, sie sind auch die heikelsten. Man muß diesen Männern helfen, gegen ihre Neigungen anzukämpfen und das furchtbare Unrecht der Vergangenheit zu überwinden.

Ähnliches gilt von der Selbstbefriedigung. Wie jede andere Form der Sexualität möchte man heute die Selbstbefriedigung verharmlosen. »Nicht so wichtig. Ganz normal. Eine Frage des Alters. Wird schon vorbeigehen.«

Für jeden von uns ist die Pubertät ein entscheidend wichtiges Stadium. Hier müssen wir zur seelischen Reife gelangen. Reife besteht in einem echten Engagement dem anderen gegenüber, das keine Flucht vor den eigenen Wunden ist, sondern das aus dem inneren Frieden und der Suche nach Einheit und Wahrheit erwächst. Jesus sagt: »Selig sind, die reinen Herzens sind, sie werden Gott schauen.« Die Reinheit des Herzens ist unsere Fähigkeit, zu lieben – im Sinn, wie man von der Reinheit des Goldes spricht. Es geht dabei um das Feuer und die Intensität der Liebe, des Dienens, der Demut, der Geduld und der Güte. In dem Maß, wie der Jugendliche um die Reinheit der Liebe kämpft, wird er auch zu echter seelischer Reife finden und Verantwortung übernehmen können.

Eine Frau von 30 Jahren hatte große Schwierigkeiten mit der Selbstbefriedigung – und das seit dem 7. Lebensjahr. Es gelang ihr einfach nicht, davon loszukommen, sie litt unter erheblichen Schuldgefühlen. Wahrscheinlich hat diese junge Frau mit sieben Jahren eine tiefe innere Verletzung erlitten und diese verdrängt. Aber die Angst hat sie in die Selbstbefriedigung flüchten lassen, die ihr jeweils eine gewisse Beruhigung verschaffte. Heute besteht darum auf der Bewußtseins-Ebene für sie eine Beziehung zwischen Angst und Selbstbefriedigung.

Selbstbefriedigung kann dann gefährlich werden, wenn sie den Menschen in seiner Traumwelt gefangen hält. Unsere Reife zeigt sich gerade in der bewußten Auseinandersetzung mit der Wirklichkeit: Menschen so zu lieben und zu dienen, wie sie sind – und nicht, wie man sie möchte, wie man sie sich erträumt. Hat man schon früh mit der Selbstbefriedigung angefangen, so besteht die Gefahr, sich in einer Sexualität zu verschließen, die nicht zur Beziehung mit dem anderen führt, sondern nur zum eigenen Lustgewinn. Weil Selbstbefriedigung immer ein Alleingang ist, kann sie die Angst vor der Beziehung noch verstärken. Man bewegt sich in einem Teufelskreis: die Selbstbefriedigung verstärkt die Isolierung, denn sie macht einem Angst – und die Angst sucht man durch erneute Selbstbefriedigung zu beschwichtigen. Die Rolle des Erziehers ist hier, dem Menschen aus der Sackgasse zu helfen.

Von Gloria war schon die Rede. Die Eltern haben sie für verrückt erklärt – und die Männer waren verrückt nach ihr. Sie hat zwar die Prostitution aufgegeben, aber sie hat noch immer damit zu kämpfen. Der Gemeinschaft ist es zwar gelungen, sie von der öffentlichen Selbstbefriedigung abzubringen, aber nachts setzt sie ihrem Körper immer noch fürchterlich zu, um sich zu befriedigen. Im Augenblick läßt man sie gewähren, denn man kann sie nicht mit zuviel Verboten belegen. Langsam beginnt sie, den Assistenten zu vertrauen und sich in der Hausgemeinschaft einzuleben. Das ist schon ein Fortschritt. Man kann hoffen, daß die Angst noch weiter zurückgeht. Die Gemeinschaft hat beschlossen, ihr ein Medikament zu geben, damit sie besser schläft, denn ihre Ängste überfallen sie besonders intensiv in der Nacht. Wenn sie zumindest eine Zeitlang besser schlafen kann, wird vielleicht ihre Angewohnheit, sich selbst zu befriedigen, nach und nach verschwinden. Das wesentlichste ist, alles zu bekräftigen, was positiv ist: alles was ihr Freude am Leben verschafft, alles was neue Energien erweckt, alles was ihr Sicherheit gibt und das Gefühl, geliebt zu werden.

In unseren Gemeinschaften gab es auch Männer, die sich von Kindern angezogen fühlten, um sie sexuell zu berühren oder sich vor ihnen zu entblößen. Das kommt zwar selten vor, aber es geschieht und bedarf einer besonderen Wachsamkeit. Die Kinder muß man vor einer derartigen Verletzung schützen, die Menschen mit einer geistigen Behinderung zu heilen suchen. Man muß auch die Gemeinschaft schützen, denn so etwas kann zu schwerwiegenden Skandalen in der Nachbarschaft führen und juristische Folgen für die Gemeinschaft haben. Im Gefängnis bin ich einfältigen Menschen begegnet, die sexueller Vergehen wegen verurteilt worden sind. Häufig werden sie von anderen Häftlingen brutal mißhandelt, und auch sie müssen geschützt werden. Ich gestehe, daß ich zutiefst bewegt bin vom Leiden dieser jungen Menschen, die mit ihren sexuellen Trieben nicht fertig wurden und deswegen viele Jahre im Gefängnis zubringen müssen. Ihre gestörte Sexualität erklärt sich oft aus einer gespaltenen Familie, allzuhäufig fehlte der Vater.

Das Leiden an der Prostitution

Vor kurzem sprach ich mit Pater André Marie Talvas, dem Gründer des *Nests*,[1] einer Bewegung von Frauen und Männern, die in der Pro-

[1] Le nid, secretariat national: 7, Rue du Landy, F-92110 Clichy.

stitution leben. Pater Talvas begegnete 1937 einer Frau in Not; sie war einsam, verachtet, krank und alkoholabhängig. Er hat sie nicht in ihrer Einsamkeit belassen wollen. Heute gibt es in allen Großstädten Frankreichs ein *Nest*, das Prostituierten und anderen Randfiguren Hilfe bietet. Pater Talvas weiß also, wovon er redet. Er hat mich in meiner Sicht des Gefühls- und Geschlechtslebens bestätigt: »Der Plan Gottes mit den Menschen besteht darin, den Menschen am Leben Gottes, des Vaters, des Sohnes und des Heiligen Geistes, teilhaben zu lassen. Gott möchte die Beziehung zum anderen: die Liebe. Die Tragödie des Menschen ist, in sich verschlossen zu sein, keine Beziehungen haben zu können. Viele Frauen haben als Kinder nicht die Liebe bekommen, die sie brauchten. Und wenn ein Mensch nicht genügend Liebe empfängt, dann hat er auch nicht genug zum Leben.«

Nicht nur die Prostituierten leiden unter ihrem Sklavendasein, und daß sie als Objekte betrachtet werden, auch die Klienten leiden: »Die meisten der Klienten«, sagt Pater Talvas, »suchen nicht so sehr die sexuelle Lust, als vielmehr die Zärtlichkeit und die körperliche Nähe. Niemand liebt sie wirklich, sie suchen nach jemand der ihnen zuhört und sie annimmt. Man kann die Sexualität nicht von den Gefühlen, nicht vom Herzen abtrennen. Hinter der Suche nach sexueller Befriedigung verbirgt sich immer der Hunger nach Liebe. Man sucht die Liebe, wo man sie findet. Klienten wie Prostituierten muß man zu echter Partnerschaft in der Ehe als Grundlage eines echten Familienlebens verhelfen.«

Um aus der Prostitution herauszukommen, braucht jemand einen Menschen, der ihn annimmt und seinen inneren Wert anerkennt. Andrea ist herausgekommen, als sie jemanden getroffen hat, der sie achtete. »Zum ersten Mal in meinem Leben hat mich jemand geachtet«, sagte sie.

*

Nach 20 Jahren gemeinsamen Lebens mit zutiefst gestörten Menschen weiß ich heute etwas davon, wie nuanciert man im Bereich der Heilung des Herzens vorgehen muß. Wie oft haben wir versagt! Jeder Mensch hat seine eigene Wahrheit, jeder Mensch in Not ist anders, seine Verletzungen und seine Ängste besonders. Sicher gibt es Konstanten – aber gleichzeitig muß man auch anerkennen, daß es weder Gesetze noch Regeln gibt. Genau darin besteht die Wirklichkeit des Menschen und seines Wachstums.

Um zu wachsen, braucht der Mensch Freunde. Er braucht eine neue Sicht der Hoffnung. Gefühlsarmut spielt eine wesentliche Rolle bei der Entstehung asozialen und krankhaften Verhaltens. Natürlich können auch körperliche Mangelerscheinungen mit den seelischen einhergehen. Körper und Seele gehören so eng zusammen wie innere Freiheit und die Sicht der Umgebung, wie Psychologie und Glaubenserfahrung. Die Ursachen unserer Störungen sind weder ausschließlich in einer mangelnden Spiritualität und Treue zu suchen, noch ausschließlich in seelischen oder biologischen Mangelerscheinungen. Die Angst ist eine Wirklichkeit, die sowohl körperliche als auch seelische und geistige Grundlagen hat. Die Heilung des Herzens aber erwächst aus dem harmonischen Zusammenspiel verschiedenster Wirklichkeiten.

4. KAPITEL

EIN HEIM FÜRS HERZ

Herz und Arbeit

Die Spannung zwischen Mann und Frau, berufen *»ein* Fleisch« zu werden, hat eine gewisse Parallele in der Spannung zwischen Herz und Arbeit: beides muß zu einer Einheit werden.

Übermäßige Arbeit kann Angst vor Beziehung oder Sexualität zur Ursache haben. Sie kann eine Flucht sein, eine Kompensation der Angst: Sie entsteht aus der Isolierung und führt in eine noch stärkere Abkapselung hinein. Fürchtet man, nicht der einzige in der Liebe anderer zu sein, dann möchte man wenigstens einzigartig in der Machtausübung dastehn – oder aber man verschließt sich in Traurigkeit und Depression. Wer sein Herz verleugnet, verfällt leicht einem unbarmherzigen Konkurrenzkampf: er muß siegen – um jeden Preis siegen. Wer der erste sein will, muß die anderen schlagen. Eine Beziehung von gleich zu gleich wird unmöglich. Wer nicht überlegen ist, unterliegt.

Moral und Ethik haben die Aufgabe, menschliches Handeln auf den Dienst am Wohlergehen anderer hinzuordnen. Allzuschnell aber wird unser Handeln von egoistischen Leidenschaften beherrscht, die es auf Selbstbewußtsein und Machtstreben ausrichten.

Heute wie früher besteht die Gefahr, zwei zusammengehörende Lebensbereiche voneinander zu trennen; den des Herzens und den der Arbeit. Im Bereich der Familie pflegt man Beziehungen der Freundschaft und der Liebe, Religion und Moral spielen dabei meist eine Rolle. Anders dagegen im Bereich von Arbeit und Wissenschaft: Hier gelten nackte Tatsachen – sonst nichts. Wer oder was dabei auf der Strecke bleibt, interessiert nicht. Der Bruch im Menschen wird dadurch immer endgültiger. Man weigert sich, auch nur nach der verlorenen Einheit zu suchen.

In der Arche versuchen zumindest einige behinderte Männer und Frauen, auf ein Gleichgewicht von Herz und Arbeit hinzusteuern, das ihnen gleichzeitig einen Sinn für berufliche Verantwortung und menschliche Würde als Arbeiter vermittelt. Denn die Wiederentdeckung dieser Würde ist meist die Voraussetzung für die Heilung des Herzens. Andere dagegen müssen zunächst an der Heilung des Herzens arbeiten, bevor sie ihre Fähigkeit entdecken, eine berufliche Verantwortung zu übernehmen.

Zuhause sein

Ohne Arbeit und Familie findet der Mensch weder Sinnerfüllung noch Reife. Bei der Arbeit setzt man körperliche und geistige Kräfte zum Dienst an einer guten Sache ein. In Familie und Gemeinschaft entfaltet sich das Herz. Das Herz aber braucht ein Heim und nicht nur vier Wände: ein »Zuhause«, das Sicherheit und Abgeschiedenheit vermittelt, vor allem aber Entspannung und Freundschaft. Bei der Arbeit gibt es notwendig Spannungen, denn es muß »etwas geschafft« werden – und dazu gehört ein Programm mit Terminen, die eingehalten werden müssen. Es geht nicht ohne Disziplin. Zuhause dagegen entspannt man sich, man schläft und ißt. Und man entspannt sich mit den anderen, die einen nicht beurteilen, nichts von einem verlangen und einem Zärtlichkeit und Freundschaft erweisen. Kurz, man kann sein, wer man ist. Das Heim ist das Zuhause der Familie: man hat sich gern, man betet und feiert zusammen – und man empfängt Gäste.
»Aus Erde bist du, und zu Erde wirst du . . .« Der Mensch ist dem Rhythmus der Natur unterworfen. Alles hat seine Zeit: Tag und Nacht, Arbeit und Ruhe, Essen und Schaffen, Alltag und Fest, Frühling, Sommer, Herbst und Winter. Jede Tageszeit und jede Jahreszeit sind gleich wichtig. Wir sind keine reinen Geister. Wir haben einen Körper, der den Gesetzen der Natur unterliegt.

Ich gestehe, das Leben mit behinderten Menschen hat mich gelehrt, meine Menschlichkeit wiederzuentdecken. Als Marineoffizier bin ich dazu ausgebildet worden, schnell und wirksam zu handeln: im Krieg muß man das feindliche Schiff versenken, bevor es einen trifft – und das ist oft eine Frage von Sekunden. Bei meinem Doktorat in Philosophie ist dann mein Verstand geschult worden – aber erst das Leben in Gemeinschaft und die Vertiefung des christlichen Glaubens haben mich *alle* Dimensionen des Herzens entdekken lassen. Meine Lehrmeister in diesem Bereich sind die Menschen mit einer geistigen Behinderung. Sie haben mich den Sinn meiner Menschlichkeit entdecken lassen, den Sinn des Lebens in Gemeinschaft mit Alltag und Fest. Sie haben mich den Wert des Zuhauseseins wiederentdecken lassen.

Zuhause sein ist eine Art Ausweitung körperlichen Daseins: es ist der Ort, wo ich auftanke und mit anderen in Beziehung trete. Häusliche Konflikte oder Nichtmiteinandersprechen sind so unerträglich, daß man Gefahr läuft, in die Wirtschaft zu fliehen, zu Kollegen oder in den Ehebruch.

Entscheidend für die Schaffung eines echten Zuhause ist die Rolle der Frau. Die Frau hat einen Instinkt für Geborgenheit – neun Monate trägt sie das Kind im Schoß. Sie hat einen Sinn für Möbel und Dekoration, der vielen Männern abgeht. Und oft hat sie eine ganz eigene Gabe, dem Haus eine Seele zu verleihen.

Leider mißt man hier im Westen einem »schönen Heim« allzuviel Bedeutung zu: es soll äußerlich schön sein – und man möchte mit seinem Reichtum in Sicherheit sein. Häufig aber fehlt die Atmosphäre. Das Haus ist dann nicht mehr ein Ort des Festes und der Zärtlichkeit, wo man gern andere empfängt. Es ist eine Absteige, man kommt und geht nur noch, man flieht immer häufiger in die Ferien oder ins Theater. Weil man den Geschmack am Feiern verloren hat und zu träge ist, mit anderen zu teilen, versinkt man vorm Fernseher.

Die Mehrzahl der Männer und Frauen, die wir aufnehmen, hat niemals ein richtiges Zuhause gehabt. Die meisten sind früh schon in ein Heim oder in andere Einrichtungen gesteckt worden. Sie haben die Wärme und die Geborgenheit echten Familienlebens nie gekannt. Oder aber sie sind durch die Trennung von Zuhause zutiefst verwundet. Diese Verwundung hat oft zur inneren Spaltung geführt und eine weitere Entwicklung verhindert. Für andere dagegen war es ganz normal, das Elternhaus zu verlassen wie ihre älteren Geschwister auch: sie wollten nur in der Arche leben und arbeiten.

Jeder also muß das »Familienleben« der Arche neu entdecken: ein Zimmer, wo er sich wohl fühlen kann, seine vier Wände, wo er seine Bilder aufhängen kann, die ihm lieb und teuer sind. Er braucht ein Bett und einen Schrank – und seine Siebensachen um sich herum.

Zu Beginn der Arche wollten die zuständigen Behörden uns eine zentrale Küche für alle Hausgemeinschaften aufzwingen. Der Staat war bereit, den Bau kleiner Gemeinschaftshäuser zu finanzieren mit der Auflage, daß es eine Zentralküche gäbe: die Mahlzeiten würden dadurch wesentlich billiger werden. Wir haben dafür kämpfen müssen, daß jedes Haus seine eigene Küche bekommt – und das trotz aller Unannehmlichkeiten, die damit verbunden sind. Zwanzig Jahre in der Arche haben uns bestätigt, daß eine Familienküche mit persönlich zubereiteten Mahlzeiten für die Heilung und das Wachstum des verletzten Menschen, aber auch für dasjenige der Erzieher, entscheidend wichtig ist. Küche und Eßtisch sind Orte der Freundschaft, des Feierns und der Entspannung.

Wer kein Zuhause hat, ist isoliert. Aggressivität und Angst nehmen überhand. Das Herz kennt keine Ruhe. Man stürzt sich in die Arbeit. Man hört nicht mehr zu. Man kann sich nicht mehr konzentrieren. Man verliert den inneren Frieden. Man zerstört sich selbst und die anderen.

Wer seine Energien nur im Konkurrenzkampf investiert, wird übermäßig aggressiv. Er hat nicht mehr genug Zeit für die Familie, für die Gemeinschaft, für den Empfang von Gästen. Seine Herzensqualitäten verkümmern. Er wird immer unausgeglichener. Das äußert sich häufig in sexuellen Störungen.

Das Zuhause ist nicht immer an einen Ort gebunden. Ich kenne eine alleinstehende Frau, die beruflich viel unterwegs sein muß. Sie sagt: »Ich bin wie eine Schnecke, ich trage mein Haus mit mir herum.« Manche Menschen fühlen sich einfach wohl in ihrer Haut. Sie haben den Sinn ihres Lebens erfaßt. Sie wissen, wer sie sind. Sie haben Freunde und die richtigen Beziehungen. Sie brauchen kein festes Zuhause. Ich glaube, diese Frau hat entdeckt, daß *Gott* ihr Zuhause ist – und daß sie selbst das Haus Gottes ist.

Familie und Gemeinschaft sind bevorzugte Orte, um sich in Wahrheit kennenzulernen. In allen politischen und sozialen Kämpfen ist der Feind außen. Ich sehe, wer er ist und wo er ist. Ich versuche ihn zu besiegen. Ich glaube, daß ich recht habe, und daß ich zur Elite gehöre. Im Leben der Gemeinschaft und der Familie aber entdecke ich ziemlich schnell, daß der Feind innen ist: daß er mich daran hindert, offen zu sein und mich den anderen mitzuteilen, daß er mich zu Eifersucht und Untreue anstachelt, daß er hinter Blokaden und Egoismen steckt. In Familie oder Gemeinschaft zu leben, ist darum immer demütigend für mein Ich – das so gern glänzen möchte! Ich entdecke allzuschnell meine eigenen Schattenseiten und mein eigenes Unrecht. Ich muß wachsen und vergeben lernen.

Zuhause sein ist eine wesentliche Ergänzung unseres Außenlebens. Es ist der Ort, wo wir den Bund mit anderen leben können. Es ist unerläßlich für unser seelisches Gleichgewicht.

Damit die Hausgemeinschaften der Arche zu einem wirklichen Zuhause werden, müssen nicht nur die Menschen mit einer geistigen Behinderung dort Wurzeln schlagen können, sondern auch die Assistenten. Wenn die Assistenten nur kommen und gehen, dann kann es dort keine echten Beziehungen zwischen ihnen und den Behinderten geben. Diese können dann keine Wurzeln schlagen und sich nicht in Sicherheit fühlen. Sie sind keine Familie mehr.

Denn es geht uns nicht nur darum, mit behinderten Menschen zu leben, sondern mit ihnen in einer *Familie* zu leben: sie sollen das Recht haben, das Wort zu ergreifen und an Entscheidungen teilzuhaben. Wir wollen mit ihnen nicht in einer Hierarchie leben, sondern in einer Gemeinschaft, einem »Leib«, an dem jedes Glied wirklich seinen Platz hat.

Genau darin besteht nämlich die Herausforderung der Arche: Es wird immer Menschen geben, die eine geistige Behinderung haben oder in Not sind – aber wird es auch immer Menschen geben, die bereit sind, mit ihnen in einer Familie zu leben? Das ist die entscheidende Frage. Mit einem verängstigten Mann oder mit einer verängstigten Frau zusammenzuleben, ist nämlich auch für mich beängstigend. Es führt mich unweigerlich dazu, die eigenen Wunden und Grenzen zu entdecken. Viele Zentren, die Menschen in Not und ohne Familie aufgenommen haben, um mit ihnen eine Lebensgemeinschaft zu bilden, haben sich nach und nach institutionalisiert. Die Erzieher, die zunächst eine »Familie« mit den Aufgenommenen bildeten, mußten die Zeiten ihrer Anwesenheit immer stärker einschränken. »Es ging einfach nicht mehr.« Die ständigen Spannungen und der mangelnde Abstand haben sie schlichtweg aufgefressen. Wird uns dasselbe in der Arche geschehen? Werden wir die geistige Nahrung und die Lebensform finden, die den Assistenten ermöglicht, in der Gemeinschaft Wurzeln zu schlagen und ständig mit jenen zusammenzuleben, die von anderen abgelehnt werden?

Menschen mit einer geistigen Behinderung, die in die Arche aufgenommen werden, schlagen nur langsam Wurzeln. Kommen sie aus Familien, in denen sie angenommen waren, dann haben sie es schwer, in der Gemeinschaft Wurzeln zu schlagen – oder aber es sind die Eltern, die trotz ihrer Freude, für ihr Kind eine Lösung gefunden zu haben, nur schwer annehmen können, daß ihre Lieben sich bei uns einleben. Niemand kann zwei Zuhause haben. Ein Mädchen mit einer geistigen Behinderung lebt von Montag bis Freitag in einer Hausgemeinschaft (es ist keine Gemeinschaft der Arche), hat außerdem eine eigene Einzimmerwohnung und ist noch dazu oft genug bei ihrem Vater. Soviel Zerrissenheit tut auf die Dauer nicht gut. Um sein Gleichgewicht zu finden, um zu wachsen, braucht man *ein* Zuhause: einen Nährboden für sein Gefühlsleben. Verschiedene Häuser führen zur Zerstreuung.

Ein Zuhause ist auch an eine persönliche Entscheidung gebunden. Viele kommen in die Arche, ohne gewählt zu haben. Sie sind von den Eltern oder vom Sozialamt geschickt worden. Ein Mann oder eine Frau, die man geschickt hat, braucht Zeit, den inneren Frieden wieder zu finden.

Sie müssen entdecken lernen, wer sie sind, und was sie mit ihrem Leben anfangen wollen. Nach einer Reihe von Jahren sollten sie sich unbedingt entscheiden können, ob sie in dieser Hausgemeinschaft bleiben wollen oder in eine andere gehen. Das setzt eine Vielfalt von Hausgemeinschaften und Wohnmöglichkeiten voraus. Die erste Hausgemeinschaft der Arche entstand 1964. 1966 haben wir in eine weitere Gemeinschaft 8 Männer aufgenommen; 11 Jahre später sind 6 von diesen 8 in andere Häuser der Arche übergewechselt, ein siebenter hat sich ein eigenes Haus gefunden und lebt jetzt allein.

Sexuelle Schwierigkeiten, wenn man kein Zuhause hat

Wird ein Kind in eine bestehende Familie hineingeboren, dann hat es einen Nährboden, in den es seine Wurzeln einsenken kann. Es kennt seine Ursprünge, es weiß sich geliebt. Die Familie ist der Ort seines Herzens und seines Wachstums. Nach und nach wird es entdecken, daß dieser Boden ihm zu eng ist. Es wird weggehen, um sich weiterzubilden und die Welt zu entdecken. Es wird zuerst Arbeit suchen, dann ein soziales oder religiöses Engagement, und schließlich einen Partner.

Eine neue Familie entsteht: ein Heim fürs Herz, ein Ort der Zärtlichkeit, des Feierns und Vergebens, ein Ort als Ausgangspunkt für neue Aktivitäten in der Welt: Jene Liebe und jenen Frieden, die man zu Hause erlebt hat, möchte man auch anderen mitteilen. Man möchte nicht nur arbeiten, um Geld zu verdienen, sondern auch um anderen zu helfen, in Würde und Frieden zu leben und ein Zuhause haben, das zur Quelle neuen Lebens wird.

Wer kein Zuhause gehabt hat, neigt leichter zu sexuellen Störungen und wird schwerer damit fertig. Ein Zölibatär vertraute mir einmal seine Not an. Er hatte ein fürchterliches Verlangen, sich selbst zu befriedigen. Schon oft hatte er den Vorsatz gefaßt, aufzuhören. Aber je mehr er kämpfte, desto unruhiger und verkrampfter wurde er – und die Selbstbefriedigung war dann wieder seine Entspannung. Es war ein Teufelskreis. Ich entdeckte, daß er ein überaktives Leben ohne jede Entspannung führte. Er ist von morgens bis abends auf den Beinen. Er hat zwar Arbeitskameraden, aber kein Zuhause und keine wirklichen Freunde, mit denen er sich erholen kann. Ich riet ihm, ein menschlicheres Leben zu führen, sich Freunde einzuladen, sich für sie Zeit zu nehmen und in Ruhe mit ihnen zu essen! Ein harmonischerer Lebensstil würde seine Ängste vielleicht ein bißchen beruhigen. Läßt man sein Herz außer acht, so führt das leicht zu sexuellen Spannungen – nur um uns daran zu erinnern, daß wir keine reinen Geister sind.

Ich bin voller Unruhe, wenn ich zum Beispiel sehe, wie manche Priester zusammen wohnen. Ihr Haus ähnelt eher einem Hotel: sie kommen und gehen, sie sind nie zu Hause. Sie haben keinen Ort, wo man sich selbst erholen und andere empfangen kann, keinen Ort der Ruhe und des Gebetes. Sie sind meist übereifrige Menschen, von morgens bis abends unterwegs und andauernd dabei, irgend etwas zu erledigen – aber sie haben keinen »Hafen«. Ihr Leben ist ein einziger Schrei nach einem Ort der Ruhe und des Feierns. Sicher sollte für den gottgeweihten Mann oder die gottgeweihte Frau der Ort der Ruhe das Gebet sein, lange Augenblicke des inneren Einswerdens mit Jesus – aber um dieses Gebet wirklich zu *leben,* braucht man eine Gemeinschaft mit Geborgenheit und Zärtlichkeit. Hat man keine Gemeinschaft mit den Brüdern und auch keine Gemeinschaft mit Gott, dann wird sich das Herz verhärten oder vor Angst zerspringen. Denn Körper und Herz haben ihre eigenen Gesetze, die man nicht ungestraft übergeht. Der Mensch braucht einfach eine Familie: ein Zuhause, wo er *leben* kann.

Wenn so viele Menschen mit einer geistigen Behinderung gefühlsmäßige und sexuelle Störungen haben, dann oft, weil sie sich zu Hause – und noch mehr natürlich in den Einrichtungen – nicht wohl fühlen konnten. Um sexuelle Triebe zu integrieren, braucht jeder die Zärtlichkeit einer Familie oder einer Gemeinschaft.

Auf dem Kongreß *Behinderung und Sexualität* 1981 in Lyon erklärte der Erzieher einer kanadischen 600-Betten-Klinik für

Schwerbehinderte zu meinem Entsetzen, wie er Jugendliche und junge Erwachsene in die Ausübung der Sexualität einführt: wie er sie lehrt, sich gegenseitig zu berühren! Für mich ist es so offensichtlich, daß behinderte Menschen etwas ganz anderes brauchen: keine Klinik, in der es notwendigerweise anonym zugeht, und in der sie sich mehr oder weniger verlassen fühlen, sondern eine Familie oder aber eine Gemeinschaft als neue Familie: als jenes Zuhause, wo sie sich wirklich angenommen und geborgen fühlen. Sie haben soviel Ablehnung und Angst erlebt – sie brauchen einfach einen »Vater« oder eine »Mutter«, die ihren Körper voller Achtung und Zärtlichkeit berühren, die sie ermutigen, bestätigen und ihren inneren Wert erkennen: sie brauchen Brüder und Schwestern, Freunde und Kameraden.

Sicher, weil sie weder Geborgenheit noch eine beständige Beziehung zu einem Erwachsenen gekannt haben, schreit ihr Körper danach, berührt zu werden. Aber die Erzieher dieser kanadischen Klinik sollten diesem Schrei entsprechen, indem sie ihnen Freundschaft und Zärtlichkeit entgegenbringen und auf Dauer mit ihnen zusammenleben. Denn es ist selten, daß in einem Klinikdasein ein geistig behinderter Mensch dem anderen jene bergende Freundschaft entgegenbringen kann, die er braucht.

Oft ist die Familie leider nicht der geeignete Platz für den Menschen mit einer geistigen Behinderung. Er hat den Eindruck, zu stören. Er findet seinen Platz nicht. Er spürt, daß man seine Brüder und Schwestern bewundert, weil sie in der Schule und am Arbeitsplatz erfolgreich sind, oder weil sie geheiratet haben. Er meint, überflüssig zu sein. Bei aller Aufmerksamkeit der Eltern ist es für den behinderten Menschen schwer, sich in den Rhythmus einer normalen Familie einzufügen. Es gibt so vieles, das er nicht versteht. Oft geht es zu schnell, ist zu intellektuell, und man hat nicht die Zeit, es ihm zu erklären. Besucher schaffen es einfach nicht, sich auf seinen etwas langsameren Rhythmus umzustellen.

Ist aber jemand nicht in die Familie integriert, fühlt er sich isoliert wegen seines gebrochenen Selbstverständnisses, dann lebt er notgedrungen in ständiger Angst. Diese Angst ist das schlimmste aller menschlichen Leiden. Er muß also irgend etwas finden, sich wenigstens momentweise zu beruhigen. Alkohol- oder Drogenabhängigkeit oder auch Überaktivität sind dabei eine Flucht nach vorn, sexuelle Beziehungen eine von vielen Formen der Zerstreuung.

Aber keine dieser Kompensationen vermag das menschliche Herz wirklich zu erfüllen. Sie können nur enttäuschen und dadurch Angst und Einsamkeit verstärken.

So lange man nicht sicher ist, in einem Netz freundschaftlicher Beziehungen geborgen zu sein, bleibt man im Zweifel. Man hat Angst, man selbst zu sein und sich so zu geben, wie man ist, Angst, von neuem abgelehnt zu werden.

»Ist es wirklich möglich, daß jemand mich so liebt, wie ich bin? Oder muß ich immerzu interessant erscheinen, verführerisch, begabt und reich? Ich verführe dich – du näherst dich mir – du lebst mit mir, du entdeckst, wer ich bin – und du trennst dich wieder von mir, denn du erträgst mich nicht, wie ich wirklich bin.« Das ist der Teufelskreis, der schließlich zur Verzweiflung führt. Bis zu dem Tag (aber ist das wirklich möglich?), wo man treue Freunde entdeckt, die einen annehmen, wie man ist: mit all seiner Anfälligkeit, mit all seinen Gaben. Denn erst dann kann man sich selbst annehmen und seine Schutzmauern fallen lassen. Man kann einen Bund leben mit Gott und den anderen.

Dazugehören

Das erste, was ein Mensch mit einer geistigen Behinderung braucht, um sich zu Hause zu fühlen, ist ein Gefühl der Zugehörigkeit zur Gruppe. Er muß seinen Platz finden können. Spürt er, daß er eine Belastung für die anderen ist, oder daß man ihn nur aus Mitleid aufnimmt, dann kann er sich nicht zu Hause fühlen. Gerade deswegen mußte er ja oft seine Familie verlassen und in eine Gemeinschaft gehen, die stärker auf seine Bedürfnisse, seinen Lebensrhythmus und auf seine besondere Kultur eingestellt ist. Hat er diese Gemeinschaft gefunden und fühlt sich darin zu Hause, geliebt und geachtet um seiner selbst willen, kann er eine Rolle dabei spielen und Verantwortung übernehmen, dann wird er schließlich auch auf den Weg zur inneren Einheit finden – und zur Integration seiner gestörten Sexualität.

Ich höre oft von Zentren, wo Männer und Frauen mit einer geistigen Behinderung ermutigt werden, sexuelle Beziehungen einzugehen, wo man ihnen das Recht auf sexuellen Lustgewinn zugesteht. Meist ist diese »Ermutigung« nichts anderes als die Flucht der Erzieher vor Begleitung und Gemeinschaft, die weitaus mehr fordert. Der Mensch mit einer geistigen Behinderung hat vor allen Dingen ein Recht auf ein Zuhause, welches in das Dorf oder das Stadtviertel integriert ist: ein Recht, mit Menschen zu leben, die ihn begleiten und mit ihm zusammen eine Gemeinschaft schaffen.

Denn erst das gemeinsame Leben mit all seinen Festen und all seinem Austausch gibt ein Gefühl der Zugehörigkeit. Es ist ein Zuhause, es vermittelt Geborgenheit. Als die Arche 1968 ein neues Haus in Trosly erwarb, sagte mir Simon, ein Mann mit einer ziemlich schweren geistigen Behinderung, auf der Straße: »Wir haben ein neues Haus am Festplatz gekauft.« Er sagte nicht: »Die Arche hat ein Haus gekauft« oder »Du hast ein Haus gekauft«, sondern: »Wir haben es gekauft!« Dieses »Wir« ist bezeichnend: Simon hatte das Gefühl, zur Arche zu gehören. Er hat seine Familie gefunden.

Fühlt man sich wohl in einer Gruppe, dann identifiziert man sich auch leichter mit ihren Werten. Eine Gemeinschaft ist kein Stundenhotel, wo Paare sich finden und wieder trennen. Sie beinhaltet das gemeinsame Leben gemeinsamer Werte. Zu diesen Werten gehören die verschiedenen Ausdrucksweisen der Liebe, die klar unterschieden sein müssen. Entweder man ist verheiratet oder Zölibatär. Zölibatäre leben nicht als Paare zusammen, sie leben die brüderliche Gemeinschaft mit allen. Deswegen ist die Zeit der ersten Liebe oder der Verlobung – sei es zweier Assistenten oder zweier Menschen mit einer geistigen Behinderung – nicht leicht, denn man befindet sich ständig zwischen zwei Situationen: man ist noch nicht verheiratet, aber man befindet sich schon auf dem Weg zur Ehe.

Beziehungen innerhalb einer Gemeinschaft ähneln jenen zwischen Brüdern und Schwestern in der Familie. Es sind einfache und tiefgehende Beziehungen voller Zärtlichkeit, bei denen man sich gegenseitig ergänzt. Sie schließen von vornherein sexuelle Beziehungen aus.

Problematisch wird es, wenn ein Mensch in der Gemeinschaft lebt, aber sich weigert, ihre Werte zu übernehmen, wenn er zum Beispiel mit jemand zusammenleben will, ohne zu heiraten, das heißt ohne sich für die Beständigkeit und Stabilität der Beziehung zu entscheiden. Damit bringt er die ganze Gemeinschaft in Gefahr, nämlich die Lebendigkeit der Gruppe, die auf ihrer Brüderlichkeit beruht.

Die Ablehnung der Zugehörigkeit

Die Erfahrung der Arche zeigt, daß gemeinsames Leben den Bedürfnissen der meisten Menschen mit einer geistigen Behinderung entspricht. In einer Reihe von Ausnahmefällen können sie jedoch diese Form von Gemeinschaft nicht akzeptieren, eben weil dazu das Gefühl der Zugehörigkeit und die Bejahung gemeinsamer Werte gehören.

Manche kommen aus einer Klinik oder aus ihrer Familie, ihnen scheint das gemeinschaftliche Leben mit einem etwas verlangsamten Rhythmus, einem Platz für jeden und einer ganzen Reihe schöner Feste einfach zu schön, um wahr zu sein: es kann nicht für sie sein, sie sind zu gebrochen, zu schuldig, zu unwürdig, niemand kann sie gern haben, sie sind schlicht zu mies. Sie müssen Zeit haben, die Liebe der anderen zu testen, bevor eine Heilung auch nur beginnen kann: Zeit zu entdecken, daß es auch für sie möglich ist, geliebt zu werden, Zeit festzustellen, daß es wirklich *ihre* Gemeinschaft ist.

Bei anderen ist die Zerrissenheit zu tief und die Mauer zu dick. Das Gemeinschaftsleben mit seiner Zärtlichkeit und Wärme, mit seinen Festen, seiner Herausforderung zu Beziehungen mit Menschen des anderen Geschlechtes scheint ihnen zu gefährlich. Es würde zu viel in Bewegung bringen, sie in neue Angst und neues Leiden stürzen. Sie würden nur gezwungen, deutlich zu machen, daß sie nicht einverstanden sind und nicht zur Gruppe gehören können. Sie wissen, sie müssen gehen, aber sie wissen nicht, wie sie das sagen oder sonst wie ausdrücken sollen. Manchmal werden sie gewalttätig oder verhalten sich asozial, um hinausgeworfen zu werden.

Wieder andere weigern sich, in die Arche zu kommen, weil sie nicht von den Eltern getrennt leben können. Sie weigern sich, anderen zu vertrauen – denn das würde heißen, daß sie ihren Zustand annehmen.

Schließlich gibt es bei uns auch Menschen ohne tiefgehende geistige Behinderung, aber die keine andere Einrichtung aufnehmen konnte oder wollte. Sie haben kein Selbstvertrauen, aber mehr noch leiden sie an einer mangelnden Erziehung und Ausbildung. Sie sind irrtümlich als schwachsinnig oder behindert eingestuft worden, weil es keine entsprechenden Einrichtungen oder Ausbildungsmöglichkeiten für sie gibt. Manche von ihnen können die Gemeinschaft annehmen in der Hoffnung, von dort aus weiterzukommen. Andere können sie nicht annehmen, weil sie nicht mit Menschen identifiziert werden wollen, die eine geistige Behinderung haben. Sie zeigen uns deutlich ihren Wunsch, wieder zu gehen.

Die Gemeinschaft muß lernen, die verschiedenen Zeichen der Zugehörigkeits-Verweigerung richtig zu verstehen und zu deuten.

Manchmal geht das nicht ohne die Hilfe von Fachleuten. Das »Nein« kann Zeichen eines tieferen »Ja« sein. Es soll heißen: »Wenn du mich wirklich willst, komm mich holen.« Das »Nein« kann aber auch heißen: »Ich ertrage dieses Leben nicht. Es ist mir zu gefährlich«, oder aber: »Dieses Leben ist gut für *euch.* Aber ich bin doch nicht schwachsinnig. Ich komme allein zurecht. Ich kann allein eine Familie gründen. Nehmt das zur Kenntnis und helft mir weiter.«

Germain weigerte sich jahrelang, irgendeinen Dienst in der Gemeinschaft zu übernehmen. Er verbarg sich in seinem Zimmer oder haute ab. Glücklicherweise zwang ihn der Verantwortliche seiner Hausgemeinschaft nicht, beim Abwaschen zu helfen und an den Festen teilzunehmen. Germain war nicht schwachsinnig, er war Epileptiker. Die Eltern hatten sich scheiden lassen und ihn ins Heim gesteckt. Dieses hatte ihn in eine psychiatrische Klinik eingewiesen wegen Gewalttätigkeit, die das Heim nicht richtig zu deuten wußte. Durch all das hatte er ein sehr negatives Selbstverständnis: er wußte nicht mehr, ob er krank, gewalttätig oder verrückt war. Nichts von alledem stimmte. Germain war der Ungerechtigkeit und der Inkompetenz seiner Erzieher zum Opfer gefallen. Seine Weigerung, zu einer Gruppe zu gehören, war ein Zeichen von Gesundheit: er bekundete damit nur seine Fähigkeit, selbst zurechtzukommen. Heute arbeitet Germain als Klempner. Er ist immer noch ein bißchen »wild«. Er lebt in einem kleinen Haus mit einem anderen Mann ähnlicher Herkunft. Beide sind finanziell ganz auf sich gestellt.

Jean-Paul hat einen ähnlichen Weg hinter sich. Seine Weigerung, zur Gruppe zu gehören, war zunächst weniger offensichtlich. Er sagte gern: »Ja, ja, ich komme«, weil er Angst hatte, den anderen weh zu tun – aber dann kam er nicht; er »vergaß« es. Jean-Paul ist sehr gutmütig, sicher ist sein Selbstverständnis auch weniger negativ. Auch er verließ eine Hausgemeinschaft der Arche, fand Wohnung und Arbeit und hat inzwischen geheiratet.

Die Frage für jeden von uns ist: »Habe ich einen Wert? Glaubt jemand an mich? Interessiert er sich genügend für mich, um einen Bund mit mir zu leben?« Unser Schrei ist ein Schrei nach Bindung und nach Anerkennung. Wir erleben ihn auf dreierlei Weise.

Unser erster Schrei ist, geliebt zu werden von Vater und Mutter, die uns in unserer Schwäche tragen. Dieser Schrei kommt aus der Anfälligkeit des Kindes und der Unsicherheit des Jugendlichen. Es ist der Schrei des Erwachsenen mit einer geistigen Behinderung nach Zärtlichkeit, Annahme, Güte und Mitleid – und auch nach Ausbildung und ständiger Ermutigung. Es ist der Schrei: »Ich brauche dich. Von deiner Liebe lebe ich. Nur mit ihr kann ich Wurzeln schlagen.« Es ist der Schrei *jedes* Menschen: jeder von uns hat seine Schwächen und Schwierigkeiten. Jeder von uns schreit nach Liebe und nach jemand, der ihn mitträgt. Es ist der Schrei jedes Menschen nach Gott.

Unser zweiter Schrei ist der nach einem Freund, einem Gleichgestellten und Gleichgesinnten, einem Bruder oder einer Schwester. Wir sind nicht mehr nur »der Kleine, den man gern hat«, wir möchten der Freund und der Bruder sein, der fähig ist zu lieben und den anderen glücklich zu machen. Diese Sehnsucht nach Freundschaft kann schließlich zur Suche nach dem einen Menschen werden, dem man sich in Liebe und Ehe verbindet.

Unser dritter Schrei ist, der Freund eines Schwächeren zu sein und ihm zu dienen. Er findet seine Erfüllung in Vaterschaft oder Mutterschaft: Die Eltern geben dem Kind das Leben – und das Kind gibt es den Eltern zurück.

Dieser dreifache Schrei des Herzens ist die Grundlage eines jeden Bundes zwischen Menschen. Wir erleben die drei Phasen immer gleichzeitig, nur verschieden intensiv. Man kann nicht Vater sein, ohne Sohn zu sein. Der Bruch *eines* Bundes droht immer den Bruch eines anderen nach sich zu ziehen. Alle drei zusammen bilden jenes Beziehungsnetz, in dem jeder Mensch leben und wachsen kann, ohne zurückzufallen in die Isolierung.

Damit ein Haus wirklich zu einem Zuhause wird, sollten sich möglichst alle drei Beziehungsformen dort wiederfinden. In unserer Hausgemeinschaft an der Elfenbeinküste haben wir als ersten Seydou aufgenommen. Er war damals 50 Jahre alt, ein Moslem aus Niger, ein Mann von großer Empfindsamkeit und Güte. Er war mit einer Depression in eine psychiatrische Klinik eingewiesen worden. Einige Jahre später wurde er nachts auf der Straße von einem Lastwagen tödlich überfahren. Gleichzeitig mit ihm nahmen wir noch einige Kinder auf. Wir stellten fest, wie viel die verschiedenen Altersgruppen zum Leben der Gemeinschaft beitragen. Eine Gemeinschaft braucht eine Großmutter und Enkelkinder. Gerade die Verschiedenheit, in der sich Schwächen und Stärken, Fähigkeiten und Gaben ergänzen und vermischen, verhilft der Familie zu einer ganz eigenen Form von Harmonie und Frieden – und dem einzelnen zu seiner Ausgeglichenheit. Jeder findet seinen Platz, und alle helfen sich, besser zu leben und zu feiern.

Haus und Familie sind der Nährboden, aus dem das Kind Leben und Sicherheit bezieht. Es nimmt Gestalt an in der Auseinandersetzung mit den Eltern, die es beschützen und erziehen. Nach und nach wächst es heran, bildet sich aus, wird eigenständig und fähig, die Eltern zu verlassen, um sich einem anderen Menschen anzuvertrauen und mit ihm fruchtbar zu werden. Eine neue Familie, ein neues Zuhause entsteht.

Dazwischen aber liegt die besonders reiche Übergangszeit der Pubertät. Der Jugendliche ist auf der Suche. Er wird sich seines Körpers, seiner Kräfte und Fähigkeiten bewußt. Er lebt noch zu Hause, aber das Elternhaus ist schon zu eng geworden. Er droht darin zu ersticken. Mit einem Fuß lebt er bereits im Freien – manchmal auch mit beiden. Gemütlich ist das gerade nicht. Man lebt sozusagen zwischen Tür und Angel.

Und der Mensch mit einer geistigen Behinderung? Sicher ist es gut, wenn er ein »Heim fürs Herz« hat und dort Wurzeln schlägt. Aber er darf nicht daran ersticken. Es ist nicht einfach, Wurzeln und Früchte in Einklang zu bringen: die Annehmlichkeiten des Hauses mit den Ängsten, herauszugehen.

Lebt der behinderte Mensch in einer Einrichtung, die keine Gemeinschaft ist, sondern eher einem Arbeiterwohnheim oder einem Hotel ähnelt, sind die Regeln dort zu eng gefaßt, dann wird er sich woanders ein »Zuhause« suchen, vielleicht in der Sexualität, vielleicht bei einem Kollegen. Ist aber die Gemeinschaft zu gefühlsbetont, läßt sie dem einzelnen nicht genug Platz für sein persönliches Wachstum, dann droht er zu ersticken und seine Vitalität zu verlieren. Eine Gemeinschaft kann beleben, aber sie kann auch behindern. Deswegen muß ein Haus, das Menschen mit einer geistigen Behinderung aufnimmt, immer offen sein für Nachbarn und Freunde, für neue Assistenten und Besucher. Menschen, die dort leben, müssen Kontakte nach außen haben und auch besucht werden können. Die Gemeinschaft muß ein Zuhause sein, ein Ort der Zärtlichkeit und Geborgenheit. Aber sie muß auch ein Sprungbrett sein: eine Oase, von der aus man zu neuen Unternehmungen starten kann.

5. KAPITEL

DIE GEMEINSCHAFT, ORT DER INTEGRATION DER SEXUALITÄT

Bei ihrer Ankunft in einer unserer Hausgemeinschaften war Viviane fast eine Wilde. Sie war 10 Jahre alt, blind und autistisch. Und sie war fast ihr Leben lang in einem Asyl gewesen. Sie hatte noch keine beständige Beziehung erlebt, keinen Bund mit anderen. In dem Asyl, wo es besonders hart zuging, hatte sie zwar gewisse Anhaltspunkte gefunden, sie hatte sich ein mögliches Leben zurechtgezimmert, jedoch innerhalb eines furchterregenden Systems. Als sie zu uns kam, verlor sie all diese Anhaltspunkte und geriet in große Unsicherheit: Angst stieg in ihr auf, lange Zeit schrie sie nur, aß ihre eigenen Kleider und schmierte ihre Ausscheidungen an die Wand. Das war ihre Art, die Gemeinschaft der Assistenten zu testen, die mit Liebe und Einmütigkeit und mit der Gnade Gottes ihrer Unsicherheit standzuhalten vermochten. Nach und nach entdeckte Viviane, daß sie geliebt ist. Sie fand die innere Sicherheit wieder. Sie bleibt noch immer sehr anfällig und sie hat noch immer Beziehungsschwierigkeiten. Aber sie hat einen gewissen inneren Frieden gefunden, der sich in Gesicht und Körper ausdrückt: Zeichen der Auferstehung des Herzens.

Vielen gelingen derart spektakuläre Schritte nicht, sie bleiben unzufrieden, zornig und frustriert wie in der frühesten Kindheit, können das alles aber nicht ausdrücken. Sie ändern sich nicht wirklich. Sicher finden auch sie zu einem gewissen Zugehörigkeitsgefühl, zu einer gewissen Würde durch die Arbeit, zu einem Zuhause in der Gemeinschaft. Aber ihre Verwundungen sind zu tief, sie werden immer leiden und immer labil bleiben.

Der Traum von der Ehe

Kein Wunder also, daß viele von ihnen »träumen«: Je tiefer die Wunden, desto hochfliegender die Träume – vor allem dort, wo die

Gemeinschaft nicht auf ihre Bedürfnisse einzugehen vermag. Denn eine Gemeinschaft bleibt immer eine menschliche Wirklichkeit – mit allem, was das an Fehlbarkeit und Anfälligkeit beinhaltet. Menschen mit einer geistigen Behinderung können also durchaus unzufrieden und zornig auf die Gemeinschaft bleiben, die aufgrund ihrer eigenen Mängel und wegen der Verwundungen der Behinderten einfach nicht auf die Schreie aller eingehen kann. Dann aber träumt man von einem Ideal: von einem Ort der Ruhe, wo man ganz und gar geliebt ist und immer und überall im Mittelpunkt steht. Man träumt vom vollkommenen Glück.

Pierre hatte als Kind eine Gehirnhautentzündung. Er kann heute nur noch einen Arm und ein Bein bewegen – und er hat eine echte geistige Behinderung. Er kompensiert seine motorischen Schwierigkeiten durch einen unaufhörlichen Strom von Worten und träumt davon, Rundfunksprecher zu werden. Ist man arm dran, so neigt man leicht dazu, in die Phantasie auszuweichen. Wie aber lassen sich unerträgliche Wirklichkeit und unerreichbarer Traum vereinen? Wie Isolierung in der Wirklichkeit und Isolierung im Traum?

Claude ist stark an die Gemeinschaft angepaßt – und auch an die dort gelebten Werte. Er ist aber auch sehr offen für das, was seine Mutter von ihm will. Manchmal befindet er sich in einem Konflikt zwischen der Arche und seiner Mutter, zum Beispiel, wo er seine Ferien verbringen und was er für seine Gesundheit in Sachen Diät tun soll. Oft sitzt er zwischen zwei Stühlen. Und wie kommt er damit zurecht? Er weicht in Träume aus, denn dort ist er wenigstens zu Hause!

Verstehen wir die Träume recht: einerseits können sie uns für die Wirklichkeit und die Liebe öffnen, andererseits aber auch von der Wirklichkeit entfernen. Außerdem sind Träume ein Zeichen von Gesundheit. Sie zeigen uns: das Leben ist stärker als der Tod. Ohne den Traum wäre das Leben oft die Hölle: die totale Eingeschlossenheit des Menschen in die Verzweiflung. Wie die Psychose ist der Traum eine Ablehnung des Todes: er ist eine Art, auf intensives Leiden zu reagieren. Deswegen muß man jemand seine Träume nicht zu schnell zerstören – etwa unter dem Vorwand, ihn in die Wirklichkeit zurückzuholen –, denn die Wirklichkeit kann ihm unerträglich scheinen. Zeigt eine körperliche Behinderung ihm ständig seine Unfähigkeit, dann wird die Wirklichkeit noch unerträglicher. Und dennoch kann man jemand nicht einfach in seinen Träumen belassen, denn der Traum ist ein Ort der Isolierung. Gerade darin besteht ja die Tragödie der Drogenabhängigen: selbst wenn sie zusammen sind, ist jeder für sich allein mit seinen Träumen.

Der Traum bringt sicher nicht das große Glück – aber er kann helfen, zu leben und zu überleben. Man kann jemand nur dann aus seinen Träumen holen, wenn man ihn mit einer solchen Zärtlichkeit liebt, daß er entdeckt, die Wirklichkeit ist doch nicht gar so höllisch – und er hat sogar einen Platz darin.

*

Eine der Schwierigkeiten, denen der geistig behinderte Mensch sich ständig ausgesetzt sieht, ist der Mythos von der Ehe in unserer Kultur. Fast die gesamte Werbung gründet sich auf das Bild vom glücklichen Paar. Kino und Illustrierte gaukeln uns das Märchen von der großen Liebe vor. Und diese Bilder prägen sich dem behinderten Menschen viel eher ein als die von Trennung und Ehebruch.

Kein Wunder also, daß so viele Menschen von der Ehe träumen. Zunächst ist das Paar für die meisten das einzige Leitbild überhaupt: Erwachsen werden, frei werden und normal werden, bedeutet für sie, sich zu verheiraten wie ihre Brüder und Schwestern. Ihr Zölibat scheint ihnen geradezu der Beweis ihrer Behinderung und Unzulänglichkeit. Lehnen sie diese Benachteiligung ab, wollen sie ein ganzer Mann oder eine ganze Frau sein, dann haben sie ihrer Meinung nach keine andere Wahl als die Ehe – oder zumindest das Leben zu zweit.

France war 23 Jahre alt, als sie zu uns kam, zweifellos eine intelligente Frau, aber wie vermauert hinter ihren seelischen Wänden. Sie litt fürchterlich unter der Trennung von der Familie. An einem Wochenende fuhr sie nach Hause. Kurz danach weigerte sie sich zu essen und wurde katatonisch, das heißt sie erstarrte. Man mußte sie ins Bett stecken, ja ins Krankenhaus bringen. Wenige Wochen später war sie tot. Später erfuhr ich, während des letzten Wochenendes bei den Eltern habe sie eine Krise gehabt und das Hochzeitsbild ihrer jüngeren Schwester zerbrochen. Ich glaube heute, France ist an Kummer und Verzweiflung gestorben: sie war eifersüchtig auf das Glück ihrer jüngeren Schwester – ein Glück, das ihr selbst versagt schien.

Viele Männer und Frauen mit einer geistigen Behinderung träumen von der Ehe, weil sie davon träumen, für jemand der einzige zu sein und mit ihm jene Intimität zu leben, die ihrem Körper in der Kindheit vorenthalten blieb. Von der Ehe träumen heißt auch,

König und Königin sein wollen und endlich ein Zuhause haben: einen eigenen Lebensraum. Es heißt ins Paradies wollen. Oder ist das Hochzeitsmahl etwa nicht *der* Traum der Menschheit: Zeichen des Himmelreiches auf Erden?

Man muß recht verstehen, was ein Mensch mit einer geistigen Behinderung sagen will, wenn er erklärt, er möchte heiraten, vor allem, wenn er keine Freundin hat. Ich habe Pierre gefragt, was die Ehe denn für ihn bedeute. »Eine Frau zu haben, die mir hilft«, sagte er. Der Wunsch zu heiraten kann heißen: »Ich möchte sein wie die anderen. Ich möchte sein wie mein großer Bruder. Die Eltern können mich dann nicht mehr verachten«, oder aber: »Ich möchte nicht mehr in der Gemeinschaft leben. Ich möchte mein eigenes Zuhause haben.« Aber es kann auch heißen: »Ich möchte geliebt werden und der einzige sein.«

Man muß den Kummer des Menschen mit einer geistigen Behinderung nicht unterschätzen, wenn ein Assistent oder eine Assistentin seiner Hausgemeinschaft heiraten. Ich habe das gemerkt und es hat mir weh getan, als Bernadette und Jacques geheiratet haben. Mehrere Männer meiner Hausgemeinschaft waren wie verstört, nicht nur wegen der ihnen unerreichbaren Ehe, sondern auch weil Bernadette, die sie liebten, plötzlich wegging: sie waren eifersüchtig auf Jacques, denn Bernadette wollte nun lieber mit Jacques leben als mit ihnen. Das hat sie tief getroffen, und ich verstehe sie. Und dennoch hat Bernadette selbstverständlich das Recht, ihr Leben zu gestalten, wie sie möchte. Denn auch sie muß ihrer Berufung entsprechen.

Gemeinschaft und Kultur

Menschen mit einer geistigen Behinderung sind notwendig beeinflußt von der umgebenden Kultur, sie prägt sowohl ihre Vorstellung von Mann, Frau und Sexualität, als auch ihr Bild von der Ehe als Ort des Glücks, wie es von den Massenmedien dargestellt wird. Kein Wunder also, daß sie in einer gewissen Verwirrung leben. Auch die zum Teil recht konfusen Wertvorstellungen ihrer Familien tragen dazu bei.

Im übrigen ist die umgebende Kultur eine höchst zweischneidige Angelegenheit: einerseits spiegelt sie den Traum der Menschheit wieder, glücklich zu sein und in der Liebe zu leben, andererseits aber wird auch die Isolierung und die Angst des einzelnen darin sichtbar:

wie jeder für sich lebt und die Leere des Herzens mit materiellem Besitz auszugleichen sucht – was häufig nur zum Konkurrenzkampf führt und oft genug zur Gewalttätigkeit. Die umgebende Kultur ist also sehr verführerisch, denn sie weiß sich die tiefsten Energien des Menschen hörig zu machen. Auch in der Arche findet man einen echten Heißhunger nach materiellem Besitz. Aber im Gegensatz zu dieser »Kultur« ist das Gemeinschaftsleben auf Liebe, Zuhören und Mitteilen gegründet. Es ist eine Schule, in Liebe und Verantwortung zu wachsen. Es ist eine Kultur, die auf dem Evangelium und den Seligpreisungen gründet. Sie steht im Widerspruch zur umgebenden Kultur und ihrer verführerischen Werbung.

Angesichts all der verführerischen Kräfte unserer Welt der Bilder und der Werbung, bin ich erstaunt über die Güte, die man nicht nur bei Menschen mit einer geistigen Behinderung findet, sondern beim Menschen überhaupt. Sicher, das menschliche Herz ist anfällig: allzuleicht verfällt es der Verführung – aber es ist immer auch auf der Suche nach wahrhaftiger Liebe, es dürstet danach, Bindungen der Zärtlichkeit und des Friedens einzugehen. Und es vermag wahre Liebe auch dann noch zu erkennen, wenn es sich vor ihr fürchtet, weil es vor ihren Anforderungen zurückschreckt.

Die von den Massenmedien und der Werbung verbreiteten Illusionen lassen eine Leere im Herzen zurück. Sie können die Angst vor der Einsamkeit nicht beschwichtigen, sondern nur noch steigern. Sie wirken anregend, aber sie können das Herz, das nach Zuwendung, Beziehung und Unendlichkeit verlangt, nicht erfüllen.

Die Arche – wie auch andere Gemeinschaften und Familien – möchte gerade diesem Bedürfnis gerecht werden, dem grundlegendsten des Menschen überhaupt. Sie möchte ein Ort wahrhaftiger Verwurzelung sein, wo jeder den Sinn seines Lebens und die Entfaltung seiner Persönlichkeit erfahren kann. Sie möchte helfen, Bande der Einheit in einem Netz brüderlicher Liebe zu schaffen, wo jeder, vor allem aber der Schwächste, seinen Platz finden und eine gewisse Verantwortung übernehmen kann.

Aber die Arche ist kein Ghetto. Die umgebende Kultur hat unser Bewußtsein geformt – und oft auch das Unterbewußte. Die Kultur prägt notwendig auch das Innere des Menschen und dadurch auch die Gemeinschaft. Das verpflichtet jeden zur Entscheidung und zur Orientierung seines Lebens in einer bestimmten Richtung. Das aber kann das Leiden noch verstärken und die Wunden offenhalten. Es kann die Heilung des Herzens verhindern. Besonders anfällige und ängstliche Menschen bedürfen daher solider Strukturen und Anhaltspunkte.

Unsere Welt hilft ihnen nicht immer, diese zu finden. Sie verstärkt oft nur noch die Angst, die Einsamkeit und das mangelnde Vertrauen zu den anderen.

Die Herausforderung gemeinsamen Lebens liegt genau hier: Menschen eine Alternative vorzustellen, die, so glauben wir zumindest, ihrem tiefsten menschlichen Verlangen entspricht. Aber diese Alternative zu leben, ist nicht möglich ohne ständigen inneren Kampf. »Die Wahrheit macht euch frei«, sagt Jesus. Manchmal hat man Angst vor der Wahrheit und vor der Verantwortung, welche die Freiheit mit sich bringt. Darin besteht die Herausforderung jeder Erziehung. Aber unsere Erfahrung zeigt uns, daß die Werte, die wir zu leben versuchen, behinderten Männern und Frauen hilft, innerlich zu wachsen, sich zu strukturieren und ihrem Leben Sinn und Hoffnung zu verleihen.

Die Schreie entziffern

Ein gerade erst erschienenes Sammelwerk gibt einen Einblick in die Vorstellungen von Eltern und Erziehern über die Sexualität geistig Behinderter.[1] Es entstand aus einer Umfrage in Beschützenden Werkstätten der Umgebung von Paris. Einerseits zeigt es die Naivität gewisser Eltern, die sexuellen Bedürfnisse ihrer Kinder nicht sehen zu können oder zu wollen, andererseits offenbart es, wie einseitig die Erzieher sich auf die genitale Sexualität der behinderten Menschen fixieren. Der Titel des Buches ist bezeichnend. Es ist so einfach, die Sexualität entweder glatt zu verneinen, oder aber sie von der Gesamtpersönlichkeit und ihren tiefsten Bedürfnissen zu trennen.

Der Erzieher muß immer die Gesamtpersönlichkeit im Blick haben. Er muß den Schrei des ganzen Menschen hören und all seine Ausdrucksformen zu entziffern wissen. Wird ein Mensch gewalttätig, dann ist das sein Schrei, sein Ausdruck, seine Sprache. Es geht dann nicht nur darum, ihm Einhalt zu gebieten und ihn zu befrieden, sondern auch zu verstehen, was diese Gewalttätigkeit bedeutet: die Botschaft zu entziffern.

[1] *L'Ange et la Bête*, par Alain Giami, Chantal Humbert-Viveret, Dominique Laval, P.U.F. Paris 1983

Dabei haben wir entdeckt, daß Gewalttätigkeit oft ein Schrei nach mehr Zuwendung oder aber die Auflehnung gegen eine Ungerechtigkeit oder Zurechtweisung bedeutet. Solche Schreie sind häufiger in einer Hausgemeinschaft, wo es weniger Feste, weniger Anregungen und weniger echte persönliche Beziehungen gibt. Damit aber stellen diese Schreie die Assistenten in Frage: sie sind weniger da, übermüdet, weniger anregend, haben verkrampfte Beziehungen untereinander und verschließen sich in ihre eigenen Probleme. Also nicht der behinderte Mensch muß sich ändern, sondern die Assistenten! Es fällt nicht leicht, das zu sagen und zu ertragen, denn auch die Assistenten haben das Recht, zu sein, wie sie sind – mit all ihren Verwundungen und Kümmernissen. Und natürlich muß auch der behinderte Mensch sich ändern. Denn seine Reaktion auf einen Mangel an Zuwendung kann übertrieben sein. Er muß lernen, mit Frustrationen zu leben.

Vor kurzem hatte man Richard ungerechterweise zurechtgewiesen. Er war wütend, ging in sein Zimmer und zerriß drei Hundertfrankenscheine in kleine Stücke. Kurz darauf sagte er mir: »Vor drei Jahren wäre ich wild geworden, heute reiße ich nur noch diese Scheine in Stücke.« Ich glaube, das ist ein echter Fortschritt, vor allem auch, weil er sich dessen bewußt ist. Aber der Assistent, der ihn ungerechterweise zurechtgewiesen hat, muß sich auch ändern.

Simon wird oft gewalttätig, wenn sein Vater ihm schreibt: »Komm dieses Wochenende nicht nach Hause.« Simon ist dann umso verletzter, weil er weiß, daß sein Vater mit einer neuen Frau zusammenwohnt, und Simon das tief verwirrt. Darum ist es auch schwieriger für ihn, sich zu beherrschen, seine Ängste richtig zu kanalisieren. Er ist also anfälliger als Richard. Deswegen müssen die Assistenten ihm auch näher sein.

Ganz ähnlich muß man auch Gesten genitaler Sexualität richtig entziffern können. In *L'Ange et la Bête* wird gezeigt, welch einen Konfliktstoff die Sexualität sowohl innerhalb einer Einrichtung darstellt, als auch zwischen der Einrichtung und den Eltern. Das scheint normal, sowohl wegen der unterschiedlichen moralischen Auffassung der einen und der anderen als auch wegen ihrer persönlichen Leiden und Schuldgefühle. Die genitale Sexualität wird so zum Zankapfel der Parteien. Ähnlich zeigen die Autoren, wie unklar auch die Haltung der einzelnen zur genitalen Sexualität sind und oft eine doppelte Botschaft enthalten. »Freizügigkeit erscheint als die ideale Position der Erzieher . . . aber das Bekenntnis zu einer freizügigen Haltung bleibt immer allgemein gehalten und wird nur selten durch konkrete Situationen belegt, in denen die Erzieher ihr theoretisches Einverständnis mit den Prinzipien der Freizügigkeit in die Praxis umgesetzt hätten . . . sie sehen sich gezwungen, repressiv zu handeln, und zwar unter dem Druck der äußeren Umstände (Institutionen und Eltern), finden gleichzeitig aber auch eigene Argumente für ihr repressives Vorgehen, und zwar in der Art wie sie die Sexualität der geistig Behinderten sehen.«[1]

Dr. Stanislas Tomkiewicz und Dr. Elisabeth Zucman kommentieren diese Untersuchung wie folgt: »Die Fachleute, die sich der Schwerbehinderten in den Einrichtungen annehmen, haben eine Sicht, die derjenigen der Eltern widerspricht. Sie glauben weniger an die ›Affektivität‹ der Behinderten, sie meinen vielmehr, daß sie besonders starke sexuelle Triebe haben, falls es sich nicht um fast gänzlich fehlende Triebhemmungen handelt. Sie glauben also zu wissen, daß die Sexualität der Behinderten genital ist, aber auch partiellen Trieben unterworfen (Exhibitionismus und Homosexualität), kurz gesagt, daß sie ziemlich tierisch ist. Theoretisch meinen sie in Übereinstimmung mit ihrer liberalen Ideologie, die ausschließlich genitale Sexualität sei ein ›Recht‹ der Behinderten. Der Widerspruch zwischen theoretischer Freizügigkeit einerseits sowie tierischer und entwürdigender Darstellung der Sexualität der Behinderten andererseits ist offensichtlich. Aus diesem Grund wendet dasselbe Personal in der Praxis repressive Methoden an, ja übernimmt sie sogar gern, wenn sie ihm von außen, das heißt von den Eltern und von der Direktion der Einrichtung oder der Gesellschaft auferlegt werden.«

»Manchmal vermittelt man den behinderten jungen Mädchen widersprüchliche Botschaften, und es fällt ihnen schwer, diese zu integrieren. So sagt man ihnen, vor allem jenen mit einer leichten geistigen Behinderung: »Schränkt euer Geschlechtsleben ein«, gleichzeitig aber zwingt man sie zur Anwendung empfängnisverhütender Maßnahmen, welche die Fortpflanzung unmöglich machen, aber von den jungen Behinderten als Anreiz zu sexuellen Beziehungen verstanden werden, wenn nicht gar als Einladung zu einem besonders freizügigen Geschlechtsleben.«

»Das Bild des Geschlechts- und Gefühlslebens der Behinderten in den Einrichtungen wäre unvollständig, würden wir die Ausnutzung

[1] *L'Ange et la Bête*, S. 71f.

der Behinderten für die Bedürfnisse und die sexuellen Triebe der Pfleger und Pflegerinnen verschweigen. Das kann zwei Formen annehmen: erstens die herkömmliche Ausnützung, das heißt die heimliche, die zwar streng abgelehnt, aber meist wenig bestraft und vor allem niemals öffentlich zugegeben wird. Sie ist viel häufiger als man in der Literatur sagt und vor allem in den ›klassischen‹ Einrichtungen zu finden. Und zweitens die moderne Form der Ausnutzung in den ›fortschrittlichen‹ Einrichtungen, die sich auf die Ideologie gänzlicher Freizügigkeit beruft, ja sogar auf ›Heilung durch Liebe‹. Diese wird nahezu öffentlich praktiziert, banalisiert und begleitet nicht gerade durch Gewalttätigkeit, aber umso mehr durch Verführung, und zwar ebenso von seiten der Erwachsenen wie von den Behinderten selbst. Sie scheint zwar weniger barbarisch als die erste, ist aber ebenso abzulehnen. Wo immer das Personal unter dem Vorwand, therapeutisch zu sein, die Befriedigung eigener Wünsche und Triebe fordert, oder die eigenen Bedürfnisse den Behinderten unterstellt und dadurch die Behinderten zum Objekt macht, handelt es sich um institutionelle Gewalttätigkeit.«[1]

Diese Texte zeigen, wie unerläßlich es ist, sexuelle Triebe und Gewalttätigkeit richtig zu entziffern – und auch die widersprüchliche Haltung mancher Erzieher: Was möchte ein Behinderter sagen, wenn er in einem *geschlossenen Milieu* nach sexuellen Beziehungen sucht? Ich sage, in einem *geschlossenen Milieu*, denn er weiß sehr wohl, dort wird das, was er tut, alle möglichen Reaktionen hervorrufen. Es bleibt nicht unbeachtet.

Was möchte ein mongoloides Mädchen sagen, wenn es erklärt, es wolle mit einem Mann schlafen – vor allem, wenn es unglücklich ist und in sich verschlossen.

Kein ernsthafter Psychologe wird behaupten können, sexuelle Wünsche beständen allein aus einem Trieb, der befriedigt werden will.

Weiter oben (Kap. 3) sprachen wir bereits von drei Situationen: von Edith, die ihren Charme dazu gebraucht, den Blick der Männer auf sich zu ziehen; von Micheline, die Bernhard unter die Haube nimmt; von François, der geprägt ist von dem Bild, das seine Mutter von ihm hat. Nirgendwo geht es hier um die Suche nach sexuellen Beziehungen, eigentlich nicht einmal um sexuelles Vergnügen. Edith sucht das Vergnügen, auf sich aufmerksam zu machen, sie

[1] *Les besoins non couverts du jeune handicapé adulte,* in Les Cahiers du CTNRHI, Nr. 23 (1983) 62

möchte daß ein Mann auf sie eifersüchtig ist, Micheline sucht das Vergnügen, Bernhard am Bändel zu haben, und François sucht das Vergnügen, dem Bild seiner Mutter zu entsprechen.

Junge Menschen flüchten sich in die Drogen, um ihren Vater »unmöglich« zu machen; sie meinen, er habe sie zu stark gegängelt oder sie im Stich gelassen. Man kann solche oft sehr verborgenen, aber dennoch entscheidenden Motivationen einfach nicht unbeachtet lassen oder gar leugnen wollen.

Jeremias ist ein großer, sehr sanfter Junge, ein Psychotiker. Er hat große Schwierigkeiten im Bereich der Sprache und der Beziehungen. Er fühlt sich von jungen Mädchen angezogen, welche die Gemeinschaft besuchen. Er ist sehr empfänglich für ihre Schönheit. In seiner Sanftmut nähert er sich ihnen, um sie zu berühren. Diese Anziehung hat zweifellos etwas Schönes. Aber Jeremias ist sich der tieferen Bedürfnisse dieser Mädchen nicht bewußt, er versteht ihren Wunsch nach Freundschaft nicht – und natürlich auch nicht die Angst, die sie vor ihm haben. Er ist unfähig, ihnen einen Halt zu bieten und sich für sie verantwortlich zu fühlen.

Die Anziehung, die er spürt, ist symbiotischer Natur. Sie kann ihm nicht helfen, Fortschritte in Richtung auf eine echte Freundschaft zu machen, bei der jeder seine Grenzen kennt und die Andersartigkeit des anderen achtet. Jeremias zu erlauben, körperliche Beziehungen mit einer Frau einzugehen, hieße, ihn zur Symbiose zu ermutigen. Damit aber hilft man ihm weder beziehungsfähiger noch menschlicher zu werden.

Der Erzieher des Menschen mit einer geistigen Behinderung sollte ihm helfen, menschlicher zu leben, und wenn das der Fall ist, sexuelle Beziehungen zu haben, die wirklich menschlich sind, also nicht losgelöst von seinen grundlegenden und sehr persönlichen Bedürfnissen. Mit anderen Worten: Er sollte dem Menschen mit einer geistigen Behinderung helfen, Gewalttätigkeit und sexuelle Triebe nicht einfach zu befriedigen, sondern diese in eine echte und beständige Beziehung zu integrieren.

Der sexuelle Trieb ist eher ein Schrei nach Beziehung als ein Schrei nach Vergnügen. Der Trieb bricht oft gerade dann auf, wenn der Mensch sich allein und verängstigt fühlt. Er sucht zwar nach sexuellem Kontakt, aber tiefer gesehen sucht er nach Freundschaft – und zwar auch gerade dann, wenn er Angst vor Beziehungen und Bindungen hat. Für ein junges Mädchen ist es einfacher zu glauben, daß ihr Körper anziehend ist, als daß sie selbst liebenswürdig ist.

Viele Menschen mit einer geistigen Behinderung glauben nicht an sich selbst: an ihre Innerlichkeit, ihre Liebesfähigkeit und ihre Liebenswürdigkeit. Man hat sie immer nur nach rein äußerlichen Kriterien beurteilt, nämlich nach Normalität oder Anomalität. Wie sollen sie also glauben, daß sie als Menschen liebenswert sind, ja daß sie wichtig sind? Die Sexualität zu einer vorübergehenden Triebbefriedigung herabwürdigen heißt, den ganzen Menschen zu entwürdigen. Eben deswegen geht es immer wieder darum, sexuelle Handlungen richtig zu entziffern und dahinter die tiefsten Bedürfnisse des Menschen zu verstehen, um ihm zu einer gewissen Erfüllung zu verhelfen.

Die Integration des Geschlechtslebens

In der Arche scheint uns das Wichtigste für einen Menschen, tiefe freundschaftliche Beziehungen einzugehen. *L'Ange et la Bête* zeigt den ganzen Unterschied zwischen der Sicht der Eltern und der Erzieher. Die Eltern sehen ihre Kinder im Gefühlsbereich leben – und die Erzieher meinen, daß die jungen Leute nur das sexuelle Vergnügen suchen.

Meiner Meinung nach geht es nicht um ein Entweder-oder. Natürlich sind Gesten der »Liebe« bei den meisten Menschen mit einer geistigen Behinderung gefühlsmäßiger Art, aber sie suchen nach mehr als einem vorübergehenden Gefühl oder einer kleinen Zuwendung. Sie wollen sich an einen Menschen binden und eine echte Freundschaft eingehen, zu der auch Treue gehört. Ob nun unschuldige Gefühle oder genitale Sexualität – beides sind im Grunde nur verschiedene Ausdrucksformen desselben Schreis: »Liebst du mich wirklich? Achtest du mich wirklich? Möchtest du wirklich mit mir leben? Hat mein Leben wirklich einen Sinn? Habe ich wirklich einen Platz in deinem Herzen und in der Gemeinschaft?« Solange sie keine Antwort auf diese Fragen finden, werden sie weiter schreien. Solange sie nicht wirklich ihr Inneres entdeckt haben, werden sie Eltern und Erzieher weiter provozieren – oder sich ihren Wünschen unterordnen.

Das Ziel der Erziehung ist also, dem Menschen zu helfen, zur inneren Einheit zu finden und seinen Platz zu entdecken, damit er seine Gaben in einem Netz der Brüderlichkeit und in einem von allen anerkannten Bund leben kann.

Es handelt sich im besonderen darum, ihm zu helfen, seine Sexualität in eine Sicht der Brüderlichkeit und der Freundschaft zu integrieren. Dazu muß jeder als das sexuelle Wesen, das er nun einmal ist, lernen, den anderen zu lieben und mit ihm Beziehungen einzugehen, und zwar Beziehungen der Hingabe, der Zärtlichkeit und der Dienstbereitschaft. Die genitale Sexualität kann er nur in einem Bund besonderer Art ausüben, der dazu von Gott gesegnet ist, nämlich der Ehe. Die Sexualität zu integrieren, heißt dann, sich nicht mehr von sexuellen Trieben beherrschen zu lassen und auch nicht von der Sucht nach Vergnügen, sondern dem Bund mit einem anderen treu zu sein.

Die Integration der Sexualität ist niemals einfach. Sexuelle Triebe existieren nun einmal. Sie können einen Menschen jederzeit dazu bringen, die körperliche Vereinigung zu suchen, ohne vorher die verschiedenen Stadien der Freundschaft und der Vereinigung der Herzen gekannt zu haben. Sexuelle Triebe können auch zerstörerisch wirken. Die »Liebe« kann verführerisch sein, sie kann uns manipulieren. Sie kann uns dazu führen, den anderen als Objekt zu gebrauchen. Sie kann auch dem Wunsch entspringen, Macht auszuüben.

Sexuelle Triebe sind oft mit Aggressivität verbunden, ja mit Gewalttätigkeit. Darum können sie einen Menschen zerstören.

Aber auch der sexuelle Trieb hat etwas Schönes: er enthält die tiefinnere Anziehung zum anderen und den Wunsch nach Intimität mit ihm – und weiter den Wunsch, einem Kind das Leben zu geben. Es geht also darum, diesen Trieb recht zu verstehen, ihn zu befrieden, ins Gespräch mit ihm zu kommen und ihm seinen rechten Stellenwert zu geben. Niemand kann ihn mit dem Willen allein zähmen oder beherrschen. Für mich bedeutet die Integration der Sexualität etwas anderes als die Sublimation sexueller Triebe, von denen die Psychologie in der Nachfolge Freuds so gern spricht. Man sublimiert einen Trieb, indem man die Energien auf andere schöpferische Aktivitäten leitet, seien sie nun intellektueller oder künstlerischer Art. Gesucht aber wird dabei immer das eigene Vergnügen. An die *Beziehung zu anderen* ist dabei nicht unmittelbar gedacht. Integriert und gelebt werden kann die Sexualität meiner Erfahrung nach aber nur in jener stetigen Beziehung, in der man das Wohl des anderen sucht und auf jeden Fall in Verbindung mit anderen Menschen tritt. Die eigene Energie richtet sich dann nicht in der körperlichen Vereinigung auf andere, sondern in anderen Gesten der Güte, der Wahrheit und der Zärtlichkeit.

Sexuelle Triebe und liebende Anziehung kann man praktisch kaum voneinander trennen. Die Torheit sexueller Triebhaftigkeit ist irgendwie gebunden an die Torheit der Liebe und die Suche nach Intimität und Zärtlichkeit: an die Suche nach echter Bindung. Entscheidend dabei ist, selbst seinen Weg zu gehen und anderen zu helfen, ihren Weg zu gehen, sich nicht auf Bilder und Illusionen von Intimität einzulassen, sondern auf eine wahrhaftige Liebe, die in der Hingabe besteht und sich auf einen Bund gründet.

Das wird möglich durch ein Leben in Gemeinschaft als Ort der Heilung und der Therapie, Ort des Wachstums und der Erziehung, Ort der Beziehung und Befreiung.

Der Mensch mit einer geistigen Behinderung muß zunächst entdecken können, daß er zärtlich geliebt ist, und zwar sowohl körperlich als auch in seiner Ganzheit. Dann wird er Beziehungen eingehen, die ihm als Elternersatz dienen. Daraus erwächst ihm ein gewisser Sinn für die Zugehörigkeit zu einer neuen Familie. Erst danach wird er entdecken können, daß auch er fähig ist zu lieben, fähig zu arbeiten, fähig zu dienen, fähig mit Brüdern und Schwestern zusammenzuleben; daß er ein Mensch ist, ein Subjekt, das gibt und empfängt – und nicht nur ein Mensch, sondern auch ein Kind Gottes: fähig den Gott des Alls zu erkennen, der sein Vater ist. So entdeckt der Behinderte nach und nach die Relativität seiner Behinderung. Wichtig ist sein Herz, fähig zu lieben und zu dienen, offen für Gott und den Nächsten. Mit dieser Erkenntnis hat er weniger Angst, sich mit der Welt auseinanderzusetzen, denn er ist eingebunden in die Freundschaft mit anderen. Er ist jemand, und er gehört zu einer Wirklichkeit, die größer ist als seine Familie und seine Gemeinschaft: zur Menschheit, zur Kirche, zu Gott. Er entdeckt den Sinn seines Daseins, indem er für sie alle da ist.

Eine Gemeinschaft aber kann ihre Rolle nur dann ganz ausfüllen, wenn sie wirklich Gemeinschaft ist. Eine Gemeinschaft ist kein Kollektiv, wo jeder auf seine Weise lebt, ohne Beziehung zu den anderen. Eine Gemeinschaft ist immer auch Ort des Bundes: ein Leib, dessen Glieder zusammengefügt sind durch gegenseitiges Vertrauen und die Anerkennung des anderen. Eine Familie hat ein Herz und eine Seele, ein Kollektiv aber hat nur Regeln.

Zur Gemeinschaft gehört echte Brüderlichkeit, man muß sich zuhören können und sich wirklich lieben – und die Mauern, die sich zwischen behinderten Menschen und Erziehern auftürmen, soweit wie möglich fallen lassen. Denn diese Mauern dienen manchmal nur dazu, die Assistenten zu schützen und ihnen ihre Macht zu bewahren. Sie können also nur durch gegenseitiges Vertrauen überwunden werden. Die Assistenten treten in einen Bund mit den behinderten Menschen ein. Sie kommen, um zu geben und zu dienen, aber auch zu empfangen und ihre eigene Menschlichkeit zu entdecken. Sie gehen das Risiko ein, andere zu lieben . . . Das heißt, sie lassen sich auf Gesten der Zärtlichkeit und der Zuwendung ein, welche die genitale Sexualität nicht erregen, sondern sie befrieden. Diese Gesten geben Sicherheit und Frieden. Sie rufen das Herz wach: Sie sind Zeichen der Beziehung und des Bundes.

Aber diese Beziehung muß immer befreiend wirken, Zuwendung und Herzensbindung sind zwar schöne Wirklichkeiten, aber sie haben auch ihre gefährlichen Seiten. Denn im Gemeinschaftsleben können gefühlsmäßige Bindungen leicht besitzergreifend und erstikkend wirken. Was sich manchmal in den Familien abspielt, kann auch in den Gemeinschaften vorkommen: statt die Menschen, für die sie verantwortlich sind, zu befreien, können die Assistenten sie ausnutzen, um ihre eigenen Bedürfnisse zu befriedigen. Sie haben Angst vor der Aggressivität, die durch Trennung und Wachstum freigesetzt wird. Ihre gefühlsmäßigen Bindungen hindern sie unbewußt am Wachstum. Man muß ständig auf der Hut sein, dieser Versuchung nicht zu erliegen.

Denn nur wenn Herzensbindungen befreiend wirken, also nicht besitzergreifend sind, wird die Gemeinschaft zum Ort des Feierns und der Ekstase, zum Ort geteilten Leidens und gemeinsamer Fruchtbarkeit, wo jeder dem anderen zu neuem Leben verhilft.

So kann der Mensch mit einer geistigen Behinderung wie auch der Assistent seine eigene Berufung entdecken. Mit einem liebenden Herzen und der Fähigkeit, in Freundschaft zu dienen, können diese Männer und Frauen echte persönliche Beziehungen eingehen. Sie haben dann sehr wohl eine eigene Identität. Ihre Sexualität ist integriert in ihre Beziehungsfähigkeit. Sie ist dann alles andere als Triebhaftigkeit, die nur den anderen für sich haben will. Ist die Identität erst einmal gefestigt, so kann der Mensch mit einer geistigen Behinderung in gewissen Fällen sogar die Ehe in Aussicht nehmen (siehe dazu Kapitel 7).

Damit dieser Reifungsprozeß möglich wird, muß die Gemeinschaft lebendig bleiben. Wird eine Gemeinschaft zum Kollektiv mit einer starren Ordnung und einer machtgierigen Hierarchie, hat sie keine eigene lebendige Atmosphäre mehr, weder Herz noch Seele, dann werden die Mitglieder sich ihre Beziehungen der Zärtlichkeit und der Liebe woanders suchen, zum Beispiel in Sexualität und Verführung, die ihnen dann als die einzige Möglichkeit erscheinen muß, zu leben: als Ort der Intimität.

Könnte man in genitaler Sexualität etwas anderes sehen als die Ausübung des Rechtes auf Vergnügen oder ein zu regelndes Problem, könnte man darin den Schrei nach ständigen Beziehungen sehen, die aus der ständigen Isolierung befreien, dann wäre ein großer Schritt in Richtung auf eine wahrhaftige Erziehung getan.

Gibt es eine ideale Gemeinschaft?

Auch wenn sie aus der Freude entstanden sind, aus einem Netz von Beziehungen, können sich Gemeinschaften sehr schnell in sich selbst verschließen. Das ist leider die Geschichte recht vieler, die in der Liebe begonnen haben und in der Verwaltung enden. Keine der 200 Gemeinschaften der Arche ist vor dieser Gefahr gefeit.

Damit es zu einer Integration der Sexualität im beschriebenen Sinne kommen kann, muß die Gemeinschaft ein Herz und eine Seele haben, ein Zugehörigkeitsgefühl, einen Sinn für das Fest und die geistige Fruchtbarkeit. Vor allem aber muß es persönliche Beziehungen geben. Denn das alles kann immer auch wieder verschwinden, Vertrauen und Begeisterung können sich verlieren und neue Mauern zwischen den Menschen entstehen.

In einigen Gemeinschaften der Arche habe ich schon viel schönes Leben gesehen. Die Gemeinschaften schienen wirklich lebendig – aber bei näherem Hinsehen entdeckte ich, daß die Menschen mit einer geistigen Behinderung isoliert blieben. Sie hatten keine persönlichen Begegnungen und Gespräche und auch keine eigenen Pläne. Wenn sie krank waren, umgab man sie nicht mit jener Zärtlichkeit um ihrer selbst willen, die sie in diesem Augenblick brauchten. In einer solchen Situation wird der Schrei nach Gewalttätigkeit und Sexualität nicht auf sich warten lassen. Es ist ein Schrei nach Zuwendung und nach Liebe. Denselben Schrei hört man, wenn die Gemeinschaft zu stark hierarchisch strukturiert ist: Wenn die Menschen mit einer geistigen Behinderung nicht genügend an den Entscheidungen beteiligt sind, wenn sie sich nicht wirklich *zuhause* fühlen.

6. KAPITEL

GEMEINSCHAFT UND ZÖLIBAT

Das Leiden am Zölibat

Trotz aller menschlichen Reichtümer, die man in einer Gemeinschaft findet, kann diese das menschliche Herz niemals ganz erfüllen. Es wird immer auch ein Leiden an der fehlenden ganzheitlichen Intimität mit einem Partner geben, oder aber am Verzicht auf Vater- und Mutterschaft. Selbst wenn zwei eine besondere Freundschaft verbindet, bleibt die Tatsache des Verzichts auf die ganzheitliche Vereinigung bestehen. Man verzichtet darauf, weil man sich bewußt ist, daß man den Anforderungen ganzheitlicher, gegenseitiger Hingabe nicht gerecht werden kann. Man verzichtet darauf, um dem Ruf Gottes treu zu bleiben.

Im übrigen bringt auch die Ehe Leiden mit sich. Denn selbst die Vereinigung in der Ehe ist niemals *ganz* vollständig. Es gibt immer Unzulänglichkeiten, die davon herrühren, daß die beiden Ehegatten Außenstehende füreinander bleiben: das letzte Geheimnis des anderen, der eigentliche Personkern, wird ihnen immer unerreichbar bleiben. Eine vollständige gegenseitige Transparenz wird immer unmöglich sein. Angst und Egoismus bleiben niemand erspart.

Wir rühren hier an das Geheimnis des menschlichen Herzens, das verletzlich ist, das nach Liebe und nach Gegenwart hungert – und nach Unendlichkeit. Der Mensch lebt in ständiger Sehnsucht nach dem Unendlichen: er hungert nach Erfüllung, möchte immer der einzige sein, frei, liebenswert und liebesfähig . . . Aber diese Sehnsucht nach dem Unendlichen ist nur die eine Seite: der Mensch ist ebenso leicht zu verführen, voller Machtstreben, immer auf der Suche nach Anerkennung durch alle möglichen Illusionen, ja ebenso fähig, andere zu hassen. Wir hungern nach dem Unendlichen, aber in gebrechlichen Gefäßen . . .

Und das menschliche Herz scheint so sehr an die Sexualität gebunden. Die Suche nach Liebe scheint gebunden an das Verlangen, anderen das Leben zu geben. Die Liebe einschließlich der Sexualität, die dazugehört, scheint *das* Geheimnis des Menschen zu sein. Sie ist eine besondere Frucht am Baum des Lebens. Eine Frucht ohne Baum aber ist eine Illusion. Darum gehören zur Liebe die Kraft, die Struktur und die Einwurzelung eines Menschen in einen Mutterboden. Zur Liebe gehört, sich einander hingeben zu können – und zu zweit für andere da zu sein. Und um nicht der Lüge und der Illusion zu verfallen, gehört zur Liebe auch die Treue zu dem Bund, den man einging.

Die Sehnsucht nach Vereinigung und Fruchtbarkeit ist tief im Menschen verwurzelt. Sie ist Abbild Gottes, denn Gott ist Liebe und Fruchtbarkeit. Diese Sehnsucht hat also etwas Heiliges. Damit Vereinigung und Fruchtbarkeit harmonische Wirklichkeiten werden können, bedarf es der Treue und der Wahrheit – und der Kraft Gottes. Dieses Heilige in Mann und Frau, das sie dem dreieinigen Gott ähnlich werden läßt, kann freilich gänzlich entwürdigt werden, wenn man es nur als Suche nach Lustgewinn lebt und in der Ablehnung ständiger Beziehung und jeglicher Fruchtbarkeit. Aristoteles sagt, die Korruption des Schönsten ist das Schlimmste, was es gibt. Das aber geschieht in der Liebe, die sich nicht geben will, sondern immer nur nehmen.

Die liebende Beziehung zwischen Mann und Frau scheint letztlich ein Geheimnis. Das Hohelied versucht, das Feuer und die Intimität der Liebe Gottes in Worte zu fassen. Auch die Gedichte des heiligen Johannes vom Kreuz sind Liebeslieder leidenschaftlicher Hingabe an den Geliebten. Jesus sagt, er wäre nicht gekommen, Gesetze der Vernunft zu bringen, denen man zu entsprechen hat, damit die menschliche Gesellschaft gut funktioniert, sondern um Feuer auf die Erde zu werfen: das Feuer des Heiligen Geistes: Licht, Dienst und leidenschaftliche Liebe. Das Feuer des Heiligen Geistes aber ist nicht den Mächtigen und den Weisen offenbart, sondern den Demütigen und den Sanftmütigen, den Armen und Kleinen: denen, die reinen Herzens sind – und den Verfolgten. Jesus offenbart sich gerade ihnen als der Geliebte.

Solange es Menschen gibt, wird es auch Unzufriedenheit geben. Auf dieser Erde wird niemand die vollkommene Ekstase und Erfüllung erleben können. Diese werden immer vergänglich bleiben – wie Gaben in verletzbare Herzen gesenkt. Noch die vollkommenste Liebe endet in der Trennung, denn der Tod ist ein Teil unseres körperlichen Lebens. Um diesen Tod recht aufzunehmen, oder die Liebe in einem sterblichen Körper recht zu leben, bedarf es des Vertrauens, daß die Liebe stärker ist als der Tod. Jenseits der Trennung bleibt jene unsichtbare Einheit, die ihre Vollendung erst nach dem Tode findet, wenn unsere sterblichen Leiber leibhaftig auferstehen, um teilzuhaben an der Herrlichkeit Gottes.

Jede echte Liebe vollendet sich notwendig in Leiden und Opfer, denn sie ist Hingabe. Wenn man jemand liebt, dann sind einem *sein* Wohlergehen, *seine* Freiheit, *sein* Wachstum, *seine* Wünsche wichtiger als die eigene Freude, mit ihm zusammenzusein. Wahre Liebe kann niemals besitzergreifend sein, sie muß immer befreiend wirken. Besitzergreifende Liebe erstickt und zerstört. Jesus sagt, es gibt keine größere Liebe, als sein Leben hinzugeben für die Freunde. Die Liebe vollendet sich im Opfer: man gibt alles – man gibt sein Leben.

Das Leiden am Zölibat ist also ein echtes Leiden. Aber es kann in Hoffnung gelebt werden: in jener Hoffnung, die Angst und Isolierung überwindet. Dieses Leiden ist freilich nichts im Vergleich zum Leiden jener, die hoffen, in der Ausübung der Sexualität ohne Verantwortung und Bindung einen Vorgeschmack ewigen Lebens zu erlangen. Sie werden notwendig enttäuscht, denn sie erwachen in einer noch größeren Isolierung: das Glück ist flüchtig – und die Angst so nahe dabei.

Viele sind gezwungen, als Zölibatäre zu leben. Viele Männer und Frauen haben nie den Geliebten gefunden. Sie sind einsam geblieben – und haben sich gefragt, ob sie liebenswert sind. Anderen ist der Geliebte genommen durch den Tod. Wieder andere gehen voller Begeisterung Bindungen ein, aber es fehlt ihnen an Möglichkeiten, die Beziehung zu vertiefen – und die Partner trennen sich. Und schließlich gibt es all jene, die körperlich und geistig schwer behindert sind. Sie haben Angst vor der Beziehung, sie sind gewalttätig und depressiv, ihr Körper ist gezeichnet. Oft können sie keine harmonische Bindung eingehen. Die körperliche Vereinigung in Liebe bleibt ihnen vorenthalten. Lebt man jedoch in einer Gemeinschaft aus der Kraft und der Liebe Gottes, dann kann man auch den unfreiwilligen Zölibat positiv erleben.

Und wenn es keine Gemeinschaft gibt?

Die Tragödie beginnt dort, wo es keine brüderliche Gemeinschaft gibt. Wie soll man dort, wo man isoliert lebt, in einem Kollektiv ohne Seele, seine Sexualität integrieren können – vor allem in einer

Gesellschaft, die durch die Massenmedien die sexuellen Triebe aufpeitscht und die sexuellen Beziehungen verharmlost, indem sie den geheiligten Aspekt solcher Begegnungen gar nicht erwähnt? Ist das überhaupt möglich?

Johannes Paul II. hat recht, wenn er zur Zeit und zur Unzeit den geheiligten Aspekt der genitalen Sexualität verkündet. Gott offenbart sich dem Menschen in seinem Herzen und in seinen Gefühlen. Banalisiert man Sexualität und Gefühle, dann leugnet man die Heiligkeit des Herzens und läuft Gefahr, es zu zerstören. Damit aber zerstört man den Menschen als Tempel des Heiligen Geistes. Und das ist schlimm. Man kann Gott nicht zerstören, aber man kann sehr wohl den Menschen zerstören, der fähig ist, Gott aufzunehmen.

Man sagt, der Papst und die Bischöfe sollten sich nicht zur Sexualität äußern, weil sie Zölibatäre sind. Oft verfügen aber gerade Priester über eine erhebliche menschliche Erfahrung, nämlich durch jene Tausende und Abertausende Männer und Frauen, die sich ihnen in der Einzelbeichte und in der spirituellen Begleitung anvertrauen. Viele Priester verstehen mehr von der Herausforderung und den Schwierigkeiten menschlicher Liebe als die Psychologen. Sie wissen das Vertrauen anderer in einem tieferen Licht zu würdigen als die Psychologie das kann, nämlich im Licht der Wahrheit des geistlichen Gewissens.

Die Kirche hat also recht, den geheiligten Aspekt der genitalen Sexualität zu verkünden. Aber es ist auch unerläßlich, daß wir, die Christen an der Basis, Gemeinschaften schaffen. Denn ohne Gemeinschaften, ohne wirkliche Liebe, ohne Versöhnung, ohne einen Bund, ist es nun einmal nicht möglich, die genitale Sexualität in die menschlichen Beziehungen zu integrieren. Man läuft Gefahr, zur Beute seiner eigenen sexuellen Triebe zu werden, oder aber derjenigen anderer: Verführungen jeglicher Art zu erliegen.

Deswegen muß man in unserer Zeit um jeden Preis an der Schaffung echter Gemeinschaften mitarbeiten, die Menschen aufnehmen, welche isoliert und in Not sind. Das brauchen sie vor allem: in einem Netz von Freundschaft zu leben, wo sie wirklich ihren Platz finden und anerkannt werden, wie sie sind.

Vorbilder

Damit Menschen mit einer geistigen Behinderung ihren Zölibat positiv und gelassen leben können, müssen sie in der Gemeinschaft

Männer und Frauen um sich haben, die ihren Zölibat in Frieden und als Gabe Gottes angenommen haben. Wenn sie nur Erzieher sehen, die ihren Zölibat erleiden, dann wird es ihnen schwerer fallen, ihren eigenen Zölibat freudig anzunehmen. Die verheirateten Assistenten können den Menschen mit einer geistigen Behinderung durch ihre beständige Liebe eine gewisse Stabilität geben: ihr Familienleben kann zur Quelle großen Friedens werden. Die Familien können dadurch einen echten Beitrag zur Heilung der Herzen leisten. Aber sie können nicht als Vorbild für alle dienen.

Denn wenn der Zölibat schon schwer anzunehmen ist für die Menschen mit einer geistigen Behinderung, dann ist er das nicht minder für die Assistenten. Viele kommen in die Arche, um ihren Weg zu suchen. Sie sind nicht anders als die anderen. Sie sind anfällig im Gefühlsbereich. Sie möchten sich engagieren im Kampf um eine bessere Welt. Anfälligkeit und Idealismus gehen oft einher. Das Leben in einer Gemeinschaft, die vom christlichen Glauben inspiriert ist, und gerade das Zusammenleben mit Menschen mit einer geistigen Behinderung berührt sie oft zutiefst. Sie werden innerlich gestärkt und entdecken eine tragfähige Grundlage für ihr weiteres Leben. Die Beziehung zum Menschen mit einer geistigen Behinderung mit all seiner Armut, seinem kindlichen Vertrauen und seinem ständigen Ruf, geliebt zu werden, ruft in ihren Herzen etwas wach. Es ist der Ruf, einen Bund mit den Ärmsten einzugehen. Dazu aber gehört die Hingabe des Lebens.

Viele Assistenten fühlen sich zunächst angezogen von unserem Gemeinschaftsleben, das von den Seligpreisungen inspiriert ist – und auch von der Beziehung zu Menschen mit einer geistigen Behinderung. Die erste Zeit ist oft befreiend. Der Assistent entdeckt eine echte Brüderlichkeit. Sein Herz erwacht. Er entdeckt verborgene Fähigkeiten. Bald aber stößt er an seine Grenzen und auch an die der Gemeinschaft. Das ist dann die Zeit der Prüfung. Er entdeckt die Dimension des Gebets: auf Grund seiner selbst ist Gott gegenwärtig – und der Ruf, mit Jesus in den Ärmsten zusammenzuleben. Diese Glaubenserfahrung kann ihn zutiefst verwandeln: um den Bund mit den Armen zu leben, muß er sich unbedingt abhängig machen von Jesus, vom Gebet, von der Stärkung durch das Wort Gottes und dem Leib Christi. Er bedarf der Begleitung in Wahrheit durch einen Priester oder einen Mann Gottes.

Vor kurzem erzählte mir eine 25jährige Assistentin von ihrem Weg innerhalb der Gemeinschaft. Sie ist kompetent und intensiv gegenwärtig unter den Schwerstbehinderten. Aber sie ist labil, was ihre Gefühle angeht. Sie lebt ständig am Rande der Angst, schon in frühester Kindheit hat sie viel gelitten. Sie hat mehrere enge Beziehungen mit Männern der Gemeinschaft gehabt – so groß ist ihre Angst, allein zu sein, die Angst vor der inneren Leere, so groß das Bedürfnis, angehört und geliebt zu werden. Das Leben mit den behinderten Menschen stärkt und festigt sie zwar, aber es genügt ihr nicht. Gleichzeitig sieht sie deutlich, daß ihre Suche nach einem Mann nicht ganz aufrichtig ist: sie nutzt ihre Sexualität, jemanden anzuziehen – aber nur, um damit ihre innere Leere auszufüllen und nicht isoliert zu bleiben. Angst und Anruf ihrer Gefühle hindern sie am inneren Wachstum, an einer echten inneren Eigenständigkeit. Sie spürt die Notwendigkeit, Schluß zu machen mit den zu gefühlsbetonten und unreifen Beziehungen, wenn sie weiter wachsen will. Andererseits helfen ihr auch die Begegnung mit Jesus und das Gebetsleben deutlich, unabhängiger zu werden von ihren seelischen Neigungen und dem verzweifelten Wunsch, geliebt zu werden.

Im Grunde ähnelt dieses Mädchen aus einer geschiedenen Ehe so vielen jungen Menschen und so vielen mit einer geistigen Behinderung. Sie bedarf im Innersten der Festigung durch den Kontakt mit den Armen, dem Gebet und einem fordernden und festlichen gemeinsamen Leben. Sie muß gegen ihre psychologischen Bedürfnisse ankämpfen lernen, um zu einer wahrhaftigeren, hingebenderen Liebe zu reifen. Eines Tages wird sie dem Ruf Gottes zur Ehe oder zum Zölibat folgen können. Er wird ihr helfen, sich klar zu entscheiden.

Die Tragödie vieler junger Menschen ist gerade ihre gefühlsmäßige Labilität. Sie sind voller Liebe und Hingabefähigkeit, stark intuitiv begabt und meist recht scharfsichtig gegenüber der Heuchelei unserer Welt: so vieler politischer und sozialer Bewegungen. Sie wollen aus ihrem Leben etwas machen. Sie wollen sich engagieren – aber wo? Sie fühlen sich allzu verletzlich und anfällig jenen Kräften gegenüber, die die Welt beherrschen. Sie brauchen also Leitbilder, die sie ermutigen und ihnen helfen, sich auf Dauer zu engagieren. Oft finden sie solche Leitbilder aber nicht. Bei der Auseinandersetzung zwischen Anfälligkeit und Ideal lassen sie sich überwältigen von Entmutigung und Verzweiflung. Manche kommen in die Arche als letzte Zuflucht – oder sogar als Flucht in geistliche Sphären. Um Wurzeln zu schlagen, brauchen sehr viele zunächst psychologische Hilfe.

Jene, die in der Arche neue Hoffnung finden, müssen durch verschiedene Stadien hindurch – und manchmal recht leidvolle. Die entscheidende Frage für viele ist dabei der Zölibat. Ist das überhaupt eine mögliche Lebensform – wenn doch die Gefühle so intensiv nach ihrem Recht verlangen?

Manche Assistenten entscheiden sich schließlich für die Ehe, andere aber entdecken den Zölibat – und zwar nicht als eine Wartestation, sondern als eine endgültige Gabe Gottes. Diese Entdeckung kann lange Jahre der Reifung in Anspruch nehmen. Sie leben den Zölibat dann als Antwort auf einen Ruf Gottes. Sie sagen mit ebensoviel Freude und Begeisterung Ja zum Leben wie diejenigen, die heiraten. Sie entdecken im übrigen, daß es leichter ist, sich klar zu entscheiden und sich zu stützen auf die Liebe und Treue dessen, der sie gerufen hat, als in der Unentschiedenheit zu beharren. Zur Annahme des Zölibats als Antwort auf das Wort Gottes gehört freilich, daß sie mit einem Priester oder Gottesmann darüber gesprochen haben, der sie auf diesem Weg bestätigt. Ebenfalls gehört dazu, das Herz jungfräulich zu erhalten für Gott, der einem begegnet im Herzen der Armen. Die Entscheidung zu diesem »Ja« bedeutet also weder Verhärtung des Herzens noch Flucht vor der Beziehung in das Geistliche. Sie bedeutet im Gegenteil ein noch intensiveres Leben des Bundes mit den Armen. Das Herz, das sich Jesus als Freund und Bräutigam öffnet, wird noch empfindsamer für alles menschliche Leid, noch offener und noch liebender. Den Zölibat angenommen zu haben, heißt freilich nicht, von allem Leid und allen Problemen befreit zu sein. Nein, unsere Gefühle werden immer verwundbar bleiben. In der Arche neigt man dazu, jene Mauern, die das Herz umgeben, abzubauen, um die Zärtlichkeit der Beziehungen zuzulassen. Wir verbergen unser Herz nicht voreinander und suchen uns nicht zu schützen. Diese Verwundbarkeit des Herzens verleiht zwar Beziehungen einen großen Reichtum, aber sie verunsichert auch. Man kann sie darum nur leben, wenn das Herz wirklich entschieden ist, Jesus und die Armen aufzunehmen – und wenn man die Eucharistie und das Gebet als Begegnung mit dem erlebt, der uns liebt und uns beim Namen ruft: auf den Weg der Liebe zu den Armen und Verwundeten. Das Leiden am Zölibat wird dann zum Zeichen unserer Liebe: es wird Hingabe und Opfer unseres Daseins an Jesus und seine Freunde.

Eigene Erfahrungen mit der Verletzlichkeit

Meine persönliche Erfahrung zeigt mir deutlich mein Bedürfnis nach Gemeinschaft und Gebet, um den Zölibat leben zu können. Wenn ich in der Gemeinschaft mit denen zusammen bin, die ich liebe und von denen ich weiß, daß sie mich lieben, dann bin ich in Frieden: Ich bin innerlich eins mit mir selbst. Ich kann andere von Herzen lieben, ohne daß das zu Störungen oder Spaltungen führt. Über der persönlichen Begegnung liegt dann manchmal ein großer Frieden, eine intensive Stille – Zeichen der Gegenwart Gottes. In diesen Momenten aber bleibe ich dennoch verwundbar. Mein Herz ist verwundbar, ja – aber gleichzeitig spüre ich eine gewisse Kraft und Einheit.

Bin ich dagegen auf Reisen, allein und weit weg von der Gemeinschaft, kann ich nicht im Gebet verweilen, bin ich nicht in Kontakt mit mir selbst und in der Gegenwart Jesu, dann bin ich umso verwundbarer und anfälliger. Ich fühle mich wie ein Blatt im Wind und offen für jede Verlockung, ohne jede Willenskraft und ohne jeden Schutz. In diesen Augenblicken versuche ich, mich Gott oder Jesus zu überlassen. Ich bete, daß er mich schützt und vor dem Bösen bewahrt. Aber ich mache die Erfahrung einer großen inneren Armut.

Wenn ich über diese Momente der Armut nachdenke, entdecke ich zwei Dinge. Erstens, daß mein Gemeinschaftsleben sehr intensiv ist, und daß ich gelernt habe, die Mauern fallen zu lassen, was mir ermöglicht, ich selbst zu sein. Ich habe gelernt, verwundbar zu sein, um die anderen besser aufnehmen zu können und ihnen zu zeigen, daß ich sie wirklich liebe. Als Marineoffizier bestand ich fast nur aus »Tugend« und »Willenskraft«, viel mehr als heute – aber ich war nicht verwundbar. Ich verbarg mich hinter dem Anschein von Stärke. Durch mein Leben in der Gemeinschaft habe ich gelernt, mich nicht mehr zu verstecken. Ich habe gelernt, keine Mauern mehr zu errichten, weil ich den anderen traue. Man ist dann verletzlicher, wenn man die Gemeinschaft verläßt, vor allem wenn man nicht mehr in jenem inneren Frieden geborgen ist, der von der Gegenwart Gottes herrührt. Das hat mich in meiner Berufung zur Gemeinschaft nur bestärkt – selbst wenn ich manchmal reisen muß und die Erfahrung der Verletzlichkeit mache. Ich brauche die Gemeinschaft, um in Freiheit und innerer Wahrhaftigkeit zu leben. Ohne diese fühle ich mich ängstlich und unsicher. Ich weiß mich weit entfernt von starken

Männern voller Tugend und Willenskraft, aber den Schwachen und Verletzlichen nahe.

Zweitens habe ich entdeckt, daß die Angst, die ich habe, wenn ich allein, isoliert und verletzlich bin, ein fruchtbarer Boden für die Kräfte des Bösen ist. Ich habe die Worte des heiligen Johannes verstehen gelernt: »Satan ist in ihn gefahren.« Manchmal bin ich vor Angst so arm, daß ich weiß, ohne Gottes Schutz könnte Satan in mich fahren und mich die größten Dummheiten machen lassen. Diese Erfahrung der Armut und der Finsternis könnten sehr wohl entmutigend wirken, tatsächlich aber verpflichten sie mich, noch intensiver in der Gemeinschaft zu leben, in der Wahrheit zu wachsen und mich andauernd auf Gott zu stützen.

Zölibat und Geheimnis der Liebe

Das Leben in Gemeinschaft mit seinen Festen und seinem Zugehörigkeitsgefühl allein aber genügt nicht. Der Mensch mit einer geistigen Behinderung braucht eine einzigartige persönliche Beziehung. Ich bin zutiefst bewegt von der Empfindsamkeit dieses oder jenes Behinderten: David mag Raymonde, eine junge Assistentin, die in die Dritte Welt gegangen ist. Von Zeit zu Zeit überweist er ihr einen Teil seines Lohnes »für die behinderten Kinder in der Hausgemeinschaft da unten«. Er sagt: »Raymonde ist meine Kollegin, ihretwegen arbeite ich.« Er ist erfüllt von einer ebenso mächtigen wie zarten Liebe: etwas Heiligem, ja Göttlichem. Sie ist durchaus keine Illusion, denn diese Liebe hat ihm zu einer tiefinneren Ausgeglichenheit verholfen. Sie ist sein Geheimnis, das man respektieren muß.

Ist Richards Geheimnis ähnlicher Art? Richard ist nicht sehr fromm. Er ist gläubig, aber er geht nicht oft zur Messe und auch nicht zum Abendgebet. Eines Abends sagte er mir leise, ich solle in die Kapelle kommen, um mit ihm zu beten. Er sprach das Gebet der Weihe an die heilige Jungfrau. Ich war zutiefst bewegt.

Laurent geht niemals zur Messe außer bei Beerdigungen und Hochzeiten. Er ist nicht dagegen, aber es ist nicht seine Art. Die Marien-Erscheinung in La Salette vor zwei Kindern, die die Gottesmutter weinen sahen, aber hat es ihm angetan: »Der Mutter hat man weh getan und sie von Zuhause fortgejagt«, sagte eines der Kinder nach der Erscheinung. Ich habe Laurent selbst in die Arche aufgenommen, auch er hat damals bitterlich geweint. Es gibt also eine Art

Komplizität mit der Frau, die den Kindern in den Bergen erschien. Es ist das Geheimnis seines Herzens.

Jeder Mensch trägt das Geheimnis der Liebe in sich. Es verwirklicht sich in der Ehe oder im gemeinsamen Leben. Aus diesem Geheimnis lebt der Mensch. Wird es verraten oder erstickt, verzweifelt er und stirbt.

Das Herz des Menschen ist voller Schönheit und Unschuld. Aber es kann auch verraten und gebrochen werden. Laurent, ein junger Mann von 25 Jahren, war von einer schmerzlichen Vergangenheit geprägt. Seine Behinderung war an sich relativ leicht, aber weil er sehr jung in eine Einrichtung gesteckt worden war, hatte er ein erschreckend verletztes Herz. Seine Mutter verließ das Haus, als er noch klein war. Sein Vater, der ihn sehr liebte und ihn aufgezogen hat, mußte in eine psychiatrische Klinik. Laurent wurde in irgendeine Einrichtung gebracht. Er war voller Gewalttätigkeit und Zorn. Und selbst wenn es ihm später in der Arche etwas besser ging, so war er doch bei uns niemals glücklich. Bei Tisch gab es oft Szenen. Eines Tages begegnete er Christine, einer jungen Frau mit einer leichten geistigen Behinderung, aber zutiefst verwundeten Gefühlen. Sie hat ihn verführt: sie nahm sich seiner mit Zärtlichkeit an, um sein Herz anzurühren. Innerhalb weniger Monate veränderte er sich erstaunlich: er wirkte ruhiger und sanfter, sein Gesicht war friedlicher und entspannter. Bei Tisch hörte er sogar zu. Seine Aggressivität schien zu schwinden.

Erkundigungen über Christine, die in einem anderen Zentrum lebte, ergaben, daß sie eine gefährliche Frau war: Sie zog die Männer an, um von ihnen an Geld und an Geschenken zu nehmen, was sie konnte – und dann ließ sie sie wieder fallen. Unsere Gemeinschaft wußte nicht, was sie machen sollte. Sie ließ den Dingen ihren Lauf und war bereit, Laurent zu helfen, wenn Christine ihn fallen lassen würde. Genau das geschah: Laurent verfiel in eine Art Depression, er zog sich noch mehr auf sich selbst zurück. Die ganze Erfahrung hat ihn in seiner Angst vor der Frau nur bestätigt. Das Erstaunliche daran für uns war, die Schönheit seines Herzens aufleuchten zu sehen. Als Mann geliebt, war er wie verwandelt – leider nur für kurze Zeit. Die Liebe ist die schönste aller Wirklichkeiten – aber sie kann auch gefährlich sein, wenn sie nicht auf einen aufrichtigen Bund gegründet ist.

Ist die genitale Sexualität nicht in diesem gottgegebenen Bund verwurzelt, so kann sie das Herz verdunkeln und es undurchlässig machen. Die Sexualität kann Sakrament der Beziehung sein, aber auch Tod der Beziehung. Der Kuß kann das Wort verhindern, das notwendig ist, um eine Beziehung zu vertiefen. Der sexuelle Trieb ist so mächtig, daß er ein Paar dazu treiben kann, sich körperlich zu vereinen, ohne die notwendigen Stadien gegenseitigen Kennenlernens und Befreundetseins zu achten. Dann aber hat die Vereinigung weder Grund noch Zukunft.

Das Geheimnis der Jesus-Liebe

Je länger ich gebrochenen Menschen zuhöre und auch jenen, die auf ihre Freiheit zuwachsen, desto mehr werde ich in meinem Glauben an Jesus Christus bestätigt. *Das* menschliche Leiden scheint mir immer deutlicher die Isolierung, der Rückzug auf sich selbst, der Mangel an Liebe. Entdecken sie die Finsternis und die Ängste im eigenen Herzen, verfallen viele der Traurigkeit, andere entwickeln ein übermächtiges Über-Ich. Die Angst wird zu jener Energie, die sie zu Erfolgsstreben und Herrschsucht treibt. Sie werden aggressiv und versuchen, vom Schein zu leben. Andere flüchten sich in Gewalttätigkeit, Alkohol und Drogen. Sie versuchen verzweifelt, die Leere des Herzens auszufüllen.

Wer aber hilft ihnen, die eine Anfälligkeit anzunehmen – jene Hinfälligkeit, die sich hinter den Mauern der Angst verbirgt? Wer hilft ihnen, die Brüche ihrer Geschichte und ihres Daseins aufzufangen – die Ängste, die Schwächen, die Sterblichkeit? Alle sind wir von großer menschlicher Armut, auch von seelischer, moralischer und geistlicher Armut. Und alle sind wir zu jener letzten Armut bestimmt, die der Tod bedeutet. Alle tragen wir in uns eine abgrundtiefe Schuld.

Ist die Menschheit noch zu retten – oder ist sie endgültig verdammt zu Kompromiß und Krieg? Weder Wissenschaft noch Technik können die Menschheit retten. Sie haben keine Möglichkeit, die Herzen zu befreien. Die Psychoanalyse kann zwar gewisse Blockaden aufheben, aber sie kann ein Herz aus Stein nicht wandeln in ein Herz voller Liebe. Sie kann weder Leben noch Hoffnung geben, noch die Lust am Teilen. Krieg und Gewalttätigkeit können nicht zum Frieden führen, sie führen nur zu Haß und zu Rache. Und das Heil kann auch nicht von der Politik kommen, von veränderten Strukturen, denn all das bleibt äußerlich. Wandeln muß sich unser egoistisches Herz – und zwar von innen her.

Ich glaube, daß Gott allein das Herz des Menschen heilen kann, und zwar von innen her, indem er uns entdecken läßt, daß wir geliebt sind und also liebenswert, daß wir einen Wert haben, und daß Gott uns liebt, wie wir sind: mit all unserer Armut und all unseren Abwehrmechanismen – aber auch mit unseren Gaben. Wir müssen nicht unbedingt vollkommen sein, wir sind dennoch sein geliebtes Kind. Indem Gott uns so liebt, wie wir sind, gibt er uns das Leben und die Kraft zu noch größerer Liebe – und zu einer ganz neuen Einheit.

Gott liebt die Menschen in ihrer Armut und Verwundbarkeit so sehr, daß er seinen einzigen Sohn gesandt hat, ihnen seine Vaterliebe zu offenbaren. Er hat Jesus, geboren von einer Frau, Maria, gesandt, um den Menschen die gute Nachricht zu bringen, daß jeder geliebt ist: keiner ist allein und keiner verloren. Jesus, der die Liebe des Vaters offenbart, ist die Antwort auf all unsere Angst und Einsamkeit. Mit ihm und in ihm können wir leben, wie wir sind, wir können unsere Behinderungen und Verletzungen annehmen, ja sogar unsere Sterblichkeit – und wir können trotzdem hoffen: daß es möglich ist, zu lieben.

Jesus ist der Mittler des Vaters, der jedem zuruft: »Hab keine Angst. Ich liebe dich. Du hast einen großen Preis in meinen Augen. Du kannst leben. Schreite fort auf dem Weg des Lebens, um selbst Mittler zu werden, der den anderen offenbart, daß ihnen vergeben ist, und daß sie geliebt sind.« Jesus ist da, er ist gegenwärtig im Herzen jedes einzelnen. Aber oft hat man Angst vor ihm und läuft weiter und macht Lärm. Man weigert sich, nach innen zu gehen und auf ihn zu hören, diesen großen Schweigenden, ihn zu entdecken und ihn anzunehmen auf dem Grunde unseres Herzens. Man hat Mühe zu glauben, daß er dort verborgen ist, noch unter der Verwundbarkeit: daß er tiefer in uns wohnt als alle Angst, tiefer als alle Mauern, die wir um unsere Verletzlichkeit errichtet haben.

Wenn ein Mensch entdeckt, daß er geliebt ist mit ewiger Liebe, mit einer Liebe, die Zeit und Raum übersteigt, die selbst den Tod überwindet, dann beginnt alles, sich zu ändern: alles wird möglich, alles kann angenommen und geliebt werden.

Die Heilung eines Menschen geschieht vor allem durch die persönliche Verbindung mit Jesus, der sich als Freund und Geliebter erweist, der uns berührt, der unser Herz aufweckt und erfüllt.

Wenn es wahr ist, daß die Offenbarung der Liebe Gottes sich fast immer durch Beziehungen zu anderen Menschen im Herzen einer Gemeinschaft vollzieht, dann kann diese Gemeinschaft einen Menschen dennoch nicht ganz und gar erfüllen. Allein *ein* Mensch kann einen anderen Menschen ganz und gar erreichen. Aber in einer Gemeinschaft kann es nun einmal nicht den Bund eines Menschen mit einem anderen geben wie in der Ehe oder in der Beziehung zwischen Eltern und Kindern. Der Bund der Gemeinschaft, so tief er auch sein mag, garantiert niemals, daß ein Mensch wirklich dem andern nahe ist und bleibt. Der Bund der Gemeinschaft garantiert nur, daß es immer jemanden gibt, der desselben *Geistes* ist. Um Wurzeln zu schlagen in einem beständigen, persönlichen Bund, muß jemand *Jesus* entdecken. Der Mensch mit einer geistigen Behinderung ist manchmal so begrenzt und hat soviel gelitten, daß er mehr als jeder andere dieser Begegnung mit Jesus bedarf. Er bedarf der guten Nachricht von der Liebe auf vitalste Art. Meist hat er gar nicht die Möglichkeit, die Ehe zu wählen. Er ist besonders arm dran: er kann sich nicht allein zurechtfinden, er braucht die anderen, vor allem aber braucht er Jesus: in der guten Nachricht kann er seine Identität und Berufung entdecken – und damit auch seinen Platz in der Gemeinschaft und in der Kirche.

Die Gesellschaft räumt den ersten Platz den Reichen und Mächtigen ein: jenen, die Erfolg haben. In einem solchen System aber sind Menschen mit einer geistigen Behinderung immer auf den letzten Platz verwiesen – wenn sie überhaupt einen Platz haben. Meistens aber haben sie gar keinen. Manchmal werden sie durch Gleichgültigkeit oder Grausamkeit schon vor der Geburt getötet – oder aber gänzlich abgeschoben. Und wenn sie schon den letzten Platz einnehmen, dann läßt man ihnen auch diesen nur widerwillig, denn sie kosten dann die Gesellschaft viel Geld.

Das Evangelium aber ist gerade den Armen verkündet. Sie stehen im Zentrum der neuen Hierarchie: Sie nehmen den *ersten* Platz ein. Sie empfangen die gute Nachricht von der Gegenwart Jesu in ihrer ganzen Fülle – jene *gute* Nachricht, welche die Reichen und Selbstzufriedenen meist zurückweisen . . .

Das ist der Grund dafür, daß es in unseren Gemeinschaften so viele Männer und Frauen mit einer geistigen Behinderung gibt, die ein echtes inneres Gleichgewicht wiederfinden und ihre Sexualität in einer Weise verantworten können, wie das vielen sogenannten »normalen« Menschen nie gelingt.

Als Ruf gibt es ihn in vielen Religionen, sogar im alten Rom. Er ist dort als bevorrechtigter Weg zur Gottesvereinigung aufgezeigt. Jesus spricht eher verhalten darüber, wenn er sagt: Manche haben sich selbst zur Ehe unfähig gemacht – um des Himmelreiches willen; wer das erfassen kann, erfasse es (vgl. Mat 19,12)

Der Zölibat um des Himmelreiches willen als Ruf Jesu ist in der Kirche immer schon von jenen gelebt worden, die ihn aufnehmen und sich für ihn *entscheiden* konnten. Ich glaube, daß Jesus jenen auf besondere Weise zu Hilfe kommt, die den Zölibat annehmen *müssen*. Er möchte sie in der Tiefe des Herzens erreichen, um ihnen den Frieden einer neuen Liebe zu bringen. Genau dort wird die gute Nachricht den Armen verkündet. Aber dazu bedarf es einer Umgebung, wo sie aufgenommen werden können und diese gute Nachricht auch leben. Ein Mensch mit einer geistigen Behinderung muß wissen, daß der Zölibat als Gabe Gottes angenommen werden *kann* – und daß Gott sich in dieser Gabe seinem Herzen vereint.

Das heißt nun nicht, daß in der Folge alles ohne Leiden abgehen wird. Bis das Herz heilt, die Mauern fallen, und Beziehungen im rechten Abstand gelebt werden, vergeht Zeit. Manche kommen niemals dahin. Sie bleiben verängstigt und gewalttätig. Manchmal müssen sie sogar gehen – oder sie möchten gehen. Andere müssen sich jahrelang anstrengen, um weiterzukommen. Dabei gibt es Fortschritte und Rückfälle. Sie brauchen viel Halt und viel Freundschaft, denn ihr Herz bleibt weiter verwundbar. Wieder andere scheinen wirklich Jesus als den Geliebten zu entdecken und erfahren so die Liebe Gottes: »Brannte nicht unser Herz . . .?«

In der Arche, wo es so viele »gemischte« Werkstätten und Hausgemeinschaften gibt, herrscht im Bereich der Sexualität ein für mich erstaunlicher Frieden. Er scheint begründet in unserer Lebensart: der gesamten Dynamik der Gemeinschaft, der Qualität der Assistenten und des geistlichen Lebens. Sicher gibt es auch Leid, Unruhe und zwiespältige Situationen. Aber die Menschen mit einer geistigen Behinderung scheinen eine Freiheit des Herzens zu haben, die wenige Menschen »in der Welt« je erlangen.

Der Priester spielt hier offensichtlich eine entscheidende Rolle, nämlich bei der Befriedung der Herzen, beim Wachstum in der Liebe und bei der Annahme der Behinderung in der Hoffnung, daß man sie realistisch überwinden kann. Der Priester als Vertrauter, als geistlicher Vater und als Gegenwart Jesu im Sakrament der Versöhnung kann nicht nur zum Halt, sondern auch zum bevorzugten Begleiter werden. Viele Priester aber wissen mit der Rolle nichts anzufangen, die sie bei der Integration der Sexualität und dem Wachstum der Liebe spielen können – und zwar nicht nur für Menschen mit einer geistigen Behinderung, sondern für alle Gläubigen, nämlich sie vielleicht zum Zölibat um des Himmelreiches willen zu berufen.

Das Geheimnis der Liebe der Assistenten

Was wir von den Menschen mit einer geistigen Behinderung gesagt haben, gilt genauso für die Assistenten: auch ihr Herz hungert nach Liebe. Wie für das junge Mädchen, von dem wir weiter oben schon sprachen, hat jeder seine inneren Kämpfe. Man muß einfach wissen, was man will, Prioritäten setzen und Ja sagen zum Wachstum – mit allem, was das heißt. Und man muß auch Hilfe suchen können, um treu zu bleiben in Zeiten der Prüfung und der Versuchung.

Manchmal eint Gott einen Mann und eine Frau, nicht um sie auf die Ehe vorzubereiten, sondern um beide im Zölibat als Gabe Gottes zu bestätigen. In diesen Bindungen wird das Herz der Frau angerührt und geschützt vom Mann, und das Herz des Mannes angerührt und geschützt von der Frau. Diese sehr besondere Beziehung braucht die beiden durchaus nicht von ihrer tieferen Berufung abbringen, sondern kann im Gegenteil dazu beitragen, daß sie in ihrer Hingabe an Gott und die Armen einen Schritt weitergehen. Sie erweist sich dann als außerordentlich fruchtbar. François de Sales, der Bischof von Genf, schrieb an Jeanne de Chantal, die spätere Gründerin der Visitandinen, wenn er im Gebet an sie denke, bringe ihn das nicht von Gott ab, es helfe ihm im Gegenteil, sich noch tiefer in die heilige Dreieinigkeit zu versenken. Franz von Assisi brauchte Klara, und Klara brauchte Franz; Maria, die Mutter Jesu, brauchte Joseph, und Joseph brauchte Maria! Sie liebten sich im Herzen Gottes.

Ich frage mich, ob in unserer Zeit, wo der Zölibat angezweifelt, lächerlich gemacht und immer schwieriger zu leben wird, es nicht gerade dieser Dimension der Liebe und der Zärtlichkeit bedarf, die aus dem Herzen Gottes hervorströmen, um zwei Menschen gemeinsam einen Zölibat leben zu lassen, der ganz auf Gott und die Armen ausgerichtet ist. Denn diese Liebe ist eine absolut unverdiente Gabe Gottes – und wie zu jeder Gabe gehören dazu Opfer und Verzicht.

Man muß sich diese Gaben nämlich nicht aneignen wollen und meinen, man hätte einen Anspruch darauf. Wenn Gott diese Liebe gibt, dann möchte er, daß man sie in der Freude lebt – aber auch, daß man die Zukunft *ihm* überläßt.

Eine der Schwierigkeiten, den Zölibat in der Arche zu leben, besteht darin, daß es keinen kirchenrechtlichen Status für Zölibatäre außerhalb des Ordenslebens gibt. Ein Orden gibt die Namen derer bekannt, welche die »Feierliche Profess« oder ewigen Gelübde ablegen. An diesem Fest nehmen die ganze Gemeinschaft, aber auch Freunde und Angehörige teil. Die Öffentlichkeit stellt dabei einen gewissen Halt dar. In der Arche kann ein Mensch mit einer geistigen Behinderung seinen Zölibat nicht öffentlich verkündigen wollen. Das hätte kaum einen Sinn. Soll dann aber der Assistent ihn öffentlich bekanntgeben und feiern?

In einer unserer indischen Hausgemeinschaften hat ein Mann mit einer leichten Behinderung öffentlich bekanntgegeben, er wäre *Bramasharya* geworden, das heißt, daß er auf die Ehe verzichtet, um sich mehr der Sache Gottes zu widmen. Im allgemeinen präsidiert man dann die *Puja,* das Opfer von Früchten und Blumen. Er scheint sich dabei wohlzufühlen, selbst wenn seine Eltern ihn etwas dazu gedrängt haben. Er selbst sagt dazu: »Auf jeden Fall ist es besser, nicht zu heiraten, denn es ist derart schwierig, mit einer Frau zusammenzuleben.« Zumindest hat er einen eigenen Status gefunden, den Zölibat zu leben, und das öffentlich bekanntzugeben. Solange man nicht verheiratet ist, gilt man in Indien als minderwertig.

Das ist hier im Westen zweifellos etwas anders, aber auch bei uns hat der Zölibatär keinen eigenen sozialen Status, solange er nicht Priester oder Ordensmann ist. Das macht es für den geistig behinderten Menschen schwieriger als für den Assistenten, diesen Stand anzunehmen. Wird das Gemeinschaftsleben von unverheirateten Männern und Frauen in Zukunft gesellschaftlich akzeptiert (heute ist das noch nicht immer der Fall), so wird das den einen wie den anderen helfen, ihren Zölibat positiver zu leben.

Mit diesen Ausführungen sind längst nicht alle Fragen zum Thema gelöst – und sie können es auch gar nicht sein. Denn den Zölibat anzunehmen, bleibt immer eine sehr persönliche Entscheidung – mit Rücksicht auf die verschiedenen Lebensalter und -Situationen sogar eine höchst delikate. Darum müssen wir innerhalb unserer Gemeinschaft Beziehungsstrukturen und Formen geistlichen Lebens finden, die uns ermöglichen, den Zölibat freudig zu leben.

Und schließlich bleibt im Herzen eines jeden – ob er nun verheiratet ist oder Zölibatär – doch eine gewisse Angst, Unruhe, Frustration, Isolierung, manchmal sogar Unausgeglichenheit der genitalen Sexualität gegenüber. Es wird immer Zeiten der Angst und der Flucht geben, ja Momente, wo man seine Ängste nur noch herausschreien kann. Jeder Mann und jede Frau muß diese harte Wirklichkeit annehmen, denn noch sind wir nicht im Paradies. Für uns selbst wie für die anderen erhoffen wir einst die Fülle des Friedens, des Glücks, der Liebe und der Ausgeglichenheit. Noch aber erwarten wir alle die Zeit des Übergangs: des Todes. Unser Glück besteht sicher auch in einer gewissen persönlichen und gemeinsamen Erfüllung, in der Feier der Einheit, es besteht aber ebensosehr in der Erwartung jener Gabe jenseits von Zeit und Raum, die alle unsere Vorstellungen übersteigt: der Gabe des himmlischen Hochzeitsmahls, der Begegnung von Angesicht zu Angesicht mit IHM.

7. KAPITEL

DIE EINHEIT IN DER EHE

Am »Tag der offenen Tür« unserer Gemeinschaft im vorigen Sommer begegnete ich gleichzeitig drei Ehepaaren: sechs Personen, von denen vier ehemalige Mitarbeiter der Arche waren. Ich kannte die Geschichte jedes einzelnen vor und nach der Eheschließung. Ihr Leben war geprägt von Leid und Angst. Ich erinnerte mich, wie ich mich vor zehn Jahren über Jean-Paul lustig gemacht hatte: »Wenn du dir nicht die Zähne richten läßt, kannst du nicht heiraten.« Zu dieser Zeit war wohl die Ehe nicht »dran« für ihn – und er schickte mich einfach weg. Einige Jahre später ließ er sich dann die Zähne richten – und . . .

Die Geburt einer echten Beziehung

Ob sie nun in Gemeinschaft leben oder nicht, ein Mann und eine Frau mit einer geistigen Behinderung fühlen sich manchmal einfach gegenseitig angezogen. Selbst wenn sie nicht viel miteinander reden, verbindet sie eine einfache und schöne Liebe. Vielleicht führen sogar die Leiden der Vergangenheit, die Ablehnung, die beide erfahren haben, zu einer engeren Verbundenheit. Sie verstehen sich oft ganz ohne Worte. Nach und nach spüren sie vielleicht, daß sie zusammenleben könnten, um sich zu helfen und um sich zu lieben. Sie gehen also den Weg der Partnerschaft. Und die Frage stellt sich: Wie kann man ihnen auf diesem Weg helfen? Wie unterscheidet man die verschiedenen Stadien? Und wie hilft man ihnen, ihre Beziehung zu vertiefen?

Es ist für einen Menschen mit einer geistigen Behinderung etwas ganz Außergewöhnliches, zu entdecken, daß er geliebt ist – und zwar nicht nur von einem Assistenten oder einem Älteren, sondern auch von einem Mädchen seines Alters, das sich vielleicht im selben Zentrum befindet. Etwas ganz Neues beginnt für ihn: eine neue innere Einheit bahnt sich an.

Der Erzieher hat hier die Aufgabe, zwei Menschen die Schönheit jener ganz neuen Bande der Liebe bewußt zu machen – aber auch die Verantwortung, die dazu gehört. Niemand darf diese Bande der Liebe zu leicht nehmen wollen, weder der Mensch mit einer Behinderung, noch seine Eltern und Erzieher.

Wer entscheidet was?

Das Problem sowohl für uns in der Arche als auch für die Eltern besteht darin, daß der Mensch mit einer geistigen Behinderung sich meistens nicht allein zurechtfindet. Selbst wenn er genug Geld hat, braucht er Hilfe, um einen Mietvertrag und eine Steuererklärung auszufüllen. Er braucht einfach Unterstützung. Viele Menschen müssen dazu beitragen, daß er ein menschliches und erfülltes Leben führen kann. Das aber heißt auch, daß sein Gefühlsleben beobachtet, analysiert und manchmal auch programmiert wird. Genau das ist seine Tragödie. Er braucht »Genehmigungen« und »Richtlinien«. Auf eine Art fälscht das alles. Der Mensch mit einer geistigen Behinderung könnte natürlich tun, was er will. Dann wären die Dinge einfacher und echter. Das war so bei Paul und Marie, von denen wir im 8. Kapitel noch ausführlicher sprechen werden. Sie galten als schwachsinnig, waren es aber nicht wirklich. Sie kamen gut allein zurecht, wenn man ihnen ein wenig half. Meist schaut der Mensch mit einer geistigen Behinderung, was die anderen denken: die Älteren und die Erzieher. Er ist abhängig von ihrem Blick und ihrer Hilfe. Er hat längst nicht immer die Kraft, von sich aus zu sagen: »Ich gehe.«

Ermutigung und Unterstützung oder aber das Verbot einer Ehe von Menschen mit einer geistigen Behinderung hängt also von der Umgebung ab. Ermutigt man Menschen mit einer geistigen Behinderung, außerhalb der Ehe als Paar zu leben und sexuelle Beziehungen zu haben, dann liegt die Verantwortung für diese Entscheidung bei den Älteren und Erziehern. Sie sagen:»Sie können nicht glücklich sein und menschlich leben, außer sie lieben sich und machen von ihrer Sexualität Gebrauch.« Aber gleichzeitig sagen sie auch: »Nur Kinder darf es nicht geben.« Sie geben ihnen Verhütungsmittel. Und gibt es doch ein Kind, dann verlangen sie die Abtreibung. Emmanuelle, von der wir in Kapitel 8 noch sprechen werden, hat sich lange mit ihnen herumschlagen müssen, bis sie ihr Kind behalten durfte.

Die meisten Menschen mit einer geistigen Behinderung sind also nicht wirklich frei. Ihre geistige Behinderung macht sie abhängig. Ihre Umgebung muß sie zu einem Leben größtmöglicher Unabhängigkeit führen. In der Arche haben wir immer wieder Entscheidungen für sie zu treffen und ihrem Leben eine Richtung zu geben. Und sicher muß man dabei einige Paare ermutigen und andere entmutigen, sich auf die Ehe vorzubereiten. Von den drei eingangs erwähnten Paaren haben alle, die früher Verantwortliche der Arche waren, ihre Hausgemeinschaft verlassen, um sich selbständig zu machen. Ihre Ehen haben sich aus dieser unabhängigeren Lebensform ergeben. Ich finde das auch richtiger und gesünder.

Die Schönheit und der Ernst sexueller Beziehungen

In der Arche möchte man sexuelle Beziehungen nicht banalisiert sehen. Wir halten sie nicht für ein therapeutisches Mittel oder eine Ausdrucksform unter anderen. Wir glauben an die Schönheit, den Ernst und ich möchte sagen, das Geheimnis der menschlichen Sexualität als Ausdruck der tiefinneren Vereinigung zweier Menschen und der beständigen gegenseitigen Hingabe ihres gesamten Daseins.

Die innere Einstellung bedeutet zweifellos eine Herausforderung in einer Zeit, in der die Sexualität von den Massenmedien banalisiert wird. Es ist ein ständiger Kampf, besonders wenn andere vorschlagen, als einzige Hilfe solle man den Menschen mit einer geistigen Behinderung die materiellen Mittel zur Verfügung stellen, ihr Recht auf Sexualität auch wahrnehmen zu können. Ich fürchte nur, anstatt Menschen die Tiefe des Geheimnisses der Liebe entdecken zu lassen, sowohl die Intimität, die diese Liebe mit sich bringt, als auch den Bund, in den man sich begibt, verführt man sie dabei zu einer trügerisch leichtfertigen Sexualität ohne jede Verantwortung und beständige Bindung, ohne wirkliche Fruchtbarkeit, zu einer Sexualität also, die letztlich immer zur Enttäuschung führen muß – und damit zu einer neuen Form der Isolierung. Denn sie entspricht keineswegs den tiefsten Bedürfnissen des Menschen: einen Bund einzugehen und diesen Bund zu leben. Die Anziehung von Mann und Frau kann sehr tief gehen, es kann ein Hunger nach Zärtlichkeit sein, der von der Sexualität ausgeht und zu ihr hinführt. Aber damit die Sexualität wirklich menschlich gelebt wird, nämlich aus einer bereits bestehenden Beziehung hervorgeht, ist es unerläßlich, daß der

Mensch weiß, wer er ist, und was er mit seinem Leben anfangen kann. Er muß dieses Leben ständig mit einem anderen teilen wollen. Jemand, der seine Sexualität ausübt, ohne eine gewisse innere Reife erlangt zu haben, ohne zu wissen, was er in der sexuellen Beziehung eigentlich sucht und wo er damit hin will, droht dadurch nur noch verwirrter zu werden. Er wird sich seiner Identität nicht bewußter, sondern eher noch weniger bewußt werden.

Wir stoßen hier auf den Kern des Problems, wo die Haltung der Arche sich grundlegend von denen anderer unterscheidet. Wir glauben, daß die genitale Sexualität eine schöne und kraftvolle Wirklichkeit ist, die den ganzen Menschen in seiner ganzen Tiefe ergreift. Sie ist eine Möglichkeit zu außerordentlicher Fruchtbarkeit, eine einzigartige Ausdrucksform. Sie ist durchaus keine oberflächliche Wirklichkeit: »Die Ehegemeinschaft wurzelt in der natürlichen Ergänzung von Mann und Frau und lebt aus dem persönlichen Willen der Gatten, ihr ganzes Leben zu teilen, das was sie haben und das, was sie sind. Deshalb ist eine solche Gemeinschaft die Frucht und das Zeichen eines tief menschlichen Anspruchs.«[1]

Der einzige Freund – der Ehemann oder die Ehefrau – ist nicht einfach ein Partner wie beim Sport. Er ist der Geliebte, der Erwählte des Herzens, dem man sich ausliefert – mit allem, was man ist. Die Ausübung der Sexualität führt zu einer neuen Beziehung. Der Hingabe und Vereinigung wohnen eine Art Absolutheit inne, die sich nur in dieser Geste auszudrücken vermag. Die gegenseitige Hingabe aber öffnet beide Partner gleichzeitig auch auf die anderen und auf Gott hin. Dadurch werden sie einander nicht zum Idol, sondern zur Ikone.

In christlicher Sicht ist die gegenseitige Hingabe von Mann und Frau, die neue Bindung durch Körper und Sexualität so tief, daß sie als Bildnis des Bandes zwischen Christus und der Kirche gelten: »Ihr Männer, liebt eure Frauen wie Christus die Kirche geliebt und sich für sie hingegeben hat . . . Darum sind die Männer verpflichtet, ihre Frauen so zu lieben wie ihren eigenen Leib. Keiner hat je seinen eigenen Leib gehaßt, sondern er nährt und pflegt ihn wie auch Christus die Kirche. Darum wird der Mann Vater und Mutter verlassen, um sich an die Frau zu binden, und die zwei werden ein Fleisch sein. Dies ist ein tiefes Geheimnis. Ich beziehe es auf Christus und die Kirche« (Eph 5,25–32).

[1] Johannes Paul *Apostolisches Schreiben Familiaris Consortio über die Aufgaben der christlichen Familie in der Welt von heute* vom 22. November 1981, S. 22.

Aus biblischer Sicht wird die genitale Sexualität also nicht verachtet. Im Gegenteil, die Bibel sieht darin eine so schöne und tiefe Wirklichkeit, daß sie nicht in der ganzen Fülle und Menschlichkeit gelebt werden kann, solange die beiden jenen gemeinsamen Bund nicht anerkennen, der auf den Bund jedes einzelnen mit Gott gegründet ist.

Die Ehe im Alltag

Die genitale Sexualität ist Ausdruck von Liebe und Freundschaft, Hingabe und Beziehung. Dadurch wird sie zum Inhalt eines ganzen Lebens. Die sexuellen Beziehungen sind dabei etwas wie eine beständige Hoch-Zeit: sie sind Feier der Einheit. Aber zu diesem Gipfel gehört auch eine Basis: der Alltag gemeinsamen Lebens, die Brüderlichkeit. Und es braucht dazu auch eine Umgebung: ein Zuhause.

In Ausübung der genitalen Sexualität geben Menschen einander körperlich hin. Der Körper ist der Ort der Intimität, Ausdruck der Intimität des Herzens. Der hingegebene Körper wird dem anderen kostbar: es ist der Körper des Geliebten. In dieser Beziehung, die auf einem Bund beruht und ihn immer neu hervorruft, wird man verantwortlich für den Körper des anderen. »Man ist verantwortlich für das, was man gezähmt hat«, sagt der Fuchs im *Kleinen Prinz*. Man liebt den anderen körperlich und geistig – und nicht nur, wenn er gesund ist, sondern auch, wenn er krank oder schwach ist. Die Liebe, die den Körper ergreift, ist nicht nur Freude der Begegnung, sondern auch der Wunsch, den anderen mitzutragen, ihm beizustehen in Zeiten der Prüfung. Sie ist Dienstbereitschaft und Güte im Alltag. Johannes Paul II. betont das mit Nachdruck: »Die Sexualität, in welcher sich Mann und Frau durch die den Eheleuten eigenen und vorbehaltenen Akte einander schenken, ist keineswegs etwas rein Biologisches, sondern betrifft den innersten Kern der menschlichen Person als solcher. Auf wahrhaft menschliche Weise wird sie nur vollzogen, wenn sie in jene Liebe integriert ist, mit der Mann und Frau sich bis zum Tod vorbehaltlos einander verpflichten. Die leibliche Ganzhingabe wäre eine Lüge, wenn sie nicht Zeichen und Frucht personaler Ganzhingabe wäre, welche die ganze Person, auch in ihrer zeitlichen Dimension, miteinschließt. Wenn die Person sich etwas vorbehielte, zum Beispiel die Möglichkeit in Zukunft anders zu entscheiden, so wäre schon dadurch ihre Hingabe nicht umfassend«.[1] Die im Bund gelebte Sexualität steht im Dienst des Lebens: durch sie entsteht die Familie. Die Familie aber steht im Dienst des Kleinen, des Kindes. Hier erhält die Sexualität ihre vollkommene Sinnerfüllung. »Mit der Erschaffung von Mann und Frau nach seinem Bild und Gleichnis krönt und vollendet Gott das Werk seiner Hände: er beruft sie zu einer besonderen Teilhabe an seiner Liebe und zugleich an seiner Macht als Schöpfer und Vater durch ihre freie und verantwortliche Mitwirkung bei der Weitergabe des Geschenkes des menschlichen Lebens: ›Gott segnete sie und Gott sprach zu ihnen: Seid fruchtbar und vermehrt euch, bevölkert die Erde und unterwerft sie euch.‹ «[2]

Damit aber öffnet das Paar sich einer Wirklichkeit, die es selbst übersteigt: Mann und Frau werden fähig, Leben zu geben, fähig zum Dienst an einem kleinen gebrechlichen Wesen, fähig Eltern zu werden. Diese Öffnung befreit sie aus aller Selbstverschlossenheit, aus der Beschränkung auf eigene Interessen und Lustgewinn.

Sexuelle Beziehungen ohne Verwurzelung im täglichen Leben sind unrealistisch. Sie stellen zwar ein Moment der Erregung dar, aber abgeschnitten von der Wirklichkeit. Sie bleiben verantwortungslos, eine Spielerei für ein paar angenehme Augenblicke, aber ohne gegenseitiges Engagement, ohne Zeichen eines Bundes zu sein. Sie sind kein Ausdruck der Zärtlichkeit und des Vertrauens von Menschen, die einander zutiefst verbunden sind. Die Sexualität droht zu einer angsterfüllten Taktik zu werden, den anderen für sich behalten zu wollen und immer neu zu verführen: «Wenn ich nicht mehr schön bin, läßt du mich fallen.«

Ohne Zeichen des Bundes zu sein, bleibt die Sexualität den Launen und Leidenschaften des Augenblicks unterworfen: «Du liebst mich, weil ich dir gefalle – aber wirst du mich morgen noch lieben um meiner selbst willen?«

Natürlich ist für Menschen mit einer geistigen Behinderung das Risiko der Einsamkeit im Falle des Verlassenseins vom Partner nicht dasselbe wie für andere Menschen. Sie sind meist von einer Vereinigung getragen und abhängig von Eltern und Erziehern. Sie sind also nicht ganz allein, wenn der Partner die Beziehung abbricht, um eine neue mit einem anderen anzufangen. Sexuelle Beziehungen haben darum nicht dieselbe Bedeutung für einen Menschen mit einer geisti-

[1] a. a. O. 15
[2] a. a. O. 31

gen Behinderung, der sozial gut versorgt in einer Einrichtung lebt, wie für jenen Mann oder jene Frau, für die sexuelle Beziehungen eine Teil ihres gemeinsamen Lebens darstellen, Zeichen der Freundschaft und des gegenseitigen Engagements.

Schwierigkeiten innerhalb des Bundes

Den Bund innerhalb der Ehe lebt man nicht ohne Schwierigkeiten. Das darf man nicht verkennen. Viele vergessen in der Hochstimmung der ersten Zeit den schmerzlichen Aspekt dieses Bundes, ja die Trauer. Wenn man sich an einen Mann oder eine Frau bindet, verzichtet man damit auf tausend andere. Wenn man in einem Stück Erde Wurzeln schlägt, verzichtet man damit auf tausend andere. Wenn man sich einem Menschen hingibt, verliert man seine Freiheit, sich anderen hinzugeben.

Diese Trauerarbeit, dieser bewußte Verzicht auf die Freiheit sind notwendig, um sich einer neuen Freiheit zu öffnen: derjenigen des erfüllten Bundes, der Freiheit der Ehe, der Vaterschaft oder Mutterschaft, der Freiheit, sich geliebt zu wissen und den anderen lieben zu können.

Die Anfänge einer tiefinneren Beziehung zwischen Mann und Frau sind oft überschwenglich, ja euphorisch. Die Mauern der Einsamkeit, der Ängste und Befürchtungen fallen. Aber wenn zu Anfang noch das Strahlen des einen das Strahlen des anderen hervorruft, werden mit der Zeit die Wolken nicht ausbleiben: das Leuchten des einen wird die Finsternis des anderen bloßstellen – und schließlich wird aufeinanderprallen, was bis dahin verborgen war bei beiden. Man regt sich auf, man kapselt sich ab. Die Liebe droht in Haß umzuschlagen.

Der Weg von der Euphorie der ersten Begegnung zur gegenseitigen Blockade und Sprachlosigkeit aber ist außerordentlich schmerzlich. In der ersten Zeit der Verlobung und der Ehe kommt der Mann schnell von der Arbeit nach Hause, um wieder bei der Geliebten zu sein. Er spricht viel, ist voller Begeisterung, zuvorkommend und einfühlsam. Immermehr aber läßt er sich von der Arbeit in Anspruch nehmen und engagiert sich für irgendwelche sozialen, politischen oder religiösen Dinge. Er kommt immer später nach Hause, ist müde, wenig begeistert – und läßt sich vor dem Fernsehen nieder. Vielleicht fängt er heimlich an zu trinken. Die Frau kümmert sich eher um die Kinder, auch sie arbeitet jetzt – und nach und nach türmen sich Mauern auf zwischen beiden . . .

Diese Entwicklung ist leider allzubekannt. Allzu viele Paare trennen sich und denken an Scheidung. Mann und Frau sind wieder allein, frustriert, wütend, depressiv. In dieser konfliktgeladenen Atmosphäre ständiger gegenseitiger Aggression halten sie es nicht länger aus. Sie gehen zu jemand anders. Mißtrauisch oder auch hastig suchen sie nach neuer Zärtlichkeit. Aber das Herz ist schon zu verwundet, Angst und Zweifel machen sich breit: werde ich noch einmal treu sein können? Wird der andere mir treu bleiben? War es meine Schuld oder die des anderen? Was habe ich falsch gemacht?

An diesem Punkt haben Mann und Frau es schwer zu verstehen, daß gerade die gegenseitige Blockade auch die Wende zur Heilung bedeuten kann. Berührt der Schatten des einen den Schatten des anderen, finden sie Hilfe, die Dunkelheit gemeinsam zu durchwandern – oder öffnen sich ihnen neue Quellen von innen? Vielleicht können sich ihre Beziehungen dann vertiefen, und sie finden einen neuen Weg gemeinsamen Lebens auch mit den Kindern.

Die Vereinigung von Mann und Frau und das gemeinsame Leben mit den Kindern dienen nämlich Wachstum und Heilung des einen wie des anderen. Sie sind da, um gemeinsam zu wachsen, zu lieben, zu dienen und daran zu reifen: immer offener zu werden für Gott und die Menschen.

Die Ehe

Aber ist die Beziehung zwischen Mann und Frau in Form eines Bundes überhaupt möglich? Kann Liebe etwas anderes sein als die Euphorie eines Augenblicks? Kann sie anders enden als in Verhärtung und Haß? Ist das nicht die Erfahrung zu vieler Paare?

Ich glaube, die beständige Beziehung ist möglich, wenn das Herz des einzelnen von Gott angerührt ist, wenn er sich ständig auf dem Weg der Heilung befindet. Diese Begegnung mit Gott ermöglicht ihm dann, allen Anforderungen der Beziehung zu einem Menschen gerecht zu werden. Die beständige Beziehung von Mann und Frau war früher leichter möglich, und sie ist es auch heute noch in Ländern, wo die Familie in herkömmlicher Weise existiert, wo alle zusammen leben oder man sich sehr nah ist: Vettern, Brüder und Schwestern, Großeltern, Onkel und Tanten. Es gibt dort vielleicht auch weniger Auseinandersetzungen zwischen Mann und Frau, weil sie nicht immer allein miteinander sind: Ihre Beziehungen sind auf eine Gruppe verteilt. In der Kleinfamilie sind Mann und Frau oft sehr allein mit den Kindern. Leben sie nicht im ständigen Austausch miteinander, droht ihre Beziehung schnell zu verkümmern. Um lebendig zu bleiben aber brauchen sie Energie, schöpferische Phantasie – und Zeit! Viele Paare aber leben in Situationen, in denen sie schon nicht einmal mehr genug Energie haben, an ihrer Beziehung zu arbeiten – und diese löst sich dann einfach auf.

Die Beziehung zwischen Mann und Frau ist derart kostbar, sowohl für die beiden als auch für die Kinder und für Gott, daß der Vater verheißen hat, ihnen ständig zu Hilfe zu kommen. Die Verbindung von Mann und Frau ist darum etwas Geheiligtes. Sie ist Abbild Gottes, des Vaters, des Sohnes und des Heiligen Geistes. Sie ist die erste Verbindung von Menschen überhaupt, Ursprung aller anderen menschlichen Bindungen.

Die Ehe ist ein Sakrament

Deswegen ist die Verbindung von Mann und Frau auch ein Sakrament. Sie wird von der Kirche verkündigt und bestätigt. Sie ist ein geheiligtes Zeichen, von Jesus selbst eingesetzt. Sie ist der Ort der Beziehung zu Gott. Gott ist gegenwärtig in dieser Verbindung, er kommt den Gatten ständig zu Hilfe. Er hilft ihnen, die Schwierigkeiten in der Ehe zu nutzen. Anstatt sie zu verdrängen und zu flüchten, sollten sie den Eheleuten Gelegenheit sein, einander täglich tiefer anzunehmen: Gelegenheit zu Vergebung und Versöhnung.

Vergebung ist *die* Gabe Jesu an die Menschheit. Jesus ist gekommen, uns zu vergeben, damit wir Vergebung leben. Vergebung ist die Liebe zum anderen, der verletzt ist, weil verletzlich, der ängstlich ist und unzuverlässig: der den Bund gebrochen hat. Vergebung leben heißt verstehen, daß alle Blockaden, alle Aggressionen aus inneren Leiden, Angst und Furcht geboren sind. Vergebung leben heißt, den anderen annehmen, so wie er ist: mit all seinen Gebrechen, all seinen Schwächen, all seinen Sünden – mit seiner ganzen Vergangenheit. Vergebung leben heißt, den Bund mit dem anderen erneut anerkennen.

Vergebung aus dem Herzen Gottes heilt das Herz des Menschen in der Tiefe. Vergebung wandelt das verletzte Selbstverständnis in das positive Bild, Kind Gottes zu sein. Es verwandelt Schuldgefühle in Selbstvertrauen und Vertrauen zu Gott und dem Nächsten. Vergebung erfahren bedeutet, fähig werden zum Vergeben.

Das Sakrament der Ehe wandelt die Grundlagen der Beziehung zwischen Mann und Frau. Es handelt sich nicht nur um die Liebe des einen zum anderen, um das Versprechen, sich ein Leben lang hinzugeben, sondern um einen Ruf und seine Bestätigung durch Gott. Grundlage dieser Vereinigung ist der Wunsch des Vaters, bei allen Verwundungen und aller menschlichen Armut Mann und Frau teilhaben zu lassen am Leben der heiligen Dreieinigkeit: an seiner vergebenden Liebe. Das Leben des Paares ist darum gegründet auf Vergebung, die allein alle Wunden der Einheit heilt. Und der Weg zu dieser Einheit wird nur möglich durch die tägliche Vergebung – und das Fest als Zeichen totaler Vergebung, verwirklicht in der Zärtlichkeit und der liebenden Vereinigung. Diese Vereinigung in geistlicher und körperlicher Liebe überwindet alle verbleibende Aggressivität und Blockade. Sie läßt die beiden ein Fleisch, ein Herz, eine Seele und ein Geist werden. So wird die Vereinigung der beiden zur Eucharistie: Danksagung für die wiedergefundene Einheit.

Darum sind auch die Geschlechtsteile geheiligt. Sie sind göttlichen Werken vorbehalten: Zeichen dreieinigen Lebens und Ursprung menschlichen Lebens. Darum können sie auch nur recht gebraucht werden, um ein Leben in Liebe und in einem Bund zu führen, der von Gott gesegnet und bestätigt ist. Ihr Gebrauch außerhalb dieses Bundes verschließt Mann und Frau in der Isolierung. Anstatt Quelle und Zeichen der Hoffnung zu sein, wird die sexuelle Beziehung Grund zur Verzweiflung. Sie rührt an das Intimste, Geheiligste und Verletzlichste im menschlichen Herzen – aber ohne es jemals erfüllen zu können. Allein umgeben von der Gegenwart Jesu kann die Liebe der Partner sich festigen und ihnen den Frieden in der Tiefe bringen. Denn das menschliche Herz dürstet nicht nach flüchtiger Liebe und einseitigem Vergnügen, sondern nach umfassender, ewiger Liebe, die alle Isolierung überwindet und zu neuer Einheit führt.

Die Tragödie der Ehe und der körperlichen Vereinigung in Liebe ist der naive Glaube vieler, das Paradies auf Erden müsse damit erreicht sein: die restlose Erfüllung ihrer tiefsten Bedürfnisse. Andere, die bereits schlechte Erfahrungen gemacht haben, gehen mit Zynismus und Verzweiflung in die Ehe. Die Wahrheit liegt in der Mitte zwischen Naivität und Verzweiflung. Das menschliche Herz sehnt sich nach dem Paradies, nach dem himmlischen Hochzeitsmahl. Diese Sehnsucht ist keine Illusion. Aber nur nach und nach nähert man sich diesem vollkommenen Glück. Viele unreife junge Menschen meinen, die Ehe sei das Paradies. Sie müssen entdecken, daß sie eine Schule des Lebens und der Liebe ist. Erst durch Freud und Leid, vor allem aber durch die ständige Vergebung, lernen sie lieben und treu sein. Am Anfang ist ihre körperliche Hingabe und Zärtlichkeit noch sehr unreif. Aber weil sie ihre Vereinigung unter das Zeichen der Gegenwart Gottes und das Sakramentes stellen, wachsen sie gemeinsam in Liebe und Wahrheit: sie werden Zeichen des Reiches Gottes.

Die Einheit der christlichen Familie ist Zeichen dafür, daß Liebe, Einheit und Frieden möglich sind. Auf ihre Weise ist jede Familie Keimzelle aller Einheit, aller Vergebung, aller Gemeinschaft, aller Fruchtbarkeit. Dadurch aber ist sie auch Zeichen der Hoffnung.

Die Ehe von Menschen mit einer geistigen Behinderung

Manche Menschen mit einer geistigen Behinderung, besonders jene mit einer leichten, können durchaus Freud und Leid des Ehe- und Familienlebens eingehen. Viele von ihnen aber sind bereits als »schwachsinnig« und »unangepaßt« gestempelt. Tatsächlich hätten sie mit einiger Hilfe gut allein zurechtkommen können. Aber das Etikett »schwachsinnig« droht ihnen jedes Selbstvertrauen zu nehmen. Sie fühlen sich anders, ausgesondert, anomal. Dieses negative Selbstverständnis wird ihnen oft noch bestätigt durch die Haltung der Eltern und der Umgebung – und schließlich durch die Einweisung in eine Fachklinik.

Die Arbeit von Jacques Servais über die Ehevorbereitung behinderter Brautleute scheint mir die erschöpfendste an Beispielen und Bibliographie.[1] Sie bestätigt in allem die Erfahrungen der Arche. Die Ehe behinderter Menschen ist möglich, jedoch immer nur für eine Minderheit: »Das Recht auf die Ehe als ein unveräußerliches Recht jedes Menschen erhält seine volle Rechtmäßigkeit und Substanz erst durch die Willensäußerung der beiden, den Partner zu achten . . . Außerdem setzt die Ehe wie jede Berufung Anziehung und Eignung voraus. Die gegenwärtige Kultur fördert allgemein die Anziehung auf Kosten der Eignung zum Eheleben. Hier wie sonst soll-

[1] Jacques Servais, *Jalons pour l'accompagnement au mariage des personnes handicapées,* Dissertation Louvain La Neuve 1981

ten die Erzieher die behinderten Ehepartner dazu ermutigen, ihre Zukunft selbst in die Hand zu nehmen. Dazu braucht es zunächst eine Beziehung, in der Vertrauen Sicherheit vermittelt, bevor der Begleiter bestimmte Zukunftspläne korrigieren oder nuancieren kann.«[2]

Die in diesem Bereich so entscheidende Rolle des Begleiters besteht hier darin, jemand bei der Bewußtwerdung zu helfen, was der geäußerte Wunsch nach Ehe tatsächlich bedeutet, Verantwortung und Anforderungen klarzustellen und die Fähigkeiten zu entwikkeln, ihnen gerecht zu werden. Denn leicht ist die Ehe nie. Sie bedeutet Wachstum und Öffnung für beide Partner.

Der Begleiter sollte die gesellschaftlichen, freundschaftlichen und familiären Beziehungen beider Partner ermutigen, um sie dadurch an der Selbstverschlossenheit zu hindern. In schwierigen Zeiten sollte er ihnen neues Vertrauen zu geben wissen. Er sollte ihnen Bezugsperson, Gesprächspartner und Ratgeber sein, wenn immer das Paar es wünscht.

Trotz aller Schwierigkeiten bleibt festzuhalten, daß Statistiken und Meinungsumfragen für Ehen zwischen Menschen mit einer geistigen Behinderung nicht mehr Trennungen und Scheidungen ausweisen, als für solche sogenannter normaler Menschen.[3] Freilich können sich diese Zahlen auf ganz verschiedene und manchmal auch recht schmerzliche Wirklichkeiten beziehen.

Nehmen wir zum Beispiel die Situation von Paul und Marie. Marie ist eine halbseitig gelähmte Frau von 40 Jahren. Seit 4 Jahren lebt sie in einer unserer Hausgemeinschaften. Sie war charakterbedingt schwierig, sobald sie nicht im Mittelpunkt stand und verstand es sehr gut, sich immer wieder in Szene zu setzen.

Bevor sie in unsere Gemeinschaft kam, lebte sie bei sich zu Hause: in einer gutbürgerlichen Familie, wo sie ihrer Behinderung wegen ständig hinter Schloß und Riegel war. Es kam gar nicht in Frage, daß sie ausgehen durfte wie ihre jüngeren Brüder und Schwestern, etwa zum Tanz oder zu Freunden. Marie war verwundet, verbittert und ständig unzufrieden. Durch ihre Behinderung war sie praktisch arbeitsunfähig und träumte von einem eigenständigen Leben. Sie bestand solange darauf, bis die Assistenten ihr eine Einzimmerwohnung in der Stadt fanden, freilich ohne sicher zu sein, ob sie zu soviel

[2] a. a. O. 27
[3] a. a. O. 113

Eigenständigkeit fähig wäre. Sehr schnell befreundete Marie sich mit einem behinderten Mann aus einer unserer Hausgemeinschaften, der jetzt auch in einer Stadtwohnung lebt und arbeitet. Die beiden zogen bald zusammen, ohne jemand zu fragen. Wir wußten nicht, was wir tun sollten. Marie hatte schon mehrere Beziehungen mit Männern gehabt, als sie noch bei uns lebte. Im allgemeinen waren es wesentlich jüngere und behinderte Männer, denen gegenüber sie sich sehr einnehmend zeigte – und deren Leben sie praktisch zerstörte.

Wir wußten wirklich nicht, ob Marie fähig wäre zur Treue. Liebte sie Paul um seiner selbst willen – oder wollte sie nur die verheiratete Frau spielen? Noch dazu tranken alle beide. Die Begleitung erwies sich umso schwieriger, als beide eine Pubertätskrise durchmachten, die zwar verständlich war, aber in der sie systematisch ablehnten, was von der Gemeinschaft kam – nur um ihre Eigenständigkeit zu beweisen.

Ein der Gemeinschaft befreundetes Ehepaar nahm uns die Begleitung ab. Paul und Marie entschieden sich zu heiraten. Die Haltung von Maries Familie änderte sich schlagartig: Marie war jetzt wie alle anderen. Sie fühlte sich Brüdern und Schwestern ebenbürtig. Die ersten Ehejahre waren schwierig. Marie war den ganzen Tag allein in der Wohnung, sie trank immer mehr. Schließlich machte sie eine Entziehungskur, seit 2 Jahren ist die Ehe friedlicher.

In einem Bericht über vorübergehend in eine Klinik für Schwachsinnige Eingewiesene fiel mir die Anzahl derer auf, die später geheiratet haben, freilich mit mehr oder weniger Erfolg. Von 48 Testpersonen heirateten 34 Leichtbehinderte, und nur 4 trennten sich wieder oder ließen sich scheiden. Auch wenn die Geschichte jedes Paares einzigartig ist, so gibt es doch gewisse Konstanten. Jene, die vor ihrem Klinikaufenthalt unbeachtet des Partners nur nach sexuellen Beziehungen suchten, fanden in der Ehe menschliche Ausgeglichenheit und inneren Frieden. Mit einem gewissen Stolz verwiesen sie auf »Zuhause«, »meinen Mann« oder »meine Frau«. Fast alle Frauen wurden bei der Klinikentlassung sterilisiert und litten darunter. Der Wunsch, vom Etikett des Schwachsinnes befreit und wie alle anderen zu sein, gab ihnen sicher die Kraft, die Ehe durchzustehen. Die Einsamkeit nach der Klinikentlassung half ihnen, einen möglichen Partner zu finden. Waren sie einmal verheiratet, wollten sie um keinen Preis wieder allein sein. Das führte sie zu erheblichen Konzessionen innerhalb der Ehe. Das ist für einen Menschen mit einer gewissen Behinderung einfacher als für einen begabteren und selbständigeren, der es ablehnt, anderen zu dienen.[1]

Das Kind

Kann ein behindertes Ehepaar Kinder haben? Die Frage ist ebenso heikel wie komplex. Manche Frauen mit einer geistigen Behinderung wollen vor allem Mutter werden. Das Leiden an der Unfruchtbarkeit ist ihnen unerträglich. Ermutigt man sie zu sexuellen Beziehungen, verbietet ihnen aber Kinder zu haben, dann wird man sicher nicht dem tiefsten Schrei ihres Herzens gerecht.

Für bestimmte Menschen mit einer geistigen Behinderung aber ist es gar nicht gut, Kinder zu haben. Denn diese könnten ihrerseits schwer behindert sein. Die Empfängnis und Geburt von Kindern mit schweren Behinderungen, die niemand liebt und pflegt, sollte man keinesfalls ermutigen. Aber es geht dabei nicht nur um die Frage der Vererbung. Viel heikler ist, daß Menschen mit einer geistigen Behinderung oft nicht fähig sind, ihr Kind zu erziehen. Eine Mutter mit einer Behinderung kann sicherlich ihr Kind stillen, und sie kann viel Freude daran haben, es anzuschauen, auf den Arm zu nehmen und mit ihm zu spielen. Aber wenn das Kind ängstlich und aggressiv reagiert, droht die Mutter selbst ängstlich und unsicher zu werden. Und dann kann sie das Kind aufgeben, ja brutal werden. Im Bereich der Erziehung wird diese Mutter dann versagen. Denn Erziehung setzt eine gewisse Sicherheit voraus: jene Freiheit und jenen inneren Frieden, die dem Menschen mit einer geistigen Behinderung oft fehlen. Darum ist es ein schwerwiegender Fehler, Menschen mit einer geistigen Behinderung Kinder haben zu lassen, die sie nicht selbst erziehen können.

Aber auch da kann man sich täuschen. Jean-Christophe, ein halbseitig gelähmter Mann, der in einer unserer Gemeinschaften lebte, schwängerte Emanuelle, beide arbeiteten in derselben Werkstatt. Die Erzieher der nicht von der Arche geleiteten Werkstatt bedrängten Emanuelle, abtreiben zu lassen. Das aber wollte sie nicht, sie wollte unbedingt ihr Kind haben. Jean-Christophe hatte große Angst. Er hatte zu wenig Selbstvertrauen zur Partnerschaft und vor allem zur Vaterschaft. Nach und nach aber wurde er ruhiger. Endlich

[1] Robert B. Edgerton, *The Cloak of Competence,* University of California Press, 1967

entschlossen sie sich zu heiraten, Jean-Christophe hat die Vorstellung, Vater zu werden annehmen können. Er verließ die Arche einige Zeit vor der Geburt des Kindes und lehnte jeden Kontakt mit uns ab. Er wollte allein mit Emanuelle zurechtkommen. Heute sind sie glückliche Eltern. Ein der Gemeinschaft befreundetes Ehepaar besucht sie regelmäßig. Eine tiefe Freundschaft verbindet beide Paare. Sie helfen sich viel. Das Kind scheint glücklich, wächst und gedeiht – und Jean-Christophe und Emanuelle scheinen ausgezeichnete Eltern. Es ist eine Freude, sie zu sehen.

Jacqueline lebte in einer unserer Gemeinschaften in der Stadt. Sie wurde schwanger von einem Mann, den wir vorübergehend in eine andere Gemeinschaft aufnahmen und nicht gut kannten. Wir fanden für Jacqueline einen Platz in einer Familie. Durch die Mutterschaft hat sie erhebliche Fortschritte gemacht. Sie ist eigenständiger geworden und arbeitete in einer Fabrik in der Nähe der Gastfamilie. Dazu wäre sie vor der Geburt des Kindes sicher nicht fähig gewesen. Sie lebte zwar mit ihrem Kind, die eigentliche Elternschaft aber übernahm die Gastfamilie. Ideal war diese Lösung nicht, aber auch nicht schlecht. Sagen wir, es war eine menschliche Lösung. Das Kleine wuchs heran und begann, die Mutter intellektuell zu überflügeln. Die Mutter sah sich bedroht: mußte sie durch eine andere Frau ersetzt werden, also das Kind verlieren? Sie begann, die Geburt des Kindes zu bedauern. Vielleicht wurde sie deswegen ein zweites Mal schwanger, vermutlich wieder von jemand aus der Fabrik. Das zweite Kind wollte sie aber nicht allein aufziehen, es wurde sehr jung adoptiert. Dann starb die Frau von Jacquelines Gastfamilie, der Mann wurde älter und konnte Jacqueline und ihr erstes Kind nicht länger behalten, das sie im übrigen selbst nicht mehr ertrug. Wir fanden eine Familie für Jacqueline und ein Zentrum für ihr erstes Kind. Sein Pate steht ihm bei, es ist ein früherer Assistent der Arche aus der Zeit von Jacquelines erster Schwangerschaft. Die Situation bleibt schwierig. Jacqueline ist zwar gut aufgehoben, muß aber auch ebenso gut begleitet werden.

Micheline hat sich von der Gemeinschaft unabhängig gemacht. Sie ist intelligent, aber seelisch stark gestört. Sie wurde von der Familie aufgegeben. Als wir sie vor zwölf Jahren aufnahmen, war sie der Psychose nahe. Ihre Beziehungs- und Arbeitsfähigkeit hat sich erheblich entwickelt. Seit kurzem lebt sie allein und arbeitet in einer Fabrik. Sie ist glücklich, endlich selbständig zu sein und nicht dauernd die Assistenten im Nacken zu haben.

Aber ein Alter hat sie verführt und ausgenutzt. Sie fühlte sich angezogen von diesem Mann, der sie brauchte. Sie leben nicht zusammen, aber sehen sich ganz regelmäßig. Sie wurde schwanger und ließ abtreiben. Einer Assistentin erzählte sie das alles etwas provozierend und nicht ohne Stolz: »Ich bin frei – und du nicht.« Die Assistentin fragte Micheline, ob sie nicht gelitten hätte. Sie brach in Tränen aus und gestand, daß sie abtreiben lassen *mußte*.

Noch in drei weiteren Fällen haben unverheiratete Frauen unserer Gemeinschaft Kinder gehabt. Wir haben uns immer gegen die Abtreibung gewehrt. Erstens weil wir glauben, daß es schlimm ist, ein Kind im Mutterschoß zu töten – und zweitens, weil die Mütter gar nicht abtreiben lassen wollten. Oft verlangen Eltern und Erzieher die Abtreibung eines Kindes, für das sie verantwortlich wären. In den drei genannten Fällen – extrem wenig angesichts der Zahl der bei uns aufgenommenen Frauen und der Tatsache, daß wir keine Verhütungsmittel ausgeben – haben die drei jungen Frauen gesunden Kindern das Leben geschenkt. Sie haben sie ansehen, anrühren und bewundern können und ihnen sogar einen Namen gegeben. Alle drei haben eingewilligt, daß ihr Kind adoptiert wird.[1]

Es ist schlimm, eine schwangere junge Frau zur Abtreibung zu veranlassen. Man gibt ihr den Eindruck, die Frucht ihres Lebens wäre verdorben. Ist aber die Frucht verdorben, so ist sie selbst verdorben. Man verstärkt sie nur in ihrem negativen Selbstverständnis und in ihren Schuldgefühlen. Denn man zwingt sie, den Strom des Lebens in ihrem Innern zu unterbrechen.

Natürlich ist das alles nicht einfach. Wir stoßen hier auf das Kernproblem menschlicher Hinfälligkeit und menschlichen Leidens. Das Problem der Kinder von Menschen mit einer geistigen Behinderung beschäftigt mich immer stärker. Jeder Fall ist derart geprägt von Vergangenheit und Charakter des einzelnen, daß es mir unmöglich erscheint, irgendwelche Regeln aufzustellen.

Wie kann man einem Paar helfen, das keine Kinder haben kann oder unfähig ist, Kinder zu erziehen, sich nicht gänzlich auf sich selbst zurückzuziehen, wie man das so oft erlebt? Werden sie ohne die Freude und den Dienst am Kind, jener natürlichen Fruchtbarkeit des Paares, andere Kraftquellen finden, sich Gott und den Menschen zu öffnen? Wie werden sie Schwierigkeiten und Blockaden des All-

[1] Das Emanuel-Werk widmet sich der Adoption behinderter Kinder; Jean et Lucette Allingrin, Montjoie, Clefs, F-49150 Baugé

tags überwinden? Aus welcher Hoffnung heraus werden sie Andersartigkeit und Konflikte meistern können?

Nur ein gemeinsames Ideal, das ihre Ehe in den Dienst einer Gemeinschaft stellt, die sie ihrerseits anregt und unterstützt, kann ihnen am besten zu der notwendigen Ausgeglichenheit und Reife verhelfen.

Aber es gibt in diesem Bereich derart viele Unbekannte! Ich denke hier besonders an Didier und Marianne, die beide seelisch gestört und intellektuell unterentwickelt sind. Ich wage nicht zu sagen, daß sie ein Kind erziehen könnten. Und doch hat beiden die Ehe zu einer neuen inneren Stabilität verholfen. Sie lieben und sie tragen sich aufrichtig. Sicher wird es nicht immer ohne Schwierigkeiten abgehen. Aber im ganzen ist diese Ehe doch positiv.

Wer kann heiraten?

Wem also kann man schließlich zur Ehe raten? Zunächst muß klar sein, daß man niemand zur Ehe *raten* kann. Die Paare selbst entschließen sich zu diesem Weg. Man spricht nicht über die Ehe mit Menschen, die »eigentlich« gern heiraten würden. Man spricht darüber mit einem Paar, das bereits von sich aus auf dem Weg ist. Man kann die Ehe nicht wollen ohne eine gewisse seelische Reifung: ohne von dem Stadium, wo man alles nur für sich will, zu einer echten Offenheit und Verantwortung für den anderen zu finden. Zu dieser Reifung gehört auch die Fähigkeit zu einer beständigen Beziehung in der Hilfsbereitschaft für einen schwächeren Menschen. Sicher ist keine Liebe bedingungslos und rein altruistisch: immer sucht man beim anderen auch etwas für sich. Aber eine langsame Befreiung von sich selbst ist möglich. In sich selbst verschlossen wird man den anderen kaum anhören und verstehen wollen. So aber droht man ihn eher zu unterdrücken und zu zerstören.

Langsam aber sicher entdeckt man im anderen einen Menschen, der lebt, der vielleicht ganz andere Bedürfnisse hat als ich, jemand, dem man zur Ausgeglichenheit verhelfen kann, vielleicht auch zur Entdeckung seiner eigenen Wahrheit, jemand, den ich lieben kann und der mich liebt.

Persönlich neige ich dazu, einem Paar, das mir seine Heiratsabsichten mitteilt, zu vertrauen, soweit beide bereit sind, den Sinn der Ehe zu erkennen, sich nicht gleich in sexuelle Beziehungen zu stürzen und eine Begleitung anzunehmen. Das Paar wird die Verlobungszeit dazu nutzen, durch die Gnade Gottes und das menschliche Herz den anderen tiefer zu entdecken. Dazu gehört das Gespräch über seine Vorstellungen vom Leben, über seine Wünsche und Ideale. Man sollte Zeit haben, sich Fragen zu stellen, bevor diese in der Ehe überraschend auftauchen. Man kann gemeinsam über kommende Veränderungen nachdenken und wie man sie meistert, vielleicht durch eine Zusatzausbildung oder jemand, der einen begleitet. Und schließlich kann man sein sexuelles Wissen vervollständigen, um den anderen besser zu verstehen und zu achten und die geheimnisvolle und geheiligte Dimension der Sexualität zu erkennen.

Stellt das Paar seine Vereinigung unter den Segen Gottes durch das Ehesakrament, und zwar nicht nur um des schönen Festes willen, sondern weil man Gott und seiner Kirche vertraut, so wird dadurch mein Vertrauen in diese Ehe zusätzlich bestärkt. Gott wirkt Wunder in einfältigen Herzen. Und der behinderte Mensch in all seiner Armut und Anfälligkeit ist voll unerwarteter Möglichkeiten.

8. KAPITEL

FRUCHTBARKEIT UND TOD

Der Schrei nach Fruchtbarkeit

Niemand wird leugnen können, daß der Körper von Mann und Frau dazu geschaffen sind, die Menschheit zu erhalten. Verschiedenheit und Anziehung erklären sich zumindest teilweise aus der Notwendigkeit, durch bestehendes Leben neues Leben zu schaffen. Es besteht also eine offensichtliche Beziehung zwischen genitaler Sexualität und Fortpflanzung. Diese Beziehung ist derart unlösbar, daß zu gewissen Zeiten die Theologen als einzigen Zweck der sexuellen Vereinigung die Fortpflanzung anerkannten, dabei aber den Zusammenhang zwischen Sexualität, Intimität, Liebe und Bund außer acht ließen. Heute dagegen betont man die Intimität bei der sexuellen Beziehung so ausschließlich, daß der Zusammenhang zwischen Sexualität, Todesangst und dem im Leben selbst verankerten körperlichen Bedürfnis, ein gleichartiges Wesen zu hinterlassen, wie vergessen scheint. Vergessen scheint auch, daß der lebendige Körper einen anderen lebendigen Körper zurücklassen möchte. In unserer Gesellschaft ist der Zusammenhang zwischen der Weigerung, dem Tod ins Gesicht zu sehen, und der Angst vor der Fruchtbarkeit, nämlich vor neuem Leben, ganz offensichtlich. In der genitalen Sexualität aber ist der Wunsch nach dem Kind enthalten. Natürlich entspricht die Sexualität auch dem Wunsch Gottes, den Menschen nicht isoliert zu sehen: »Es ist nicht gut, daß der Mensch allein sei.« Aber die Sexualität entspricht auch einem anderen Verlangen des Herrn, nämlich uns vor der Angst jener Isolierung zu bewahren, die wir Tod nennen: »Seid fruchtbar und mehret euch« (Genesis 1,28).

Selbst wenn man es ablehnt, Kinder zu haben, bleibt der Schrei der Natur derart übermächtig, daß viele Kinder empfangen und abgetrieben werden – und das trotz aller Möglichkeiten natürlicher und künstlicher Empfängnisverhütung.

Biologisches Leben hat drei Funktionen: Anpassung, Wachstum

und Fortpflanzung. Anpassung ermöglicht Wachstum durch Zellvermehrung, Wachstum aber ist ganz auf Fortpflanzung zur Arterhaltung ausgerichtet. Jedes Lebewesen vermag sich fortzupflanzen: es hat das unersättliche Bedürfnis, neues Leben zu schaffen. Dieses Bedürfnis ist derart mächtig, daß Pflanzen, Tiere und Menschen sich fortpflanzen von Geschlecht zu Geschlecht. Die Alten sahen darin etwas Göttliches. Kein Lebewesen ist unsterblich in sich selbst, sagen Plato und Aristoteles: Der einzelne bleibt immer sterblich – aber er hat Anteil an der Unsterblichkeit der Art durch die Fähigkeit, sich zu reproduzieren. Im Schrei nach Fortpflanzung ist der Wunsch nach Unsterblichkeit enthalten.

Zum Geheimnis der Fruchtbarkeit gehört das Verlangen des Samens, in der Erde zu ruhen und das Verlangen der Erde, diesen Samen aufzunehmen und ihn zu nähren. Das körperliche, seelische und metaphysische Bedürfnis nach Reproduktion, Fortpflanzung und Geburt ist ein Zeichen Gottes, das der lebenden Materie innewohnt. Es ist das Geheimnis Gottes, das er allem Lebenden anvertraut hat.

Die gegenseitige Anziehung von Mann und Frau, ihr liebender Blick, hat etwas Göttliches: den Hunger nach Unsterblichkeit, den Wunsch nach Fortpflanzung.

Die Empfängnis eines Kindes hat etwas außerordentlich Schönes an sich, aber auch etwas besonders Kleines und Demütiges. Sobald durch die Befruchtung neues Leben entsteht, hat die Mutter nichts mehr zu tun. Sie hat nicht einmal das Geschlecht ihres Kindes zu wählen.

Zur menschlichen Fruchtbarkeit gehört nicht nur der Körper, sondern auch die Seele. Die Eltern müssen das Kind in Liebe und Zärtlichkeit annehmen, denn sie haben es empfangen, damit es seinen Platz in der Welt findet. Menschliche Fruchtbarkeit endet nicht schon mit der Geburt – lange Jahre hindurch haben die Eltern das Kind noch zu tragen, ihm immer neues Leben zu geben und ihm wachsen zu helfen. Ihre Liebe gibt dem Kind Geborgenheit und bewahrt es vor Angst und Furcht. Bei aller Anfälligkeit und Verletzlichkeit findet das Kind durch die Liebe der Eltern seinen Platz in der Gemeinschaft der Menschen und dadurch auch in der Welt. Hat man einmal gesehen, wie seelisch und geistig blockiert Kinder sein können, weil sie entweder abgelehnt oder zu sehr beschützt wurden, dann versteht man besser, wie sehr die Liebe Quelle des Lebens sein kann. Ist man geliebt, so kann man furchtlos voranschreiten: man kann sein, wer man ist, seine eigene Sprache sprechen, um schließlich selbst lieben zu lernen.

Die Tragödie des Menschen ist Unfruchtbarkeit. In psychiatrischen Kliniken und auf Abteilungen für chronisch Kranke sieht man manchmal Frauen, die sich absichtlich häßlich machen: sie kleiden sich schlecht, frisieren sich schlecht und riechen schlecht. Sie sind sicher, daß niemand sie lieben kann, daß sie unfruchtbar sind – unfähig, anderen das Leben zu geben. In der Antike galt Unfruchtbarkeit als Strafe Gottes. Aber ist die körperliche Unfruchtbarkeit schon schmerzlich und tragisch genug, so ist die geistige noch tragischer.

Fruchtbarkeit darf man nicht mit Produktivität verwechseln. Beide können einander ähneln, sind aber grundverschiedene Wirklichkeiten. Man braucht seinen Verstand und bestimmte Techniken, um einen leblosen Gegenstand zu produzieren. Man besitzt ihn, kann ihn brauchen oder verkaufen, aber er hat keinen Sinn an sich. Produktivität gibt demjenigen Macht, der die Produktion beherrscht. Fruchtbar sein aber heißt, einem anderen Menschen das Leben zu geben: es ist eine liebende Beziehung zwischen zwei Lebewesen. Wem man das Leben gibt, den besitzt man nicht. Mit dem Leben gibt man ihm einen Lebensraum, ja man gibt ihm die Freiheit. Fruchtbar sein ist etwas Wunderbares – aber es ist auch riskant. Mit seinem Kind kann man nicht machen, was man will. Gerade das aber kann zur Tragödie werden: wenn die Eltern das ganze Leben ihres Kindes programmieren und beherrschen wollen, dann kann das zur Psychose führen. Zur Fruchtbarkeit gehört darum auch die Bereitschaft, in jene Kette des Lebens einzugehen, die die Menschen und ihre Geschichte verbindet. Das Kind muß notwendig seine Eltern überflügeln – wie es eines Tages auch von den eigenen Kindern überholt werden wird. Das Leben ist eine ständige Entdeckung: in immer neuem Staunen erschließt es uns die Geheimnisse Gottes. Menschliche Geschichte ist immer auch Heilsgeschichte: das Geheimnis Gottes offenbart sich in der Liebe und im Kampf gegen die Kräfte der Lüge und der Finsternis, gegen das Böse. Eine zu stark programmierte Erziehung ist Zeichen der Angst, Fruchtbarkeit aber ist Vertrauen zum Leben und zur Quelle des Lebens.

Es ist lebenswichtig für jeden Menschen, seine Fruchtbarkeit zu entdecken und sie auch zu leben. Denn dadurch dringt er ein in das Herz Gottes: in die Fruchtbarkeit Gottes, den Heiligen Geist.

Jeder Mensch möchte den eigenen Tod überdauern. Er will wissen, daß er bei seinem Tod nicht nur ein leeres Krankenhausbett hinterläßt, sondern daß er weiterlebt: daß sein Gedächtnis, sein Leben, sein Geist fortdauern. Er lebt weiter durch die, denen er das Leben gegeben hat, deren Herz er angerührt hat, sie einer größeren Liebe geöffnet, ihnen die Geheimnisse Gottes erschlossen.

Durch das Bewußtsein seiner Fruchtbarkeit vermag der Mensch die Beunruhigung durch das Jenseits zu überwinden und seinen Wunsch nach persönlicher Unsterblichkeit zu aktualisieren. Die Fruchtbarkeit besteht dann in jener Hingabe, die zur Fülle des körperlichen, seelischen und göttlichen Lebens des anderen beiträgt, zu seiner Lebensfreude und Erfüllung. Sich seiner Fruchtbarkeit bewußt werden, heißt wissen, daß jemand mir vielleicht eines Tages sagen wird: »Wenn ich lebe und glücklich bin, dann habe ich das dir zu verdanken.« Und es heißt mit Freuden wissen, daß auch ich vielen anderen zurufen kann: »Wenn ich lebe und glücklich bin, dann habe ich das euch zu verdanken!« Fruchtbarkeit ist die Bewußtwerdung, daß jeder von allen abhängig ist, und daß wir durch Liebe, Vergebung, Vertrauen, Hoffnung, Glaube, Freude und Frieden fähig sind, anderen Menschen Liebe, Vergebung, Vertrauen, Hoffnung, Glaube, Freude und Frieden weiterzugeben. Wer in sich verschlossen ist, macht andere in sich verschlossen. Angst erzeugt Angst, Aggression führt zu Aggression. Zärtlichkeit erweckt Zärtlichkeit, Güte schafft Güte. Abbé Pierre sagt gern: »Unsere Hoffnung muß ansteckend wirken.«

Die Fruchtbarkeit des Zölibatärs

Liebende Eltern können ihre Fruchtbarkeit durch ihre Kinder entdecken und leben. Sie erleben mit Freuden, daß man sie »Papa« und »Mama« nennt. Für den Zölibatär ist das schon schwieriger – für all jene, die nicht heiraten wollen oder können. Allzuviele Männer und Frauen sind von den Eltern abgelehnt worden, waren eine Enttäuschung für sie, waren nichts als eine Last. Niemand hat ihnen gesagt, daß sie fähig sind, zu lieben und fruchtbar zu sein. Man hat ihnen zu verstehen gegeben, daß sie stören, daß sie kein Leben bringen, sondern Angst und Tod. Man hat sie aus der Familie entfernt und »woanders« untergebracht. Ist man derart abgelehnt worden, dann hat man den Eindruck, das Leben habe keinerlei Sinn, weil man niemand etwas zu bieten hat.

Kann man nicht heiraten und hat man erleben müssen, daß niemand mich will, dann leidet man fürchterlich unter seiner Unfruchtbarkeit. Georgette, ein Mädchen das viel gelitten hat, sagte mir eines Tages: »Ich werde nie heiraten. Meine Mutter hat gesagt, wenn ich heirate, kriege ich höchstens ein Kind wie mich.« Sie hat also Angst vor ihrer Fruchtbarkeit: weil sie schlecht ist, können ihre Kinder auch nur schlecht sein. Es ist schlimm, jungen Menschen ihre Fruchtbarkeit zu verbieten, denn damit sagt man ihnen, daß ihre Frucht nur verdorben sein kann – weil sie selbst auch verdorben sind.

Hält man jemand tatsächlich für unfähig, Kinder zu haben, dann sollte man mit ihm ehrlich sein und ihm helfen, seine eigentliche Fruchtbarkeit zu entdecken: anderen das Leben zu geben und dafür verantwortlich zu sein, aber auf sehr persönliche Weise.

Eines unserer grundlegenden Probleme in der Arche besteht darin, mit jenen, die keine eigene Familie gründen können, den Sinn ihres Lebens, das heißt ihre eigentliche Fruchtbarkeit zu entdecken. Denn weiß jemand nicht, wie fruchtbar er sein kann, dann wird zwar sein Körper seine Bedürfnisse herausschreien, aber im Herzen wird er sich weiterhin unfruchtbar fühlen. Er wird versuchen, seine Angst vor der Einsamkeit mit Vergnügen und Zerstreuungen jeder Art zu kompensieren. Ist ihm aber seine menschliche und geistliche Fruchtbarkeit bewußt, wird auch sein Körper sich beruhigen. Die Rolle der Arche und all jener, die mit behinderten Menschen leben, besteht darin, sie entdecken zu lassen, daß ihr Leben einen Sinn hat, daß die Gemeinschaft, die Kirche, ja die Gesellschaft sie sehr wohl braucht, und daß sie eine ganz eigene Fähigkeit haben, die Herzen anzurühren und anderen Leben zu geben. Viele von uns in der Arche haben das längst erfahren. Wir haben entdecken dürfen, wie intensiv gerade die behinderten Menschen unser Herz angerührt haben. Wir sind zutiefst geheilt worden durch das Vertrauen, die Spontaneität, die Liebe und die so ganz unkomplizierte Zuwendung der geistig Armen.

Vor kurzem sagte mir ein Jesuiten-Oberer, er habe einen ebenso kompetenten wie ängstlichen Ordensmann in eine Gemeinschaft der Arche in Kanada gesandt. »Die bedingungslose Annahme durch die Menschen der Gemeinschaft hat ihn derart überwältigt, das er nach einem Jahr wie verwandelt zurückkam. Er hat immer noch Angst, aber er hat gelernt, sich selbst anzunehmen.« Das ist ein Beispiel von Tausenden, wie Menschen mit einer geistigen Behinderung andere Menschen heilen können.

Um fruchtbar zu sein, muß man dennoch zu zweit sein. Niemand kann fruchtbar sein aus sich selbst. Die Saat braucht die Erde, der Mann die Frau. Zur körperlichen Fruchtbarkeit gehören zwei Menschen, zur geistigen auch. Ein Kind wächst harmonisch auf, wenn es sich von zwei Menschen geliebt weiß. Es ist dann geborgen in der liebenden Beziehung von Vater und Mutter.[1] Die christliche Sicht der Sexualität läßt in der Beziehung von Mann und Frau das Geheimnis der heiligen Dreieinigkeit gegenwärtig sein. Unser Gott ist kein einsamer Gott, es ist *ein* Gott in *drei* Personen. Auch in der Fruchtbarkeit des Menschen ist das Geheimnis der göttlichen Dreieinigkeit gegenwärtig.

Die Fruchtbarkeit der Gemeinschaft

Wenn zur Fruchtbarkeit immer zwei gehören, müssen wir auch nachdenken über die Fruchtbarkeit der Gemeinschaft von Menschen mit einer geistigen Behinderung. Entscheidend dabei ist, daß behinderte Menschen eine Begabung zum gemeinsamen Leben haben, die verstandesmäßig höher entwickelten Menschen abgeht. Wir sind oft erstaunt über die Bemerkungen unserer Besucher: »Es tut mir so gut, bei Ihnen zu sein. Ich lebe gewöhnlich in einer Großstadt und fühle mich andauernd angegriffen. Ich bin einfach gezwungen, Mauern um mich zu errichten. Bei Ihnen fühle ich mich zum ersten Mal frei, weil ganz und gar angenommen.«

Der Mensch mit einer geistigen Behinderung hat weniger Mauern um sein Herz. Er lebt kaum in einer Welt der Ideale und Tagträume. Er ist sehr konkret, aber sucht seinen Platz in der Gesellschaft nicht zu verteidigen. Er lebt außerhalb der Konventionen. Er schaut nicht auf den Rang eines Besuchers, er möchte sein Herz, er braucht den Menschen. Weil er den Werten des Herzens den Vorrang gibt, findet er auch seinen Platz in der Gemeinschaft. Er kann noch lieben und feiern – und auch dort noch Leben hinbringen, wo die Intellektuellen und die Wohlmeinenden oft ein bißchen steif sind . . .

Kürzlich kam ein Kanadier zu Besuch, der vor 14 Jahren Assistent in der Arche war. Ich konnte mich absolut nicht an ihn erinnern – aber Alfred hat sich auf ihn gestürzt und ihn umarmt, er wußte genau, wie er heißt und wo er gearbeitet hat. Der frühere Assistent war zutiefst angerührt von diesem Empfang.

[1] Im 2. Kapitel sprachen wir von den Schwierigkeiten der Erziehung in einer Zweierbeziehung.

Menschen mit einer geistigen Behinderung haben eine erstaunliche Fähigkeit, andere aufzunehmen und anzunehmen. Sie geben Leben und Geborgenheit, sie erkennen und anerkennen den *Menschen* im anderen.

Von der Arche aus machen wir viele Pilgerreisen in kleinen Gruppen von zehn bis fünfzehn Personen. Wo immer wir aufgenommen werden, hören wir dasselbe: »Ihre Gruppe hat etwas so Einfaches und Herzliches, daß es uns das Herz erwärmt und Mut macht.« 1981 fand die zweite Pilgerfahrt der Behindertenbewegung *Glaube und Licht* nach Lourdes statt. Wir waren insgesamt 12.000 Pilger, davon je 4.000 Jugendliche und Freunde, 4.000 behinderte Menschen und 4.000 Eltern. Sie vertraten 350 Gemeinschaften von *Glaube und Licht* aus der ganzen Welt. Es war eine richtige Explosion der Freude. Den Höhepunkt bildete eine Zeremonie auf der Esplanade vor der Basilika am Ostersonntag Nachmittag. Jeder trug einen Poncho in verschiedenen Farben und Formen. Die verschiedenen Gemeinschaften strömten singend hinter ihren Bannern aus den verschiedenen Stadtteilen zusammen. Es war das große Fest der Kleinen: einige kamen in Rollstühlen, andere humpelten, wieder andere waren entstellt. Aber alle oder fast alle strahlten.

Am nächsten Tag fragte mich der Kameramann einer Fernsehgesellschaft: »Wie erklären Sie sich das alles? Ich habe meine Arbeit, die mich interessiert, und ich habe Geld – aber Ihr seid voller Freude, eine Freude, die ich nicht teilen kann.« Ich antwortete ihm mit einem Schriftwort: »Der Stein, den die Bauleute verwarfen, ist zum Eckstein geworden.« Wird der behinderte Mensch, den heute fast jeder ablehnt, erst einmal von allen akzeptiert, dann wird er zum Herz der Gemeinschaft, ja der Gesellschaft werden! Er erneuert die Gemeinschaft der Menschen durch seine Einfachheit und sein Vertrauen. Er befriedet die Aggressivität und läßt die Mauern einstürzen. Anstatt sich weiter zu bekämpfen, beginnen Menschen dann, zusammenzuarbeiten, damit die Kleinsten wachsen können und ihren Platz finden.

Wenn der Mensch mit einer geistigen Behinderung durch eine liebende Gemeinschaft den Sinn seines Lebens erkennt, dann wird er fruchtbar. In diesem Augenblick gibt es keine »Behinderten« mehr, es gibt nur noch Menschen unter anderen, jeder mit seiner einzigartigen Gabe, die der andere nicht hat. Es gibt dann auch keine Eifersucht mehr. Jeder hat seinen Platz. Die Andersartigkeit wird nicht mehr als bedrohlich empfunden. Sie ist nicht mehr Grund zu Neid und Eifersucht, sondern Quelle des Reichtums. Zusammen bilden wir einen »Leib«, wo jeder so angenommen wird und auch so sein kann, wie er ist.

Gleichzeitig muß man dem Menschen mit einer geistigen Behinderung natürlich dazu verhelfen, möglichst eigenständig zu werden, aber auch zu arbeiten und zu dienen. Es wäre schlimm, wenn man unter dem Vorwand, jeder habe seine Gabe, der behinderte Mensch aber die Gabe des Herzens, ihn daran hindern wollte, seine verborgenen Fähigkeiten zu entwickeln.

Um ihre Fruchtbarkeit innerhalb der Gemeinschaft zu entdecken, müssen behinderte Menschen freilich andere finden, die bereit sind, mit ihnen zu leben. Um in einer Gemeinschaft Wurzeln zu schlagen, müssen diese sich zutiefst von den Behinderten anrühren lassen. Auch die Besucher müssen bereit sein, die Mauern fallen zu lassen. Menschen mit einer geistigen Behinderung schiebt man so leicht beiseite! Es ist so leicht, sie *nicht* anzuschauen und ihnen *nicht* zuzuhören! Es ist so leicht, ihnen zu mißtrauen und sie zu verachten!

In gewissen Einrichtungen besteht eine Kluft zwischen dem Personal und den Behinderten. Den Behinderten wird nicht geholfen, ihre Fruchtbarkeit zu entdecken, weil es denen, die sie umgeben, an Hoffnung fehlt. Die Menschen vom Personal glauben nicht wirklich an die Fruchtbarkeit der Menschen mit einer Behinderung. Manchmal behindern sie sie sogar zusätzlich. Sie begnügen sich damit, sie vors Fernsehen zu setzen, wodurch sie nur noch passiver werden. Sie fordern ihre Gaben nicht heraus: ihre Fähigkeit, andere aufzunehmen und mit ihnen in Beziehung zu treten. Man möchte in diesen Einrichtungen gar keinen Besuch empfangen. Sie ermutigen Menschen mit einer geistigen Behinderung zwar zu sexuellen Beziehungen, verweigern ihnen aber die biologische Fruchtbarkeit und kümmern sich in keiner Weise um die menschliche und geistliche.

Geistliche Fruchtbarkeit

Die geistliche Fruchtbarkeit des Menschen mit einer geistigen Behinderung, der in einer Gemeinschaft des Glaubens lebt, vertieft sich noch, wenn dieser eine gewisse Gotteserfahrung macht. Die Glaubensfähigkeit von Menschen mit einer geistigen Behinderung ist für mich überwältigend, ganz gleich ob sie nun Moslems, Hindus, Protestanten oder Katholiken sind. Ihre Offenheit für Gott trifft mich immer wieder. Sie haben vielleicht weniger Möglichkeiten vom Verstand her, dafür haben sie aber eine größere Fähigkeit zu vertrauen. Sie leben von dem Vertrauen, das man auch beim Kind findet, und das bei jüngeren kultivierten Menschen oft verloren geht – wodurch der gebildete Mensch dann zynisch wird. Menschen mit einer geistigen Behinderung haben es oft schwer, in Worten auszudrücken, was sich in ihrem Inneren abspielt. Viele aber haben einen echten inneren Frieden beim Gebet, während der Liturgie oder nach der Kommunion. Einige Menschen mit sehr schweren Behinderungen sind fähig, bei einer Liturgie lange Augenblicke des Friedens zu erleben, während sie sonst in konstanter Erregung sind. Das ist ein Zeichen, daß sie etwas Echtes erleben. Vielleicht entdecken sie dabei ihre innere Schönheit und ihren Platz im Herzen der Kirche und der Welt: ihren Platz im Herzen Gottes. Diese ganz echte Gotteserfahrung, die Intellektuellen und Überaktiven oft vorenthalten bleibt – all jenen, die sich zuviel Sorgen machen um ihren Platz in der Gesellschaft – läßt die geistig behinderten Menschen ihre wahre Identität entdecken.

Vor einigen Jahren kam Jolanda in eine Phase der Regression. Sie ist ein intelligentes Mädchen, aber sehr gestört. Die Familie hat sie abgelehnt, als anomal bezeichnet, in eine Einrichtung gesteckt und sterilisieren lassen. Sie hat mehrere Selbstmordversuche hinter sich, ihre Beziehung zu sich selbst und ihrer Weiblichkeit ist zutiefst gestört. Sie ist derart regrediert, daß sie wochenlang die elementarste Kleinkindpflege der Assistenten in Anspruch nehmen mußte: dauernd mußte jemand dasein für sie. Eines Tages gab Pater Thomas Philippe ihr die Kommunion, betete mit ihr und flüsterte ihr etwas ins Ohr. Zum ersten Mal öffnete Jolanda die Augen und lächelte. War das der Ausgangspunkt einer neuen Entwicklung, die wir in der Folge feststellen konnten? Pater Thomas hatte ihr einfach ins Ohr gesagt, daß er sie braucht: Ihr Gebet, ihr Opfer und ihre Hingabe. Sie hatte den Eindruck, das wäre echt gewesen: er brauchte sie wirklich, sie könne ihm helfen, anderen das Leben weiterzugeben.

Wenn ein Mensch entdeckt, daß er von Gott geliebt ist und eine Beziehung mit ihm haben kann, dann tritt oft eine Wandlung ein. Er braucht sich nicht mehr über seine Grenzen und Behinderungen zu beunruhigen. Durch die Verbundenheit mit Jesus kann er das Leben weitergeben. Er kann glauben, daß die Worte Jesu wahr sind: Alles, worum ihr den Vater in meinem Namen bitten werdet, das wird er euch geben.

Die Art, wie die Männer meiner Hausgemeinschaft für den Libanon oder andere Krisenherde beten, ist darum so bewegend, weil sie wirklich glauben, daß sie eine Situation durch ihre Gebete verändern können – wie Jesus es gesagt hat!

Viele Männer und Frauen mit einer geistigen Behinderung haben ein Herz voller Mitleid: Sie haben eine echte Gabe, das Leiden anderer mitzufühlen. Josette leidet selbst intensiv. Sie wirkt sehr unvorteilhaft, ist gelähmt – und hätte doch so gern geheiratet und Kinder gehabt. Eines Tages, als ich sehr müde war, kam sie zu mir, legte mir zärtlich die Hand auf den Kopf und sagte: »Ich liebe dich, weißt du das?« In diesem Moment fühlte ich mich sehr klein. Sie hatte es verstanden, mein Herz anzurühren und mir neues Leben zu geben. Viele von denen, die bei uns in der Arche sind, sind ganz beglückt, wenn sie anderen einen Dienst erweisen können, etwa den Älteren oder den Schwerstbehinderten. Sie möchten so gern ein Kind auf den Arm nehmen, aber oft sind sie zu ungeschickt oder sie machen anderen Angst. Ihr Herz ist voller Feingefühl, sie möchten so gern helfen. Man muß ihnen nur die Möglichkeit geben, Bedürftigeren gegenüber Verantwortung zu übernehmen.

Nichts ist einfach

Es ist nicht einfach, seine eigentliche Fruchtbarkeit zu entdecken. Viele Menschen mit einer geistigen Behinderung bleiben unzufrieden. Sie möchten sein wie ihre Brüder und Schwestern, die heiraten. Oder sie möchten weiter mit den Eltern leben. Sie möchten einfach sein wie die anderen. Sie haben es schwer, ihre Behinderung anzunehmen. Oft sind sie zornig und frustriert. Einige sind wie gefangen von einer selbstgeschaffenen Persönlichkeit, andere sind hin- und hergerissen zwischen den Werten der umgebenden Kultur und den eigenen seelischen und geistigen Möglichkeiten mit all ihren Begrenzungen und Verwundungen. Die Fruchtbarkeit dieser Menschen aber wird weder von der Umwelt noch von ihnen selbst erkannt. Sie wissen nicht, daß sie Leben geben können – und also fühlen sie sich frustriert.

Kein Wunder, daß viele Menschen mit einer leichten geistigen Behinderung oder anderen Persönlichkeitsstörungen in ständiger Spannung zwischen Produktivität und Fruchtbarkeit leben. Sie wagen nicht zu glauben, daß sie trotz ihrer Begrenzung fruchtbar sein können und Leben geben. Die Massenmedien sagen ihnen ja auch andauernd das Gegenteil. Sie kommen mit einer produktiven und aggressiven Welt nicht zurecht – und sind verwirrt.

Die Gemeinschaft ist dazu berufen, sie zu tragen und zu ertragen: im ständigen Austausch mit ihnen zu bleiben, ihre Aggressionen und Frustrationen anzunehmen und aufzunehmen. Gegen jede Hoffnung müssen wir mit ihnen zusammen hoffen, daß sie eines Tages den Schritt vom illusorischen Wunsch nach Normalität mit eigener Familie und Facharbeiter-Status zu jenem inneren Frieden schaffen, der nur durch die Annahme seiner selbst und der anderen möglich wird. Das Leben in der Gemeinschaft gibt jedem die Möglichkeit, eine persönliche Beziehung mit anderen und mit Gott zu leben. Erst wer seine Behinderung realistisch angenommen hat, vermag sie zu überwinden. Vielleicht kann er eines Tages eine größere Verantwortung in der Gemeinschaft übernehmen oder sogar hoffen, einen Partner für die Ehe zu finden.

Die Fruchtbarkeit des Leidens

Aber die Gemeinschaft muß auch lernen, mit jenen zu leben, die niemals zu innerem Frieden und Selbstannahme gelangen. Mein Glaube an Leiden und Auferstehung Jesu helfen mir, mit anderen zusammen auch Menschen in unmöglichen Situationen zu ertragen: jene, die in ständiger Angst leben, deren Herz gebrochen und deren Körper gestört ist. Durch ständige Ablehnung sind sie zutiefst gedemütigt. Ihre innere Leere geht oft einher mit heftiger Aggressivität und ebenso heftigen sexuellen Trieben. Und dennoch sind auch sie Kinder Gottes. Die Gemeinschaft ist berufen, sie im Glauben zu tragen und ihr Leiden Gott aufzuopfern. Ich glaube, jedes Leiden birgt eine geheimnisvolle Fruchtbarkeit in sich. Man spricht nicht leicht darüber, denn es ist eine Wirklichkeit, die nur dem Glauben zugänglich ist. Biblisch gesprochen befruchten die Ausscheidungen von Tier und Mensch unsere Erde. Was verwest, kann dazu beitragen, neue Frucht zu werden, neues Leben zu geben.

Das Leiden der Menschen und ihre Armut erscheinen mir wie ein Schrei, der zu Gott aufsteigt. Gott ist in diesem Schrei gegenwärtig. Jesaja sagt vom leidenden Gottesknecht: »Er hatte keine schöne und edle Gestalt, sodaß wir ihn anschauen möchten. Er sah nicht so aus, daß wir Gefallen fanden an ihm. Er wurde verachtet und von den

Menschen gemieden: ein Mann voller Schmerzen, mit Krankheit vertraut. Wie einer, vor dem man das Gesicht verhüllt, war er verachtet. Wir schätzten ihn nicht« (Jes 53, 2–3).

Das könnte man freilich von vielen Männern und Frauen sagen, die gelitten haben und abgelehnt worden sind – oft seit der Geburt, manchmal sogar seit der Empfängnis! Wie ist ihr Leiden zu verstehen? Welchen Sinn kann es haben? Besteht eine Beziehung zwischen ihrem Leid und dem folgenden Jesaja-Wort: »Aber er hat unsere Krankheit getragen und unsere Schmerzen auf sich geladen. Wir meinen, er sei von Gott geschlagen, von ihm getroffen und gebeugt, doch er wurde durchbohrt wegen unserer Verbrechen« (Jes 53, 4–5).

Der leidende Mensch hat meist keine Ahnung von der Fruchtbarkeit seines Elends, im Gegenteil. Aber vielleicht kann die Gemeinschaft durch das Mitleben seine Leiden dem Vater aufopfern und glauben, daß seine Schreie erhört werden: daß der Vater sie fruchtbar werden läßt durch das Leiden des Sohnes.

Bleibt man bei Produktivität und Besitzstreben stehen, dann scheint uns der Tod erschreckend: er ist ein radikaler Bruch. Von der Ebene der Fruchtbarkeit her aber entdeckt man, daß der Tod nur ein neuer Anfang ist: man läßt das Leben zurück, aber die Bindungen mit jenen, die zurückbleiben, bleiben bestehen. Der Tod erscheint dann weniger erschreckend: es ist der Heimgang zum Vater. In christlicher Sicht ist der Tod sogar der Gipfel der Hingabe und des Opfers: Man gibt sein Leben hin für die Freunde – und dadurch wird selbst der Tod noch fruchtbar.

Die Feier des Todes

Eine Gemeinschaft, die Leben und Fruchtbarkeit zu feiern versteht, wird auch den Tod gern feiern. In seiner Abhandlung über den Tod ändert Freud den alten lateinischen Ausspruch: »Wer den Frieden will, muß den Krieg vorbereiten« in: »Wer das Leben will, muß sich auf den Tod vorbereiten.« Das ist sicher richtig: wenn man in der Angst vor dem Tod lebt, wenn man sich selbst und den anderen den Tod verbergen will, dann hat man Angst vor allen Anzeichen des Todes: Krankheit, Behinderung, Versagen, Nachlassen der Kräfte. Man kann dann gar nicht mehr richtig leben. Der Tod gehört aber zum Kreislauf der Natur. Sicher ist der brutale Tod eines Menschen und selbst der Tod als solcher eine schreckenerregende Wirklichkeit

– aber gleichzeitig ist er auch etwas zutiefst Natürliches: eine Wirklichkeit, die zum Leben dazugehört – und die schon soviele vor uns durchlebt haben.

Darum gehören Angst vor der Sexualität und Angst vor dem Tode eng zusammen.

Versteht eine Gemeinschaft den Tod realistisch zu feiern, dann wird das viel zur Beruhigung der Glieder dieser Gemeinschaft beitragen. Man braucht sie nicht vor der Wirklichkeit des Todes in Schutz zu nehmen oder ihnen verbergen, was doch in unserer Welt so allgegenwärtig ist – und man braucht den Tod auch nicht zu beschönigen, was nur eine andere Art der Flucht oder Verdrängung wäre. Man sollte über den Tod in Ruhe und Gelassenheit sprechen und beten können – und versuchen, ihn mit den Augen Gottes zu sehen. Freilich sollte man den schmerzlichen Aspekt des Todes dabei nicht leugnen wollen. Denn der Schmerz ist eine zutiefst menschliche Wirklichkeit, sowohl eine seelische als auch eine geistliche.

Der Tod eines geliebten Menschen wird immer herzzerreißend sein. Denn lieben heißt, den anderen in seinem Inneren tragen, ihm einen einzigartigen Platz im Herzen bewahren. Der geistige Raum, den er einnimmt, wird bestärkt durch seine körperliche Gegenwart. Der Tod reißt ein Stück des eigenen Herzens mit sich. Das Leiden am Tod zu leugnen, heißt niemals wirklich geliebt zu haben, in einer geistigen Illusion zu leben. Den Tod zu feiern aber heißt, seine herzzerreißende Wirklichkeit nicht zu verneinen, sondern ihm einen Lebensraum zu geben, von ihm zu sprechen und ihn zu besingen. Es heißt, sich gegenseitig zu tragen, die Wirklichkeit zu sehen und alles vertrauensvoll in das Herz Gottes zu legen. Jesus hat weder Leid noch Tod unterdrücken wollen, er gibt uns die Möglichkeit, sie mit ihm zu erleben und dadurch zu überwinden. Durch Opfer und Hingaben läßt er uns eindringen in das Geheimnis des Leidens.

In den Gemeinschaften der Arche müssen wir die Wirklichkeit des Todes oft genug erleben. Oft ist es ein herzzerreißender, grausamer Tod durch einen Unfall, manchmal auch ein sanfterer Tod, auf den man sich vorbereiten kann, weil ihm Zeichen wie Krankheit und Schwäche vorausgehen.

Man kann den Tod in einer Gemeinschaft so verkünden, daß er Frieden stiftet, zum Beispiel während eines Gebetsabends. Wir sprechen dann gemeinsam von dem, der uns verlassen hat. Wenn möglich, wachen wir beim Leichnam. Dem Requiem räumen wir den gebührenden Platz ein. Im November, wo man sich herkömmlicherweise besonders der Toten erinnert, sprechen wir oft gemeinsam von denen, die uns verlassen haben. Wir nehmen uns auch Zeit, die Gräber der Verwandten zu besuchen und dort zu beten. Die Wirklichkeit des Todes zu verschweigen, ist gefährlich und kann tiefsitzende Ängste erzeugen. Wir sollten besser von unseren Ängsten sprechen, denn das wirkt befreiend.

Jean-François und Pierre, zwei körperlich und geistig Behinderte, hatten es schwer, zu laufen. Sie gingen allein zur Totenwache von Frederic, der nach langer Krankheit an Krebs gestorben war. Während der letzten Monate, als die Ärzte schon nichts mehr für ihn tun konnten, hatten wir ihn in der Arche behalten. Jean-François war ganz besonders bewegt: »Wie schön er ist! Er lächelt! Kann ich ihn umarmen?« Er nahm Frederic in die Arme und rief: »Ist der aber kalt!« und lachte friedlich. Zu Pierre sagte er noch: »Meine Mutter wird sich wundern, wenn ich ihr sage, ich habe einen Toten umarmt.«.

Wenn man weiß, daß die Ablehnung der eigenen Behinderung zum Teil von der Angst vor dem Tod kommt, dann kann man sagen, Jean-François und Pierre haben einen erheblichen Schritt getan, ihre so schwere Behinderung anzunehmen, denn sie haben den Tod realistisch und friedlich erlebt.

Fruchtbarkeit und Sterilisation

Wieviele Eltern lassen heute ihr Kind sterilisieren, besonders in Kanada und den Vereinigten Staaten! Es ist ein schweres Unrecht, jemanden derart zu verstümmeln, oft genug auch noch, ohne den Betroffenen zu fragen!

In Kanada sagte mir eine Mutter, ihre Tochter teile eine Wohnung mit Männern und Frauen: »Muß ich sie nicht sterilisieren lassen?« An ihr wurde mir das Leiden vieler Eltern bewußt. Sie leben in einer derartigen Verwirrung! Sie sind nicht nur enttäuscht, ein Kind mit einer geistigen Behinderung zu haben, sondern mehr noch darüber, daß ihnen niemand hilft. Sie sind zu Recht beunruhigt über die sexuelle Freizügigkeit in den reichen Ländern, wo man den Individualismus dermaßen fördert! Hat eine christliche Mutter den Eindruck, in der Wohnung ihrer Tochter herrsche eine derartige Freizügigkeit, dann muß sie natürlich reagieren! Oft genug aber haben die Eltern gar keine Entscheidungsmöglichkeit. Eine andere Mutter erzählte mir, sie habe ihre behinderte Tochter sterilisieren lassen, weil dort, wo sie lebten, die Gefahr bestände, daß man ihre Tochter mißbrauchte. Ich hatte allerdings den Eindruck, die einzige Furcht der Mutter war, Großmutter zu werden. Die fürchterliche seelische Verletzung, die ihrer Tochter durch eine Vergewaltigung zugefügt werden könnte, schien sie nicht einmal zu sehen. Bestand tatsächlich die Gefahr einer Vergewaltigung, dann hätte man eben umziehen müssen oder aber die Tochter begleiten lassen. Man konnte sie unmöglich allein lassen.

Welche Verantwortung für eine christliche Gemeinschaft! Es gibt heute so wenig Orte, wo man bereit ist, Menschen mit einer geistigen Behinderung für längere Zeit aufzunehmen, um sie ihre eigentliche Fruchtbarkeit entdecken zu lassen. Warum gründen nicht mehr Christen Gemeinschaften, wo die ärmsten ihrer Brüder und Schwestern Aufnahme finden und man ihre tiefsten Überzeugungen zu schätzen weiß?

Die Kirche hat sicher recht, immer wieder an die Grundlagen des Lebens und der Fruchtbarkeit zu erinnern. Gleichzeitig aber sollte sie die Christen auch dazu aufrufen, Menschen aufzunehmen, deren Gefühlswelt zerbrochen und deren Sexualität gestört ist. Denn nur wenn diese Menschen wirklich geliebt sind, können sie auch geheilt werden und die Bedürfnisse anderer sehen. Wir brauchen immer mehr Solidarität unter den Familien! Bei Exerzitien kam ein Ehepaar zu mir, sie war schwanger. Zwölf Ärzte hatten ihr bestätigt, mit großer Wahrscheinlichkeit würde das Hirn ihre Kindes Mißbildungen aufweisen. Alle zwölf Ärzte hatten ihr dringend zur Abtreibung geraten. Einige hatten sogar gesagt, sie sei dazu verpflichtet, damit sie nicht ein Kind auf die Welt bringe, das sein Leben lang leiden müsse samt seinen künftigen Brüdern und Schwestern – und natürlich den Eltern. Das Paar bat mich um meine Meinung. Ich sagte ihnen, selbst ein krankes Kind zu töten, wäre für mich unvorstellbar und versprach vage, zu helfen, falls das Kind mit einer Behinderung geboren werden sollte. Der Priester des Exerzitienhauses wurde konkreter: »Wenn Ihr Kind eine Behinderung hat und Sie es nicht behalten können, dann nehme ich es in meine Gemeinschaft, ich selbst werde mich darum kümmern.« Dank dieser Versicherung entschied die Mutter, nicht abzutreiben. Einige Monate später schenkte sie gesunden Zwillingen das Leben!

Die Familien müssen heute neu lernen, notleidende Menschen aufzunehmen. Aber soviele Menschen und soviele Familien sind in

Individualismus und Egoismus befangen. Sie weigern sich, Haus und Familie anderen zu öffnen. Sie verschließen sich in sich selbst, oft wollen sie nicht einmal mehr eigene Kinder haben. Sie meinen, ein Kind könnte ihr materielles Glück stören. Damit aber zerstört die Familie ihre eigene Fruchtbarkeit. Sie verschließt sich in der Traurigkeit und verhindert die Fruchtbarkeit anderer. Ist eine Erneuerung überhaupt noch möglich?

Ich glaube, es gibt eine tiefe Beziehung zwischen ehelicher Liebe und Fruchtbarkeit. Liebe ist notwendig fruchtbar – soweit es echte Liebe ist. Die Kirche wird häufig kritisiert wegen ihrer Stellungnahme zu den künstlichen Verhütungsmitteln. Dennoch ist die Kirche ganz und gar *für* die menschliche Liebe, sie glaubt zutiefst an die Schönheit sexueller Beziehungen. Sagen wir es noch einmal: es gibt etwas Heiliges und Geheimnisvolles in der Liebe der Ehegatten. Das biblische Hohelied, das vom Heiligen Geist inspiriert ist, besingt und feiert diese Liebe als Zeichen und Abbild der Liebe Gottes zu den Menschen. Die Kirche sieht diesen geheiligten Aspekt der körperlichen Vereinigung durchaus. Gerade darum spürt sie den Ernst einer künstlichen Manipulation der Fruchtbarkeit. Sie fürchtet die Entheiligung der Liebe. Sie fürchtet weiter eine Beeinträchtigung der natürlichen Körperfunktionen, besonders der Fruchtbarkeitsorgane. Mann und Frau werden Gott ähnlich durch die gegenseitige Liebe und Treue – und durch die Fruchtbarkeit.

9. KAPITEL

DIE FEIER DER EINHEIT

Der Sinn des Vergnügens

Man spricht heute viel vom Recht auf Vergnügen der Menschen mit einer geistigen Behinderung, weniger aber vom Recht auf Liebe und Achtung des ganzen Menschen – und noch weniger von ihrem Recht auf ein fruchtbares Leben.

Aristoteles definiert das Vergnügen als etwas jeder Handlung ohne Beeinträchtigung Innewohnendes.

Es gibt also ein Vergnügen zu diskutieren, ein Vergnügen zu arbeiten, ein Vergnügen zu essen, ein Vergnügen zu singen. Jede Aktivität schafft ihr eigenes Vergnügen. Wenn man etwas gut macht, hat man dabei ein ganz bestimmtes Selbstbewußtsein: man lebt. Je besser und je größer etwas ist, und je besser es gemacht ist, desto intensiveres Vergnügen verschafft es. Um vollkommen glücklich zu werden, muß der Mensch seine Fähigkeiten maximal entwickeln und seine Handlungen ohne jede Beeinträchtigung durchführen können.

Es ist schwer, Klavierspielen zu lernen – kann aber jemand spielen, dann macht ihm das Vergnügen. Die Psychologen definieren Vergnügen als Resultat erfüllter Wünsche. Das heißt aber auch, daß jemand, der nichts richtig machen kann, ständig traurig und leer ist. Er lebt in ständiger Angst.

Ohne Vergnügen oder vielmehr ohne etwas zu tun, stirbt man. Der Lebensstrom versiegt. Man dreht sich im Kreis. Das erzeugt Angst. Wirkt Energie nicht mehr schöpferisch, so wird sie zerstörerisch.

Kommt jemand in die Arche, der nicht arbeiten will oder kann, hat er gleichzeitig Schwierigkeiten mit seiner Hausgemeinschaft, dann wird er das Vergnügen dort suchen, wo er es findet: im Essen, in der Selbstbefriedigung, in der Opposition oder Provokation. Bestimmte Menschen haben Vergnügen daran, etwas Negatives zu tun: sie widersetzen sich ständig, denn das gibt ihnen den Eindruck, zu existieren. Ein Kind, das nicht genug liebende Zuwendung bekommt, wird sich aggressive Zuwendung zu verschaffen suchen: Es empfängt lieber Schläge, als allein zu sein.

Manche Menschen befriedigen sich selbst, weil das ihr einziges Vergnügen ist. Sie sind dann allein im Bett und können sich ein bißchen entspannen. Ist in einem Heim das Essen schlecht und gibt es keine Arbeit, oder ist die Arbeit uninteressant und schlecht bezahlt, und ist auch die Freizeitbeschäftigung noch mies, dann werden die einen und die anderen sich langweilen. Früher lehnte man die Selbstbefriedigung streng ab. Die Verurteilung aber erzeugt Angst und Schuldgefühle, sie führt zu schwerwiegenden Hemmungen, zu Selbsthaß und Körperhaß. Heute neigt man eher zum Gegenteil, nämlich die Selbstbefriedigung als unwichtig abzutun: man solle es einfach geschehen lassen, für den Jugendlichen sei das normal. Mir scheint, die Wahrheit liegt in der Mitte zwischen Strenge und Freizügigkeit. Man darf den jungen Menschen, der sich selbst befriedigt, sicher nicht verdammen. Er kann seine Triebe weder beherrschen noch einordnen. Aber man muß ihm auch helfen, das nicht mehr zu tun. Denn die Selbstbefriedigung kann dazu führen, daß er sich in sich selbst verschließt oder sich in eine Phantasiewelt flüchtet. Das hindert ihn aber, eine echte Beziehung zu anderen zu leben.

Im übrigen ist Vergnügen eine recht zwiespältige Wirklichkeit. Es gibt gefährliche Vergnügen, giftige Vergnügen, solche, die immer neue Bedürfnisse schaffen, oder sogar Abhängigkeiten, wie zum Beispiel die Drogen. Bestimmte Drogen aber zerstören das Gehirn, der Mensch verschließt sich in eine Welt imaginärer Erregung. Er kann seine echten Bedürfnisse nicht mehr wahrnehmen und auch die der anderen nicht. Die Sucht nach Vergnügen um seiner selbst willen führt zu Spannungen mit den anderen. Wird die Sucht absolut, verschließt man sich den anderen gegenüber ganz und gar. Neben der Ungerechtigkeit, den Armen und den Schwachen zu unterdrücken und zu foltern, gibt es auch die Ungerechtigkeit, sich abzukapseln in eine Welt des Vergnügens.

Die Sucht nach sexuellem Vergnügen kann zur Droge werden, die das Herz daran hindert, offen zu sein für die Bedürfnisse und die Leiden der anderen. Auch diese Sucht droht den Menschen ausschließlich auf die eigenen Empfindungen und Gefühle zurückzuwerfen.

Das Vergnügen kann also zerstörerisch wirken, den Menschen isolieren, seine Angst noch steigern – eine Angst, die ihn nach weiteren Vergnügen und weiteren Kompensationen suchen läßt.

Das ganze ist ein Teufelskreis: das Bedürfnis nach Erregung wird immer größer – und man sucht nach immer mehr Vergnügen. Diese Suche ist ohne Ende und führt schließlich zum Tod. Man ist nie zufrieden, man will immer noch mehr. Aus Angst geborene Abhängigkeit ist aber nie eine ausschließlich spirituelle Wirklichkeit, dieselbe Angst kann auch den Körper ergreifen und zu körperlicher Abhängigkeit führen.

Für den Reichen besteht immer die Gefahr, sich vom Vergnügen des Augenblicks anziehen zu lassen, das er sich leisten kann. In reichen Familien kann man alle Bedürfnisse und alle Wünsche der Kinder sofort erfüllen. Man neigt dazu, sie zu verwöhnen. Dieses Wort ist bezeichnend, es hat nämlich eigentlich eine negative Bedeutung.[1]

Erziehung zur Hoffnung bedarf einer gewissen inneren Festigkeit. Sie verzichtet auf leicht erreichbare momentane Vergnügen zugunsten einer tieferen Freude, durch die der Mensch offener wird für größere Zusammenhänge, etwa sich einzuschränken im Essen und Trinken, um mit denen zu teilen, die weniger haben.

Wahres Vergnügen entdecken

Es gibt nämlich auch ein Vergnügen, das uns auf andere hin öffnet und uns bestärkt in dem, was wir sind: es gibt Sicherheit und Selbstvertrauen und öffnet uns für die Bedürfnisse der anderen. Dieses Vergnügen ist wie eine Nahrung: es entspannt, gibt uns aber gleichzeitig auch Energie zum Kampf gegen das Böse. Verstehen wir Vergnügen als etwas Absolutes, dann verschließen wir uns in uns selbst, verstehen wir es als ein Auftanken, dann ermöglicht es uns, weiterzugehen im Dienst an den anderen. Das Vergnügen ist dann kein Schutzwall mehr, sondern eine Art Brücke – so wie die Eltern dem Kind als Brücke dienen, sich in die Gemeinschaft zu fügen. Ohne diese Brücke hat das Kind Angst: es verschließt sich in sich selbst, isoliert sich und wird aggressiv. Über diese Brücke aber hat es genug Selbstvertrauen, auf die anderen zuzugehen, ihnen zuzuhören, sie zu lieben und mit ihnen zusammenzuarbeiten. Die gegenseitige Anziehung von Mann und Frau kann ihnen entweder als Brücke zur Welt dienen oder aber als Gefängnis, das sie an der harmonischen Integration in die Gemeinschaft hindert.

[1] Englisch *tospoil,* französisch *gâter* bedeutet ursprünglich *verderben*, erst abgeleitet *verwöhnen* (A. d. Ue.)

Eine der wesentlichen Aufgaben der Erziehung ist, unterscheiden zu lernen zwischen Vergnügen, die öffnen und jenen, die verschließen, zwischen den beständigen, die zur Entfaltung beitragen und den flüchtigen, die nur Illusion und Verführung sind. Die Erziehung besteht hier nicht nur darin, die falschen Vergnügen zu verbieten, sondern anderen entdecken zu helfen, warum sie falsch sind oder besser noch, daß es andere Vergnügen gibt, die eine tiefere Freude vermitteln – und gleichzeitig Sicherheit, Frieden und Vertrauen. Die Schwierigkeit dabei ist, wann man jemand gewähren lassen muß, um ihn durch die gemachte Erfahrung selbst entdecken zu lassen, wie illusionär manche Vergnügen sind, und wann man sie ihm verbieten muß. Durch letztere Haltung kann man zwar verhindern, daß gewisse Gewohnheiten sich einbürgern, aber man droht Frustrationen und Wutanfälle zu provozieren, welche die Sucht nach Vergnügen nur noch verstärken. Auch hier gibt es derart verschiedene Situationen, daß es unmöglich erscheint, feste Regeln aufzustellen. Wesentlich ist, daß man verstehen lernt, was zum Wachstum des einzelnen beitragen kann.

In den Wohlstandsländern besteht ganz offenbar eine enge Beziehung zwischen dem Überhandnehmen genitaler Sexualität und dem Verschwinden gemeinsamen Lebens und echter Freundschaft. Die gesamte Wertskala drängt auf Eigenständigkeit und Individualismus: stark sein, dem anderen nichts schulden, frei sein, von niemand abhängig sein wollen, das sind heute die Ideale. Dem steht das Ideal der Gemeinschaft gegenüber: Anerkennung unserer Gaben und Schwächen und unserer Bedürftigkeit der anderen. Es gibt auch heute kaum noch irgendein Zugehörigkeitsgefühl: Die Dörfer haben ihre Seele verloren, man feiert dort nicht mehr gemeinsam, in den Städten kennt man sich nicht mehr, man verbarrikadiert sich hinter seiner Wohnungstür. Die kinderreiche Familie stirbt aus, die Großfamilie mit Onkeln und Tanten, Vettern und Großeltern löst sich auf, und selbst die Kleinfamilie ist in Gefahr. Und weil es keine Gemeinschaft mehr gibt, gibt es auch keine Feste mehr. Die Menschen fühlen sich verlassen und verängstigt. Oft genug fehlt es ihnen an innerer Kraft. Sie suchen nach etwas, das sie anregt: Nach gewalttätigen Theaterstücken oder erotischen Filmen, nach Drogen oder Alkohol. Sie engagieren sich politisch ohne genügenden Abstand, verlieren sich in Überaktivität oder suchen starke Empfindungen in vorübergehenden sexuellen Beziehungen ohne jede Zärtlichkeit und Innerlichkeit: ohne Bindung.

Aber nicht dadurch, daß man die genitale Sexualität außerhalb der Ehe einfach verbietet, wird man Abhilfe schaffen. Sondern vielmehr durch die Schaffung von Gemeinschaften, wo man sich wirklich liebt, wo es einen Bund zwischen den Menschen gibt, und wo dieser Bund mit schöpferischer Begeisterung gefeiert wird. Eine Welt ohne Freude und Feier wird immer zu einer oberflächlichen freudlosen Ausübung der Sexualität führen, die als solche nicht Zeichen eines Bundes sein kann. Die sexuellen Beziehungen sind dann weder Liebe noch Feier, sie sind Frucht der Angst vor Einsamkeit.

Das Fest bei Menschen mit einer geistigen Behinderung

Menschen mit einer geistigen Behinderung haben eine Fähigkeit zu feiern. Ich spreche davon in *Gemeinschaft, Ort der Versöhnung und des Festes* (Salzburg 1983). Aber dieses Phänomen findet man überall, wo Menschen mit einer geistigen Behinderung zusammenleben. Viele von ihnen haben keinerlei Hemmungen: sie tanzen, singen und spielen ein Instrument vor einem ganzen Auditorium. Sie drücken ihre Beziehungen gern auf eine nicht vom Verstand her bestimmte Art aus. Sie spielen und lachen gern. Bei unseren Festen sind die Menschen mit einer geistigen Behinderung schnell bereit zu singen, zu klatschen und zu tanzen, während die sogenannten vernünftigen Menschen steif und verkrampft dasitzen: sie bringen kein Lächeln über die Lippen, manchmal kaum ein Lied. Wollen wir zum Beispiel Szenen aus dem Evangelium spielen, dann haben die Assistenten meist Hemmungen, die Rolle des Jesus zu übernehmen, sie sind oft viel zu selbstbewußt dazu. Menschen mit einer geistigen Behinderung sind da viel unkonventioneller – anscheinend sind sie freier.

Man versucht heute die Normalisierung der Menschen mit einer geistigen Behinderung zu fördern. Das ist ausgezeichnet, solange man unter Normalisierung die Ausübung der Grundrechte versteht: Anspruch auf Arbeit, Benutzung der öffentlichen Verkehrsmittel, des städtischen Schwimmbads usw. Aber es wäre ungerecht, darüber die eigene Kultur und die eigenen Bedürfnisse von Menschen mit einer geistigen Behinderung zu mißachten. Diese werden niemals intellektuell sein, sie wissen verstandesmäßige Dinge nicht zu schätzen, ihre Bedürfnisse sind sehr viel stärker intuitiv als verbal. Ihre Kultur hat ihre ganz eigenen, eher gefühlsmäßigen Bedürfnisse.

Deswegen lieben sie auch jene Feiern, bei denen sie aktiv mitmachen können.

Unsere westliche Kultur weiß nicht mehr, was Feiern heißt. Sie weiß, was eine Party ist, wo man trinkt und ißt und Kollegen trifft. Sie weiß, was Freizeit ist: Fernsehen und Theater, Bücher und Spiele. Sie weiß, was Ferien sind: tun und lassen, was man will. Aber sie weiß nicht mehr, was Feiern heißt.

Das Fest ist ein Schrei der Freude und der Dankbarkeit, weil man einander verbunden ist, weil man zu demselben Leib gehört, weil Verschiedenheit Reichtum bedeutet – und weil man alles Trennende fallen lassen konnte. Man freut sich, daß man endlich zeigen kann, was am tiefsten und am verwundbarsten ist: daß man einander verbunden ist in gegenseitigem Vertrauen.

Das Fest ist eine gemeinschaftliche Wirklichkeit. Sein Ziel ist nicht, irgend etwas beweisen zu wollen. Es entsteht aus der inneren Verbundenheit der Glieder einer Gemeinschaft. Es ist der Gipfel gemeinsamen Lebens, Ausdruck und Quelle der Einheit.

Zum Fest gehört der ganze Mensch mit all seinen Sinnen. Zum Fest gehört Musik und Tanz, Instrumente und Lieder, Farben und Kleider, Blumen und Schönheit. Zum Fest gehört auch ein gutes Essen und viel Ausgelassenheit, gehört Bewegung und Tanz, Freude und Humor: jede menschliche Wirklichkeit hat ihren ganz eigenen Platz.

In der Arche lernen wir zunächst, die Geburtstage zu feiern: jemand durch ein Fest zu sagen, daß er ein Geschenk für die Gemeinschaft ist. Wir erinnern uns an seine Geschichte, zählen seine Gaben auf und sagen, warum wir uns freuen, daß er da ist, und wie er uns hilft, die Gemeinschaft zu bauen. Der Gefeierte steht im Mittelpunkt des Festes, man schenkt, was ihm Freude macht, man kocht, was ihm schmeckt, man spricht, was ihm Spaß macht.

Wir feiern aber auch Weihnachten, Ostern und Pfingsten, all diese Feste, die uns daran erinnern, wie sehr Gott sein Volk liebt – und wie nahe er ihm ist. Er läßt die Menschen nicht allein mit all ihren Leiden, Ungerechtigkeiten und Ängsten. Und auch die Gemeinschaft ist nicht allein: Gott wacht über sie und leitet sie. Jeder ist geborgen in der Hand des Vaters. Niemand ist allein.

Man feiert, wer seit 10 Jahren in der Arche ist. Man feiert auch das Jahresende, indem man sich der Ereignisse erinnert und dafür dankt – und man nutzt jede andere Gelegenheit zum Feiern.

Wenn wir feiern, dann singen wir zusammen, lachen zusammen

und beten zusammen. Im Herzen des einzelnen entsteht das Gefühl der Zugehörigkeit zur Gruppe, zur Gemeinschaft. Wir sind da, um gemeinsam etwas zu tun – und jeder hat dabei seinen Platz. Wir sind da, um gemeinsam zu leben und zu arbeiten. Gott selbst hat uns zusammengefügt. Aber dieser Bund erstickt uns nicht, er ist keine Behinderung unseres persönlichen Wachstums. Nein, er bestätigt uns, er mahnt uns, weiterzugehen, er befreit uns. Gott hat uns aus der Isolierung befreit, um zusammen zu leben. Er hat uns erwählt, er hat uns in die Arche gesandt, um eine Gemeinschaft zu bilden. Er hat jedem seine Gabe gegeben, die er ausüben soll, damit der gemeinsame Bau immer schöner wird.

Jede Gruppe hat ihre eigene Art zu feiern: mit den Symbolen, der Sprache, den Kostümen, die alle vereinen und ihnen das Gefühl der Zugehörigkeit geben. Armeen haben ihre Paraden, afrikanische Dörfer haben ihre Tänze und Zeremonien, Klubs haben ihre Tradition, Psychoanalytiker ihre eigene Sprache und Symbolik.

Je nach Form und Typ der Gruppierung verweist die Feier die Glieder auf sich selbst oder öffnet sie für Gott und die Menschen. Das Zugehörigkeitsgefühl kann sehr ausschließlich sein oder auch ganz offen. Exklusivität führt meist zu Elitebildung, dann ist die Feier aber nur eine Demonstration der Macht: »Wir sind die Besten, wir sind die Stärksten, wir sind die Geretteten. Wir sind die Auserwählten.« Das ist dann eigentlich aber schon keine Feier mehr. Denn zur offenen Feier gehören Armut und Demut: niemand ist ausgeschlossen. Im Mittelpunkt der Feier stehen der Ärmste und Kleinste. Echt ist die Feier, wenn sie offen ist für alle, die sich anerkennen und in einem Bunde leben: für alle, die diesen Bund feiern wollen und Gott dafür danken.

Im Herzen der christlichen Gemeinschaft steht *die* Feier: die Eucharistie. Im Herzen der Feier steht Gott, der klein und arm geworden ist für uns, der verborgen ist unter den Gestalten von Brot und Wein. Er kommt, sich den Kleinsten hinzugeben in der Feier. Die Eucharistie ist die Feier der Liebe Jesu und seiner Auferstehung. Sie ist die Verkündigung seiner Wiederkehr in Herrlichkeit, Zeichen der Hoffnung. Aber die Eucharistie ist auch Gegenwart des Leidens. Sie ist das vollkommene Opfer Jesu: sein Leben ist hingegeben, sein Blut vergossen, sein Leib gebrochen. Sie ist die Annahme allen Leids, allen Elends, aller Gebrochenheit. Sie ist Zeichen der Fruchtbarkeit allen Leidens in Verbindung mit dem Leiden Jesu. Denn das Leiden Jesu heilt, rettet und befreit.

Das Opfer gipfelt in der Kommunion: jeder ißt den Leib Christi und trinkt das Blut Christi. Es gipfelt in dem intimsten Akt des menschlichen Herzens, den Leib Gottes aufzunehmen, damit er in uns lebt: »Wer meinen Leib ißt und mein Blut trinkt, bleibt in mir und ich in ihm.« Die zwei werden eins. Sie werden ein Fleisch: »Leib Christi«. Die Eucharistie ist die Feier der Einheit, die uns das Gefühl der Zugehörigkeit zu Jesus und seinem mystischen Leib, der Kirche, gibt – und zu jener Zelle der Kirche, welche unsere Gemeinschaft bildet. Das besondere an der Eucharistie ist, daß sie gleichzeitig eine gemeinschaftliche Feier und eine sehr persönliche, ja intime ist. Sie beginnt mit gemeinsamen Liedern und Gebeten und endet in der Stille mit Gott. Andere Feiern können auch ein Gefühl der Zugehörigkeit geben, aber sie enden nicht immer in der Intimität. Sie sind nicht notwendig Gipfel jener brüderlichen Verbundenheit, die wir im Alltag durch Teilen und Freundschaft erleben.

Die Eucharistie ist auch beständige Erinnerung daran, daß die Gemeinschaft kein Ort der Leichtfertigkeit ist, sondern des Wachstums im Herzen Gottes. Die Eucharistie ist Stärkung auf dem Weg der Liebe und der Befreiung. Sie verbindet in geheimnisvoller Art die dargebrachten Freuden und Leiden, den Bund, das Wort und die Kommunion mit Gott und Brüdern und Schwestern.

Eine Gemeinschaft, welche die Freude nicht mehr feiert, zusammenzusein mit Gott, verbunden und offen für die anderen, wird notwendig sterben. Sie lebt nur noch von Regeln und Rechten – vielleicht auch noch Versprechen und Gelübden. Aber sie hat ihre Seele verloren: sie ist nur noch ein Skelett. Die Seele einer Gemeinschaft, die sich in ihren verschiedenen Festen offenbart, ist die Liebe, das Vertrauen, die Freude, zusammenzusein: Brüder und Schwestern, die gemeinsam unterwegs sind zum selben Ziel.

Eine der Funktionen des Feierns ist die Freisetzung der Aggressivität. Aggressivität wirkt gleichzeitig offensiv und defensiv, sie schützt und verdrängt. Sie verdeckt das verwundbare Herz, das danach hungert, zu lieben und geliebt zu werden. Sie verschließt den Menschen in sich selbst. Sie wirkt trennend. Sie führt uns zum Partisanentum. Sie schafft Blöcke. Sie spaltet und erzeugt Spannungen. Läßt man sie Wurzeln schlagen, dann zerstört sie die Gemeinschaft.

Es gibt eine sichtbare Aggressivität, die gefährlich werden kann, wenn sie zur Spaltung führt. Sie sollte aber zu Dialog und Vergebung führen, die ein Wachstum in der Wahrheit ermöglichen und zu neuer Einheit führen. Gesund an der Aggressivität ist der Schrei nach Lebensraum, der Schrei nach Wahrheit, der Schrei nach Anerkennung.

Aber es gibt auch eine verborgene, schleichende Aggressivität, die sich niemals ausdrückt. Die einen und die anderen haben dann Angst, ihre Aggressivität herauszulassen. Sie haben Angst vor der Andersartigkeit der anderen, vor dem Bruch im Herzen der Gemeinschaft. Die Mitglieder verbergen sich voreinander, sie sprechen nur noch über Banalitäten, es gibt keinen echten Dialog mehr. Themen, die zu Meinungsverschiedenheiten führen, sind tabu. Man ist höflich zueinander, aber die Angst und das mangelnde Vertrauen bleiben bestehen: die Mauern sind da, die Aggressivität ist da, sie unterhöhlen die Beziehungen. Man tut so, als ginge alles gut, als wäre die Einheit da. Um zu echter Einheit zu kommen aber müßte man sich der Spaltungen, der Aggressivität und der Angst bewußt werden. Erst dann kann es zu Gespräch und Versöhnung kommen.

Zwischen Versöhnung und Fest besteht eine Beziehung: Zum Fest gehört die Versöhnung. Das Fest ist die Konsequenz der Versöhnung. Im Lukas-Evangelium sagt Jesus vom verlorenen Sohn: als der Vater ihm vergeben hatte, daß er das Erbe vertan hat durch sein ungeordnetes Leben, verkündete der Vater ein Fest. Er sagte zu den Dienern: »Holt schnell das beste Gewand und zieht es ihm an, steckt ihm einen Ring an die Hand und zieht ihm Schuhe an. Bringt das Mastkalb her und schlachtet es, wir wollen essen und fröhlich sein. Denn mein Sohn war tot und lebt wieder; er war verloren und ist wiedergefunden worden. Und sie begannen ein fröhliches Fest zu feiern« (Luk 15, 22–24).

Manche möchten, daß Gemeinschaftsfeste spontan entstehen:

»Man kann nur feiern, wenn man Lust dazu hat.« Aber wenn man warten wollte, bis alle Lust haben, dann gäbe es wirklich nicht viele Feste! Zwischen einem zu streng gehaltenen Ritual und einer spontanen Demonstration der Freude gibt es sicher einen Mittelweg – und den muß man finden! Ein Fest sollte gut vorbereitet sein: man muß die Lieder vorbereiten und auch, was sonst noch geschehen soll – aber man muß auch flexibel genug bleiben, um das Programm jederzeit abzuändern. Einen Moment der Gnade, eine Zeit der Stille muß man nutzen können, hier etwas weglassen und dort etwas hinzufügen. Oft sind gerade ganz unerwartete, spontaneEinfälle die stärksten Beiträge. Aber dieses Spontane, Zeichen der Gegenwart des Heiligen Geistes, hat nur dann einen Sinn, wenn es sich innerhalb gut organisierter Feste offenbart. Und das setzt eine entschiedene Motivation voraus, eine gewisse Kreativität und ein Können, das man erlernen kann.

Viele Menschen mit einer geistigen Behinderung muß man stimulieren und mitreißen. Dazu gehört Energie. Es wäre wesentlich einfacher, sie vor das Fernsehen zu setzen, oder Männer und Frauen irgend etwas machen zu lassen. Lädt man sie aber einmal zum Fest, dann werden sie sehr bald zum Mittelpunkt, dann werden sie die anderen mitreißen und eine ganz eigene Atmosphäre der Wärme und Freude schaffen.

Die Feier der Einheit

Jene Freude, die unser Geschlechtsleben durchstrahlt, wenn die Sexualität wahrhaftig gelebt wird, ist die Freude der Liebe: die Freude, daß man nicht allein ist auf dem Weg der irdischen Pilgerschaft. Die körperliche Vereinigung ist der Gipfel jener beständigen Freundschaft, die eine ganze Gefährtenschaft mitbeinhaltet. Die Freude der Hochzeit ist die Freude der Einheit. Die Genesis und das Evangelium sprechen von Mann und Frau als Berufene, *ein* Fleisch zu werden. Das Wort »Fleisch« aber bedeutet hier nicht nur die körperliche Wirklichkeit – und noch weniger »Fleisch« im Gegensatz zu »Geist«. Es handelt sich um die tiefinnere Einheit zweier Menschenleben als Abbild des Lebens der heiligen Dreieinigkeit. In einem anderen Zusammenhang sagt Jesus, seine Jünger sollen eins sein, wie er und der Vater eins sind. Der Vergleich beider Feste drängt sich umso mehr auf, als Paulus die Vereinigung von Christus und der

Kirche mit der Vereinigung von Mann und Frau vergleicht. Hochzeit feiern heißt, die Einheit feiern. Zwei Menschen geben einander hin im absoluten gegenseitigen Vertrauen, in totaler Hingabe und großer Zärtlichkeit. Bei dieser Feier aber geht es nicht nur um die Freundschaft der Partner, sondern auch um die Einheit der Eltern mit den Kindern. Die Feier besiegelt die Einheit der Familie und ihre Berufung zum Dienst an anderen.

Johannes Paul II. hat den Genesistext über die Beziehung von Mann und Frau kommentiert: »Der Mensch sprach: Das endlich ist Bein von meinem Bein und Fleisch von meinem Fleisch. Frau soll sie heißen, denn vom Mann ist sie genommen. Und der heilige Autor fügt noch hinzu: Darum verläßt der Mann Vater und Mutter und bindet sich an seine Frau, und sie werden ein Fleisch. Beide, Adam und seine Frau, waren nackt, aber sie schämten sich nicht voreinander.« Der Papst sagt, dieser Text erzählt in gewisser Weise das erste Fest der Menschheit mit der ganzen ursprünglichen Fülle der geistigen Bedeutung des Leibes.[1]

Den Psychologen zufolge verlangt der Mensch nach nichts so sehr als nach Einheit: Einheit mit Gott, Einheit mit dem All, Einheit mit den anderen. Sie sagen, der tiefste Schrei des Unbewußten wäre, die verlorene Einheit wiederzufinden. Vor der Geburt hat das Kind noch kein Bewußtsein von der Einheit, da es mit seiner Mutter lebt.

Die Persönlichkeit entsteht, ohne sich bewußt daran freuen zu können. Aber sobald das Kind die Sicherheit des Mutterschosses aufgegeben hat, sucht es nach einer neuen Einheit. Die Vereinigung der Gatten ist eine der wichtigsten Erfahrungen auf der Suche nach der verlorenen Einheit – die freilich nur dann erreicht werden kann, wenn die beiden sich einander bewußt hingeben.

Jene Einheit der Vereinigung von Mann und Frau ist also nicht zuerst die materielle Einheit, *ein* Fleisch zu sein, sondern sie ergibt sich aus der Tatsache, daß die beiden ein Herz und eine Seele und ein Geist sind. Mann und Frau, so verschieden sie auch sein mögen, sind Lebensgefährten, Freunde, die sich geeint wissen in ihrer Weltsicht und ihrer Gottesliebe.

Die Vereinigung der Gatten ist darum eine tiefinnere Einheit und als solche Zeichen anderer Formen der Einheit. Aber sie ist nicht die einzige. Finden unverheiratete Menschen nicht den Ort, wo sie die Einheit auf andere Weise feiern können, wird sich das seelisch und

[1] Ansprache bei der Generalaudienz vom 20. Februar 1980

körperlich bald bemerkbar machen. Die körperlich–sexuellen Bedürfnisse werden dann zum Schrei nach Einheit.

Deswegen haben die Feste in der Arche ihren tiefen Sinn. Versäumt es eine Gemeinschaft zu feiern, dann wird es sehr wahrscheinlich bald zu sexuellen Handlungen kommen. Aber diese werden unreif sein und nicht zu einem Bund führen. Die Feste der Gemeinschaft aber können auch zu Festen der Einheit werden: zur Feier des Bundes.

Die Seligpreisungen

Der Mensch hungert nach Glück. Wer meint, er könne nicht glücklich werden, geht zugrunde. Er ist allein mit sich selbst, seinen Grenzen, seiner Armut. Er dämmert vor sich hin, ist traurig und verzweifelt. Verzweifeln aber heißt, sich gegen sich selbst wenden. Wenn das Leben sich nicht entfalten kann, wenn es nicht fruchtbar wird, sich nicht geben kann, dann wird es selbstzerstörerisch.

Eines der großen Symbole der erstrebten Seligkeit ist das der Hochzeit. Es ist derart wirksam als Symbol der Einheit, daß die Werbung sich seiner bemächtigt hat, um alle möglichen Produkte zu verkaufen: um geliebt zu werden, um einen Partner zu finden, muß man dieses und jenes Kleid tragen, dieses und jenes Parfum benutzen, den oder jenen Käse essen. Auch die Kunst, der Film und das Lied bedienen sich dieses Symbols. Immer und überall sind die Menschen auf der Suche nach unverbrüchlicher Liebe, dank derer es keine Sorgen und kein Leid, keine Spaltung und keinen Krieg mehr gibt.

Der Marxismus hofft jenseits aller Kämpfe auf die Errichtung eines sozialistischen Staates, wo man die Gleichheit aller Menschen feiert, weil es nur noch eine Klasse gibt: ein Proletariat, das das Bürgertum überwunden hat.

Die endgültige Bestimmung des Menschen, die wir alle anstreben, ist jene Einheit, bei der es keinen Kampf mehr gibt. Denn zum Kampf gehört, besiegt und unterdrückt zu werden – und dadurch allein zu sein. Das endgültige Ziel jeden Kampfes ist darum das Hochzeitsmahl, denn es ist die Feier der Liebe.

Aber die Suche nach Einheit ist noch viel tiefer verwurzelt in der Geschichte der Menschheit. Sie findet sich in der Gedankenwelt und den bildlichen Vorstellungen aller großen Religionen, besonders des Hinduismus und des Buddhismus. Sie findet sich auch in den Vorstellungen des Juden-Christentums, nach denen es schließlich nur noch *ein* Volk und *eine* Stadt gibt: das himmlische Jerusalem, aus dem jeder Krieg verbannt ist. Um die Einheit des einen Gottesvolkes und der einen Gottesstadt auszudrücken, braucht die Schrift das Symbol des himmlischen Hochzeitsmahls. In der geheimen Offenbarung sieht Johannes einen neuen Himmel und eine neue Erde: »Dann sah ich einen neuen Himmel und eine neue Erde, denn der erste Himmel und die erste Erde sind vergangen, auch das Meer ist nicht mehr. Ich sah die heilige Stadt, das neue Jerusalem, von Gott her aus dem Himmel herabkommen. Sie war bereitet wie eine Braut, die sich für ihren Mann geschmückt hat. Dann hörte ich eine laute Stimme vom Thron her rufen: Seht die Wohnung Gottes unter den Menschen. Er wird in ihrer Mitte wohnen, und sie werden sein Volk sein, und er, Gott, wird bei ihnen sein. Er wird alle Tränen von ihren Augen abwischen. Der Tod wird nicht mehr sein, keine Trauer, keine Klage, keine Mühsal, denn was früher war, ist vergangen« (Apk 21, 1–4)

Das Reich Gottes ist eine Feier der Liebe, ein Hochzeitsmahl, die Feier der Einheit.

Und wie jeder andere verlangt der Mensch mit einer geistigen Behinderung nach dieser Feier der Einheit. Nichts braucht er so sehr wie diese Einheit. Denn die Feier der Liebe ist etwas Allumfassendes, es ergreift den ganzen Menschen: Leib, Seele und Geist.

Aber kann man diese Einheit der Liebe überhaupt feiern? Das ist *die* Frage für jeden Menschen. Denn um diese Einheit zu feiern, muß der Mensch lernen, seinen Egoismus und seine Verhärtung aufzugeben. Er muß fähig sein, sich immer neu zu überwinden, indem er sich für die anderen öffnet. Bleibt er eingesperrt in seine eigenen Sorgen und Bedürfnisse, dann kann er nur seine Eroberungen und Besitztümer feiern – weder die Liebe, noch die Einheit.

Die Einheit feiern heißt, die Einheit der Menschen unter sich entdecken. Paulus vergleicht die Kirche mit einem Leib mit vielen Gliedern, jedes mit seiner Gabe. In Christus vereint sind alle *ein* Leib und *ein* Geist. Sie sind nicht mehr Rivalen, leben nicht mehr im Wettstreit, sehen ihre Unterschiede nicht mehr als Bedrohung, sondern als Bereicherung. Sie leben in Harmonie, und greifen sich nicht mehr an. Denn sie haben entdeckt, daß jeder die Gabe des anderen braucht. Kennt man aber den Reichtum gegenseitiger Abhängigkeit, dann ist man nicht mehr allein. Man ist gemeinsam da, um sich gemeinsam zu helfen, jeder mit seinen Gaben und jeder mit seiner

Eigenart. In jedem erwacht das Tiefste und das Beste, was er hat: sein verwundbares Herz. Es gibt nichts Schöneres auf der Erde als Menschen, die sich gegenseitig vertrauen. Werk Gottes ist alles, was zum Wachstum des Vertrauens beiträgt. Werk des Bösen ist alles, was trennt: jeden Bruch zwischen Menschen, jeder Mangel an Vertrauen, jeder Zweifel.

Die Einheit zu feiern bedeutet, das gegenseitige Vertrauen zu feiern. Aber noch sind wir auf dieser Erde. Unsere Herzen bleiben verwundet. Sünde und Bosheit sind allgegenwärtig, auch in jedem von uns. Wir sind noch nicht im Himmel. Unsere Feste auf dieser Erde sind im wesentlichen Feste der Hoffnung. Diese Hoffnung aber kann nicht täuschen, denn sie gründet sich auf unser Vertrauen in Jesus Christus. Wir wissen, daß er den Tod und das Böse überwunden hat. Wir wissen, daß er uns einlädt, mit ihm einen Bund zu leben, und daß wir die anderen einladen sollen, diesen Bund mit uns zu leben.

ZUSAMMENFASSUNG

Die Gemeinschaft ist der Ort, wo einige ihrer Mitglieder – wir hoffen, es ist die Mehrzahl – die innere Einheit wiederfinden können. Durch wahrhaftige Beziehungen, die jeden in der Tiefe erreichen, durch ein Gefühl der Zugehörigkeit, durch die persönliche und die gemeinschaftliche Fruchtbarkeit, durch das Fest, vor allem aber durch ein in Jesus Christus vereintes Leben, ist jeder auf seine Weise unterwegs zur Integration der sexuellen Triebe. Das gemeinsame Leben aber erfordert, daß jeder jeden Tag Ja sagt zum eigenen Wachstum. Die Gemeinschaft kann ein Ort wohltuender Beziehungen sein, sie kann aber auch ein Ort des Kampfes und des inneren Leidens sein. Lebt man allein, kann man sich leicht für heilig halten, lebt man aber mit anderen zusammen, dann entdeckt man bei sich selbst Haß und Angst, Eifersucht und Neid, Blockaden, Machtstreben und die Sucht, sich selbst zu beweisen.

Leben ist niemals statisch. Es ist entweder beständige Öffnung auf die Wirklichkeit oder aber Regression und Verschlossenheit. Entweder man öffnet sich immer mehr in Freiheit und Vertrauen, oder man verschließt sich hinter Mauern der Angst. Ort der Heilung und des Wachstums kann eine Gemeinschaft nur dann sein, wenn sie dynamisch bleibt in Liebe und Hoffnung. Eine Gemeinschaft wird zur Institution ohne Seele, zur verwaltenden Hierarchie, sobald ihr die gesetzlichen Regelungen wichtiger sind als die menschlichen Beziehungen. Eine Gemeinschaft bedarf darum der ständigen Belebung und Inspiration. Sonst droht sie sich zu verschließen. Dann aber ist sie keine Gemeinschaft mehr.

Genau dort liegt die Herausforderung der Arche: Jede unserer Gemeinschaften kennt die Schwerkraft der Resignation von außen oder von innen, die das Leben zu ersticken droht. Aber jede kennt auch die Kraft der Hoffnung, die neues Leben gibt. In Gemeinschaft zu leben, ist ein ständiger Kampf gegen die Kräfte der Resignation.

Aber es gehören auch Gesetze dazu, die man kennen und achten muß. Zum Beispiel muß man sich Ziele und Aufgaben der Gemeinschaft immer wieder lebendig vor Augen halten, um Motivierung und Energien des einzelnen immer neu zu beleben. Man muß auch immer wieder auf das Gebet zurückkommen, demütig Gott suchen, die Notwendigkeit eines einfachen und aufrichtigen Gesprächs erkennen, anderen zuhören können, besonders aber den Minderheiten und den Ärmsten. Man muß vergeben und feiern können, dabei aber arm bleiben – denn Reichtum und Bequemlichkeit ersticken jede Energie. Man muß auch auf die Weisheit von Männern und Frauen zurückgreifen können, die von außen her kommen und einem dabei helfen, das Leben in der Gemeinschaft selbstkritisch zu sehen. Bleibt man diesen grundlegenden Dingen gegenüber nicht aufmerksam, dann verliert man langsam aber sicher an Elan und beginnt, Mauern um sich zu errichten. Die Folgen sind Spaltungen und Trennungen, Scheidungen und Brüche. Der Tod der Gemeinschaft ist nicht mehr fern.

Wird eine Gemeinschaft lau, dann leiden ihre Glieder an Frustrationen aller Art: es gibt keine echten und warmherzigen Beziehungen mehr, es gibt keine Energien mehr, andere aufzunehmen und zu lieben, es gibt keine Feste mehr. Alles fühlt sich steril an. Die einen und die anderen verschließen sich in ihren eigenen Leiden, niemand zeigt mehr seine wahren Gefühle. Blockaden und Aggressivitäten entstehen – und prompt auch sexuelle Störungen.

Viele sexuelle Probleme entstehen und entwickeln sich weiter, sobald das Herz verletzt ist, der Geist entmutigt und der Mensch sich verschließt. Hofft ein Mensch oder eine Gruppe nicht mehr auf die Liebe, vor allem auf die heilende Liebe Gottes, dann werden die Probleme unüberwindbar. Durch gesetzliche Regelungen werden die Dinge nur noch komplizierter, die Frustrationen und Schuldgefühle nur noch erdrückender. Die inneren Spannungen wachsen – und man sucht sich zu befriedigen durch Kompensationen jeder Art.

Die erotische und sexuelle Freizügigkeit außerhalb jeder Bindung ist die Frucht einer Kultur ohne Hoffnung. Die Lösung des Problems kann nicht darin bestehen, diese verzweifelte Sexualität einfach zu verdammen, sondern die Hoffnung wieder zu entdecken. Die Gemeinschaft der Familie zerbricht heute allzu leicht – die Folgen sind jener angsterfüllte Individualismus und jene extreme Anfälligkeit, die man bei vielen Kindern sieht. Eine gewisse Gesundung der menschlichen Beziehungen zur Bildung von Gemeinschaften kann meiner Meinung nach nur aus dem Evangelium und seiner Hoffnung entstehen. Moral allein genügt nicht. Das Gesetz allein gibt nicht genug Energie, ihm zu entsprechen.

Für Menschen mit einer geistigen Behinderung ist es besonders schwierig, eine gewisse innere Ausgeglichenheit zu finden, wenn sie keine echte Gemeinschaft finden. Sie haben ein solches Bedürfnis nach Beziehungen, Vertrautheit, Fruchtbarkeit und Festen, daß es kein Wunder ist, wenn sie sich sexuellen Beziehungen zuwenden. Viele aber sind tief enttäuscht davon, weil diese Kontakte nicht notwendig zu seelischen Beziehungen und noch weniger zu einem echten Zusammengehörigkeitsgefühl führen. Einige finden dennoch ein mehr oder weniger heikles Gleichgewicht als Paar, das eine gewisse Freundschaft verbindet. Ich finde, es wäre gerechter und aufrichtiger, diese Paare auf die Ehe hin zu orientieren, als sie im Zweifel über die Beständigkeit ihrer Beziehungen zu lassen. Statt zu schnell zu akzeptieren, daß Paare entstehen und sich wieder trennen, sollte man diese Menschen eher zur Treue ermahnen, indem man ihnen die Möglichkeit gibt, treu zu bleiben – oder aber sie zu einem dynamischen Leben in der Gemeinschaft aufrufen.

Ich bin zutiefst bewegt vom Leiden vieler Eltern, die gezwungen sind, ihre Kinder in Einrichtungen zu geben, die sexuelle Beziehungen als »Befreiung« ermutigen, und in denen jede Sicht des Glaubens fehlt, die eine einheitliche Inspiration gemeinsamen Lebens ermöglichen würde. Man hat die Eltern allein gelassen. Sie sollen sich selber helfen. Es ist also nicht erstaunlich, daß Menschen verschiedenster philosophischer und religiöser Herkunft sich zusammengetan haben, um Schulen und Heime zu schaffen. Aber diese Verschiedenheit hat die Schaffung echter Gemeinschaften unmöglich gemacht.

Vielleicht läßt sich doch noch etwas ändern, wenn gläubige Männer und Frauen, die offen sind für die Wirklichkeit der Gemeinschaft, und die den Wert der Menschen mit einer geistigen Behinderung und ihrer Bedeutung für die Gesellschaft erkennen, sich zusammenschließen, um Gemeinschaften zu schaffen oder neu zu beleben. Vielleicht gelingt es, selbst in der heutigen Gesellschaft, die Werte der Liebe und der Gastfreundschaft wieder zu entdecken – und auch die Menschen mit einer geistigen Behinderung könnten dann ihren Platz darin finden.

Denn solange es diese Gemeinschaften nicht gibt, werden behinderte Menschen immer nur am Rande der Gesellschaft existieren können – und unter dieser Einsamkeit leiden.

Ihre Zukunft läßt mir keine Ruhe. In einer Welt, in der allein Fachwissen und Wirtschaftlichkeit zählen, besteht die Gefahr, daß man diese Menschen eines Tages einfach ausrotten möchte, weil sie zu teuer sind. Man unternimmt zwar große Anstrengungen zur Ausbildung der leichter Behinderten, um sie in den normalen Arbeitsprozeß einzugliedern, weil sie dann auch rentabel werden – aber die Schwerbehinderten wird man loswerden wollen. Schon heute führt die vorgeburtliche Diagnostik – an sich etwas Ausgezeichnetes – häufig zur Abtreibung. Kinder, die mit einer Behinderung zur Welt kommen, tötet man immer häufiger schon bei der Geburt.

Der Mensch mit einer geistigen Behinderung ist also ein echtes Rätsel. Er stellt uns in Frage. Menschlich gesehen hat seine Existenz keinen Sinn. Sein Verstand und Wille sind nicht entwicklungsfähig. Darum scheint er ein Versager, eine einzige wirtschaftliche Belastung. Er stört.

Wir von der Arche scheinen »unerhört«. Manchmal wird mir das schmerzlich deutlich. Jene, die in den Augen der Gesellschaft überhaupt keinen Wert haben, sehen wir als die an, die das Kostbarste in uns erwecken, was wir haben, nämlich das Herz und die Liebe. Sie bewegen uns dazu, die Intelligenz in den Dienst des Herzens zu stellen. Sie heilen uns, sie lassen Verstand und Herz zur Einheit werden. Sie werden uns zur Quelle des Lebens.

In einer Gesellschaft aber, in der die Unproduktiven und Schwachen an den Rand gedrängt werden, läuft man Gefahr, Verstandeskräfte, Aggressivität und Machtstreben überzuentwickeln. Sie wird bald zu einer Gesellschaft, in der niemand mehr feiert. Sie wird beherrscht von Zerwürfnissen, Konkurrenzdenken, Bruderstreit und Gewalttätigkeit.

Allein das Evangelium kann uns daher den Sinn der Armen, der Schwachen und der Unproduktiven offenbaren. Die Botschaft Jesu ist unzweideutig: die gute Nachricht ist den Armen verkündet. Und sie besteht gerade darin, daß die Ärmsten nicht verlassen sind: Sie sind geliebt vom Vater, der über sie wacht. Sie haben also ihren Platz und sie haben ihren Wert. Sie bergen ein Geheimnis. Nähert man sich ihnen mit dem Herzen, dann nähert man sich Gott. Sie erwecken das Kostbarste in jedem von uns, nämlich unsere Liebesfähigkeit. Sie sind wie eine geheimnisvolle Kraft, uns füreinander zu öffnen.

Aber sie können auch Härte, Egoismus und Intoleranz in uns wachrufen – eben weil sie uns stören und in Frage stellen. Sie loten die Angst und den Haß aus, die es in jedem von uns gibt. Ihr Schrei nach Freundschaft offenbart unsere Angst vor der Liebe – und damit erwecken sie unseren Haß. Der Reiche hat Angst vor dem Armen, der ihn stört. Darum wird er ihn zunächst einmal aus seinem Blickfeld verbannen und danach diese brutale Ablehnung rechtfertigen. Das Offenbarwerden des Hasses in jedem von uns aber kann auch heilsam sein: man hält uns den Spiegel vor, jene Wahrheit, die wir nicht anerkennen wollen. Niemand wird gern auf die Kräfte des Bösen und des Todes in seinem Inneren aufmerksam. Man möchte lieber gut und vollkommen dastehen, sich für gerecht halten – und sich nicht gern eingestehen, daß man auch Unrecht haben kann. Heilung in der Tiefe aber kann es nur geben, wenn wir unsere Illusionen aufgeben und unsere menschliche Wirklichkeit erkennen. Ich gestehe, erst nachdem ich mein eigenes Elend angesehen und meinen Haß erkannt habe, konnte ich mich vom Erbarmen Gottes erreichen lassen und das Geheimnis Jesu entdecken, der die Herzen heilt und rettet. Erst danach habe ich zu lernen begonnen, das Elend der anderen anzusehen, ohne sie zu überfahren, zu ersticken.

So heilt also der Arme das Herz des Reichen. Er hilft ihm, seine eigene Armut zu entdecken. Der Reiche im biblischen Sinn besitzt alles – außer dem Wesentlichen: die Fähigkeit, sich zu geben. Das Wort Jesu sollte uns nicht erstaunen: »Eher geht ein Kamel durchs Nadelöhr, als ein Reicher ins Himmelreich.« Der Arme hilft dem Reichen, den Wert der Liebe und des Teilens zu entdecken.

C.G. Jung sagt, er bewundere die Christen, denn sie sorgen für die Armen, weil sie in ihnen Christus sehen. »Was ich den Geringsten unter meinen Brüdern tue, das habe ich Christo getan. Wenn ich nun aber entdecken sollte, daß der Geringste von allen, der Ärmste aller Bettler, der Frechste aller Beleidiger, ja der Feind selber *in mir* ist, ja daß ich selbst des Almosens meiner Güte bedarf, daß ich mir selber der zu liebende Feind bin, was dann? Dann dreht sich in der Regel die ganze christliche Wahrheit um. Dann gibt es keine Liebe und Geduld mehr. Dann sagen wir zum Bruder *in uns* ›Racha‹, dann verurteilen wir uns und wüten gegen uns selbst. Nach außen verbergen wir es, wir leugnen es ab, diesem Geringsten in uns je begegnet zu sein. Und sollte Gott selber es sein, der in solch verächtlicher Gestalt an uns herantritt, so hätten wir ihn tausendmal verleugnet, noch ehe überhaupt ein Hahn gekräht hätte« (Ges. Werke XI, 367f.).

Wir alle fliehen das Bewußtsein unseres Elends. Wir leben viel lieber in der Illusion der Vollkommenheit. Bevor wir uns unserer Grenzen, ja unserer eigenen Armut bewußt werden, sollten wir zunächst einmal zur Kenntnis nehmen, daß wir gerade in dieser Armut von Gott angenommen und geliebt sind ja ihm selbst begegnen.

Ich habe immer mehr den Eindruck, erst dieses Bewußtwerden unserer Verwundungen und unserer Armut läßt uns in echter Freundschaft mit dem geistig behinderten Menschen leben. Solange wir uns ihm überlegen meinen, solange wir sein Wohltäter und sein Erzieher sein wollen, können wir keine echte Gemeinschaft mit ihm eingehen. Erst durch die Bewußtwerdung unserer eigenen Grenzen und Verwundungen können wir uns ihm wirklich nähern, können wir auch seine Grenzen und seine Verletzungen annehmen. Freundschaft beginnt mit der Annahme des anderen, so wie er ist, nämlich ohne ihn ändern zu wollen. Diese Freundschaft braucht der Mensch mit einer geistigen Behinderung zur Befreiung aus dem Gefängnis seiner Isolierung – um ein neues Leben anzufangen.

Wir haben alle immer neu zu wählen zwischen zwei Arten »unerhört« zu sein: zwischen der Torheit des Evangeliums und dem Unsinn der Werte dieser Welt. Das Evangelium ist darum unerhört, weil es im Armen ein Zeichen und ein Sakrament Gottes sieht, das uns das Geheimnis Jesu offenbart und uns zu echter innerer Befreiung führt – und zwar durch ein Leben der Gemeinschaft, der Beziehung und des Festes. Die Werte dieser Welt sind unerhört, weil sie die Menschen zum Streben nach Reichtum für sich selbst verleiten, zu Mißtrauen und Ablehnung allen anderen gegenüber, zur Errichtung höherer Schutzmauern, ja sogar zur Atombewaffnung – nur um sich selbst zu verteidigen. John Halsey, ein anglikanischer Priester der Verklärungs-Gemeinschaft in Schottland sagte einmal: »Entweder wir treten weiter auf den Armen herum, und das führt zur Explosion der Atomwaffen – oder wir gehen mit den Armen zusammen weiter, und das führt zur Verklärung in Jesus Christus.«

Menschen mit einer geistigen Behinderung können nur dann menschenwürdig leben, wenn sie ihren Platz in einer echten Gemeinschaft finden. Aber dieses gemeinsame Leben ist nur dann möglich, wenn es vom Evangelium inspiriert ist, das – im Gegensatz zu den kulturellen Werten dieser Welt – den Ärmsten als eine positive Quelle der Inspiration für die Gemeinschaft sieht und Autorität als Dienst und nicht als Vorrecht.

Brauchen wir ein solches Gemeinschaftsleben nicht für alle Männer und Frauen dieser Erde? Kann man den Verlockungen des Reichtums, der Macht und des Vergnügens noch widerstehen, wenn man nicht einer Gemeinschaft der Versöhnung und des Festes angehört, die um den Armen zentriert ist?

Mit zunehmender Erfahrung wächst auch mein Bewußtsein von

der Tiefe der Verletzung, die im Herzen jedes Menschen schlummert: Schuldbewußte Männer, die sich nicht mehr von ihren Frauen angezogen fühlen, sich blockieren und sich in die Arbeit flüchten, über die mangelnde Zuwendung ihrer Männer verbitterte Frauen, besitzergreifende oder konfliktgeladene Eltern. Wir alle sind verwundet: verwundet von der Krankheit, der Behinderung, dem Tod des Geliebten, verwundet von der Vergangenheit oder Nichtannahme unserer selbst, verwundet vom Versagen im Beruf, mehr noch von fehlgeschlagenen Beziehungen, verwundet von Haß und Angst, von verweigerter Vergebung und Abgeschobenwerden, verwundet von Blockaden zwischen Menschen und Gruppen, verwundet von der eigenen Untreue und Sünde. Die Psychologie kann helfen, einige Situationen zu lösen, indem sie sie relativiert. Sie kann helfen, den Ursprung unserer Ängste aufzudecken, die bis dahin verborgenen Leiden mit weniger Angst anzuschauen. Aber sie kann nicht helfen, die Wunden des Herzens zu heilen und die klaffende Leere zu erfüllen. Und sie kann auch die Schuld nicht heilen, den anderen verletzt zu haben.

Wir leben in einer Welt, die in all diese Verwundungen ständig neues Gift streut. Die Treue ist kein Wert mehr, sie wird lächerlich gemacht. Viel wichtiger ist die Eroberung von Reichtümern. Das Leiden ist zu vermeiden durch Kompensationen aller Art – die aber nicht wirklich befriedigen können. Die Familie ist in der Krise, mehr und mehr Ehen scheitern – mit allem, was das an Schuld für die Partner und an Leiden für die Kinder bedeutet. Den Kindern fehlt es an seelischer Reife und Ausgeglichenheit. Sie sind voller Angst und Unsicherheit, ja Aggressivität. Viele vermögen ihre Sexualität nicht zu integrieren: Angst und der Hunger nach Liebe drängen sie zu einer Liebe, die immer liebloser wird.

Mann und Frau werden immer verletzlicher und anfälliger, vor allem vom Gefühl her. Es fehlt ihnen die Geborgenheit der Familie und der Gemeinschaft: eine Umgebung, die sie trägt und stärkt und stützt, die ihnen Sicherheit, inneren Frieden und Entspannung bietet.

Wo echte Gemeinschaften entstehen, werden auch die Herzen wieder heil. Eine gewisse Reifung erfordert allerdings lange Jahre. Und selbst dann wird eine gewisse Verwundbarkeit bleiben. Sie ist unser Schicksal. Denn sie ergibt sich aus der Spannung zwischen dem Wunsch nach Glück und der gelebten Wirklichkeit. Jeder erlebt Frustrationen und Unzufriedenheit, unser Herz leidet unter der inneren

Einsamkeit, dem Gefühl des Versagens und der Schuld. Uns allen fehlt es an Selbstvertrauen. Wir alle haben Angst.

Aber wenn wir in Gemeinschaft leben, und zwar in einer Gemeinschaft, die in Jesus verankert ist, dann finden wir neue Hoffnung, die Kraft, den Alltag zu bestehen und alle Widerstände im Hinblick auf eine gerechtere, brüderlichere Welt zu überwinden. In der Gemeinschaft finden wir Hoffnung im Angesicht aller Ängste und Konflikte unserer Welt: eine Liebe, die vom Herzen Gottes herkommt und uns lehrt, andere zu lieben und zu verstehen, ihnen zu verzeihen und Werkzeuge seines Friedens zu sein.

Die Arche ist gerade erst am Anfang. Wir lernen Schritt für Schritt, was wir sein sollen. Wir haben längst keine Antwort auf alle Leiden aller Menschen in unseren Gemeinschaften. Sicher wachsen Männer und Frauen zu einer gewissen inneren Freiheit, aber es gibt auch immer noch Gewalttätigkeit und Depression, sexuelle Verirrungen, gefühlsmäßige Blockaden – und immer noch Menschen, die in Zorn und Psychose verschlossen bleiben. Aber ist das nicht das Schicksal so vieler Männer und Frauen auf dieser Erde? Unsere Aufgabe ist, ihre Freunde zu werden, ihr Leid mitzutragen – ein kleines Licht, das ihnen hilft, weiterzukommen. Im Bemühen, im Herzen der Ärmsten diese winzige, aber kostbare Flamme immer neu zu entfachen, möchte die Arche inmitten unserer so verängstigten Welt ein kleines Zeichen der Hoffnung sein.

Das Geheimnis des Menschen mit einer geistigen Behinderung – und wohl jedes geschwächten und verworfenen Menschen – ist, Quelle des Lebens und der Wahrheit zu sein, sobald wir ihn annehmen, in Beziehung mit ihm treten und ihm dienen.

Durch unsere Annahme entsteht er zu neuem Leben und neuer Hoffnung. Darüber hinaus aber gibt er *uns* Leben und Hoffnung. In unserer so gespaltenen und verhärteten Welt voller Streit und Haß führt er uns neue Wege des Vertrauens, der Einfachheit, der Liebe und der Einheit.

Dieses Buch ist ein Zeugnis für das, was wir mit Menschen mit einer geistigen Behinderung erlebt und entdeckt haben. Ihr Schrei nach Liebe, Beziehung und Fruchtbarkeit – der tiefer geht als ihr Verlangen nach sexuellem Vergnügen – hat uns den Schrei nach Beziehung, Liebe und Fruchtbarkeit *jedes* Menschen offenbart. Wir haben noch viel zu lernen von den Armen an Wissen und Macht – die so reich sind in der Einfalt des Herzens.

INHALT